监管科技

框架与实践

陈 辉·著

·北 京·

图书在版编目（CIP）数据

监管科技：框架与实践／陈辉著．
—北京：中国经济出版社，2019.7
ISBN 978-7-5136-5622-1

Ⅰ.①监… Ⅱ.①陈… Ⅲ.①科学技术—应用—金融监管—研究—中国 Ⅳ.①F832.29

中国版本图书馆 CIP 数据核字（2019）第 060717 号

责任编辑　张梦初
责任印制　巢新强
封面设计　华子设计

出版发行　中国经济出版社
印 刷 者　北京富泰印刷有限责任公司
经 销 者　各地新华书店
开　　本　710mm×1000mm　1/16
印　　张　26.75
字　　数　320 千字
版　　次　2019 年 7 月第 1 版
印　　次　2019 年 7 月第 1 次
定　　价　88.00 元
广告经营许可证　京西工商广字第 8179 号

中国经济出版社 **网址** www.economyph.com **社址** 北京市西城区百万庄北街 3 号 **邮编** 100037
本版图书如存在印装质量问题，请与本社发行中心联系调换（联系电话：010-68330607）

“央财金融科技书系”编审委员会

“央财金融科技书系”编审委员会秘书处设在中央财经大学中国精算研究院（电话：86－10－62288153/18612564599，传真：86－10－62288161，地点：北京市海淀区学院南路 39 号，邮箱：fintech@yangcai.org），由中国精算研究院联合央财国际研究院等团队策划统筹编辑，由教育部人文社会科学重点研究基地（基地重大课题）、高等学校学科创新引智计划（111 计划 B17050）等资助。

“央财金融科技书系”序言

认知与预见金融科技的未来

“央财金融科技书系”编委会成员长期专注于金融与人工智能交叉领域、金融中机器学习、金融科技与保险科技、大数据与小数据、互联网保险与相互保险、金融与区块链等前沿理论的研究与实践探索。希望通过金融科技的“研究态、数据观、智能行、科技派”发现引爆点，构建连接线，打造智能面，描绘未来体。

“忽如一夜春风来，千树万树梨花开”，似乎在一夜之间，金融科技就红遍了南北半球，在神州大地更是一时风头无两；与此同时，金融科技仍仿佛笼罩在迷雾中，其未来在我们脑海中只能浮现出模糊的轮廓。重新审视我们的时代，进程中的第四次工业革命（新社会）、岔路中的文明路径选择（新文明）、浮现中的未来星球（黑科技）、生活中的不确定性（引爆点）、思想中的未来旅程（大智慧）慢慢浮现在我们的眼前，我们会缓慢揭开金融科技的神秘面纱，会逐步理解金融科技重塑金融的力量，然后去描述无法预知的未来世界，去掌握如何改变我们的世界，推动我们重新认识我们。

中央财经大学在国内高校中率先成立金融科技系，以金融科技人才培养为导向，以金融科技学术前沿问题研究为支撑，打造人才培养、理论研究、创新引领的金融科技教育平台和开放型交流平台，我们还有国内一流的金融科技产业园，积极推动金融科技在行业的落地应用，支持金融科技的创新创业。近年来，“央财金融科技书系”编委会成员先后出版多本与金融科技相关的专业书籍，为此，他们梳理了一套金融科技书系，希望通过金融科技书系去理清金融科技的发展脉络，去提升金融科技的认知能力，改变我们的思维方式，升华我们的智慧。

世间诸事，何曾不都是经历三重境界（见山是山，见水是水；见山不是山，见水不是水；见山只是山，见水只是水）之后，方见大成？金融科技的研究，也一定是一条上下求索之路；而金融科技的演进，也必定是过一座山，进一重境的。

“央财金融科技书系”编委会成员专注于金融科技研究，他们不仅是一个团队，而且还是连接金融领域研究力量和人工智能大数据等领域研究力量的平台。希望“央财金融科技书系”的每一本书都开启一个“认知革命”的故事，一个“预见未来”的故事，成为金融科技理论研究与实践探索领域创新篇章的动听音符。

中央财经大学副校长 史建平

2018 年 3 月

序

这是一个属于又不属于我们的世纪，我们永远都会知道又不会知道你是谁，我们知道你是一个新的名词“监管科技”（RegTech），即便你以为已经懂了，即便我看上去也懂了，即便作者自嘲也懵懵懂懂了。事实上，我们现在所处一个“不确定时代”，其实已经是“超级不确定时代”（The Age of Super Uncertainty），整个时代出现了系统的不确定性。我们现在所处一个“变革时代”，所谓“第四次工业革命”的大趋势、大机遇、大挑战，一场深刻的系统性变革。正如，查尔斯·狄更斯在100多年前所说的那样：“这是最好的时代，这是最坏的时代；这是智慧的时代，这是愚蠢的时代；这是信仰的时期，这是怀疑的时期；这是光明的季节，这是黑暗的季节；这是希望之春，这是失望之冬；人们面前有着各样事物，人们面前一无所有；人们正在直登天堂，人们正在直下地狱。”

当这个时代到来的时候，锐不可当。万物肆意生长，尘埃与曙光升腾，江河汇聚成川，无名山丘崛起为峰，天地一时无比开阔。在历史的每一个转折点上，都意味着我们要做出困难的抉择和必须放弃的路径。人们往往会问：如果当时做出其他的决定或者选择另外的道路，历史会怎样？

这个时代，不需要我们去定义监管科技，我们也无法定义监管科技，我们所能做的是去理清监管科技发展脉络，去提升对监管科技的认知，去改变我们的思维方式，去升华我们的智慧。正如，阿尔伯特·爱因斯坦所说的那样：“我这辈子用很长时间悟得了一个道理，那就是我们所有的科学在被用于衡量现实时，都是原始而天真的——然而迄今为止这是我们最值得珍惜的财富。”顺着本书“格局与趋势、脉络与关系、科学与艺术、变迁与未来”脉络，进程中的第四次工业革命（新社会）、岔路中的文明路径选择（新文明）、浮现中的未来星球（黑科技）、生活中的不确定性（引爆点）、思想中的未来旅程（大智慧）慢慢浮现在我们的眼前，我们会缓慢解开监管科技的神秘面纱，会逐步理解监管科技重塑金融的力量，然后去描述无法预知的未来世界，去掌握如何改变我们的世界，去推动我们重新认识我们。

陈辉所著《监管科技：框架与实践》，是《金融科技：框架与实践》的延续，本书系统、全面地阐释了监管科技，揭示了格局与趋势下的金融科技的价值观、科技创新的伦理观、金融监管的时局观；揭示了脉络与关系下的金融创新、金融科技、监管科技；揭示了科学与艺术下的监管科技的技术、逻辑、陷阱、规则；揭示了变迁与未来下的监管科技的三个维度、三个阶段、三重境界、三个假说，以及监管科技的科学思考、艺术思考、哲学思考、未来思考；揭示了监管科技的局面在变化、逻辑在更新、未来在演进。重新审视我们的时代，监管科技，尽管仍笼罩在迷雾中，但其已经开始在我们脑海中浮现出整体的轮廓。面向未来，本书将带领我们开启一个“认知革命”的故事，一个“预见未来”的故事。

是为序。

中央财经大学中国精算研究院院长 陈建成

2019 年 1 月

前　言

我们今天的世界，来到了一个三百年难得一遇的岔路口——可以选择金融路径的岔路口。走新金融之路，这就是时代赋予我们的选择。何为新金融之路，一个重要变革动力就是科技，也正是推动金融科技、监管科技发展的力量。

随着社会发展和经济变迁，金融也在变化中，从传统金融到新金融，二者交替变化，时而迁移，时而回归；特别是浮现中的未来星球（黑科技）、生活中的不确定性（引爆点）、思想中的未来旅程（大智慧）进一步推动了金融的变革，这种变革的力量就是金融科技。变革中我们突然发现金融的需求与供给开始模糊，相应金融的监管也开始模糊，所有的一切都笼罩在迷雾中，而监管科技正在慢慢吹散云雾，见明月。监管科技，夜明前，在《金融科技：框架与实践》基础上，我们梳理出其发展的三个维度、三个阶段、三重境界、三个假说等规则，并进行了对科学、艺术、哲学、未来等思考，监管科技的主轴性诠释脉络基本形成。基于此，我们进一步论述、畅想监管科技的技术、逻辑、陷阱、规则；至此，本书关于监管科技的框架与实践基本形成。

目前关于监管科技的研究很少，一路走来，感觉到完全抓不住逻辑脉络和层次感。正如我在《金融科技：框架与实践》中所说的那样，就像在恋爱中抓不住情感节奏一样，有些尴尬，不知从何做起。另外，关系要继续发展，就要根据有限的举动去描述和猜想可能性。以便帮助我们更好地认识监管科技的全面性及其全方位影响；构建监管科技的思维框架，列出核心规则与可能的未来；提供一个靶子，刺激更多的研究者、实践者加入到这项研究中来，不断完善监管科技的框架与实践。

监管科技研究也是和恋爱一样的事情，年轻欢快，瞬息万变，转向性和速度感都很强烈，琢磨出一套思路还挺难的。就如同交往中，我们吃过几顿饭，看过一些电影，但却不让牵手——她到底是什么意思？下一步的可能性是什么？是的，我们或许缺少一个不必要完全正确，但是主轴性诠释脉络的思路。而在监管科技的演进以及市场的自由选择中，我们可能会逐渐看出一些端倪。

在不断的探索中，我们也找到一个，就是在“金融与科技、科学与艺术、哲学与未来”角度下研究监管科技。基于此，本书被分为了四个层次：格局与趋势、脉络与关系、科学与艺术、变迁与未来。重新审视我们的研究，监管科技，尽管仍笼罩在迷雾中，但其已经开始在我们脑海中浮现出整体的轮廓，这就是我们选择写《监管科技：框架与实践》的初衷，也是我们选择写《监管科技：框架与实践》的本义。

《监管科技：框架与实践》已经写完，但是监管科技的研究还没有结束，正如阿尔伯特·爱因斯坦所说的那样：“科学绝不是也永远不会是一本写完了的书。每一项重大成就都会带来新的问题。任何一个发展随着时间的推移都会出现新的严重的困难。”

本书由陈辉撰写，中央财经大学硕士研究生赵雨欣、蔡正坤、苏曼斐，北京工商大学硕士研究生张帆、魏晓婷，央财国际研究院特约研究员庞博等参与了本书主要章节的资料整理和主要章节的撰写，由陈辉统一修改定稿。

在本书撰写过程中，参考了国际国内的相关著作、论文、报告和案例，特别是自己所著的《金融科技：框架与实践》，中央财经大学中国精算研究院的多位专家学者提出了许多有益的修改意见，在此一并表示感谢。由于时间紧迫和作者水平有限，书中疏漏、错误之处在所难免，敬请读者批评指正。

中央财经大学中国精算研究院　陈辉

2019 年 1 月于北京

目　录

第一篇　格局与趋势

第二篇　脉络与关系

第三篇　科学与艺术

第一篇

格局与趋势

第一章　金融科技的价值观

> 我们所创造的世界是我们思考的过程。要改变世界，必须改变我们的思维方式。
>
> ——阿尔伯特·爱因斯坦

科技进步对金融领域的发展起到了重要的推动作用。每一次重大的金融突破背后，都有着科技创新的身影。科技创新的步伐日趋加快，并逐步融入社会与经济的各个领域，当其与金融业务深度融合，便出现了以大数据、人工智能、区块链、云计算和移动互联等为代表的金融科技。

与此同时，金融发展的格局和趋势也有了明显变化。作为对传统金融的变革，金融科技正以加速的前进方式，广泛渗透并深度融合到人类金融活动的各个方面，成为重塑世界新金融格局、创造人类未来金融生活的主导力量。金融科技蓬勃发展，也必将会改变传统金融监管模式。我们有幸见证金融科技的不断变革与金融监管的演变趋势。

金融科技应该有自己的价值观，即新商业文明，具体到金融来说，就是“新金融文明”。新金融文明依托信息技术驱动，在传承传统金融优势的基础上，能更好地适应实体经济多层次、多元化发展的金融文明。

新金融文明背景下如何加强金融监管，在保护好金融消费者利益的同时，又如何为新金融发展提供更广阔的天地？

第一节　金融科技的发展

一、金融科技发展概略

（一）金融科技的定义

纵观国内外金融发展史，每一次的金融创新都离不开最新技术的驱动和迭代。金融科技（FinTech）被认为是未来全球金融发展的重要方向。按照2008年20国集团峰会成立的金融稳定委员会（Financial Stability Board，FSB）的定义，金融科技是指科技带来的金融创新，它能创造新的业务模式、应用、流程或产品，从而对金融市场、金融机构或金融服务的提供方式造成重大影响。随着互联网与信息技术的突飞猛进，金融科技现在特指信息技术与金融服务的融合。在后金融危机时代，金融科技更是个非常时髦的名词，被政府、社会以及专家人士等热捧。

然而关于到底什么是金融科技，目前还没有形成普遍共识，更没有确切定义，国内外对金融科技的定义各有侧重，尚不一致。

易观智库给出对于金融科技更加具体的定义：指运用大数据、人工智能、区块链等各类先进技术，帮助提升金融行业运转效率的一种新业态。它一方面可以帮助传统金融机构转型，另一方面通过技术的迭代和创新，发展出传统机构无法提供的高壁垒的新产品和新服务，而传统机构可以通过投资或合作，与新兴金融科技公司形成业务互补。

毕马威则从内涵层面给出了对金融科技的理解：非传统企业以科技为尖刀切入金融领域，用更高效率的科技手段抢占市场，提升金融服务效率及更好地管理风险。

跳出传统的观念来看，金融科技本就处在不断变革与升级之中，是动态发展的。如果我们用静态的眼光看待它，固执地坚持试图得到一个能够包络一切的确切定义，无异于管中窥豹，结局也只能是徒劳。

金融科技的美丽之处正在于它的不确定性，换句话说，就是一切皆有可能，一切都可以由我们创造。不过有一点可以肯定的是，金融科技强调了科技对金融创新、金融服务和效率带来显著的影响，两者紧密结合并形成众多新的金融业态。我们要做的是理清金融科技的发展脉络，改变我们的思维方式，以正确的观念来认识金融科技，予之以恰当的定位，施之以合理的监管，让金融科技健康发展，为我所用。

（二）金融科技的产生

对我国而言，“金融科技”并非是一个新词。早在2004年之前，我国的金融行业就已经引入了“金融科技”一词，只是内涵并不相同，那时金融科技仅作为传统金融机构 IT 系统的方式存在，是不受重视的基础设施。随着第三方支付和网络借贷（P2P 网贷）的出现，金融科技从后台系统渗透到了金融的核心业务，而后内涵和外延逐渐得到丰富。因此在我国，“数字金融”“互联网金融”和“金融科技”这三个术语在某种程度上是可以互用的。可见，互联网为金融科技的蓬勃发展提供了必需的养料。

2016 年之前，互联网的用户红利尚存，因此无论是互联网金融机构还是初识互联网重要性的传统金融机构，都在用户规模和用户体验上投入重金。企业利用已掌握的资源，迅速转化为互联网金融平台的用户。在互联网用户为王的商业逻辑下，这样的企业策略无疑是奏效的。

但是到了2016年以后，互联网行业整体的人口红利殆尽，网民和移动网民增速降到10%以下。更重要的是，互联网各巨头的竞争格局基本稳定，用户之间的迁移成本巨大。在用户规模这个层面，互联网所带来的边际效应降低，这样就使得金融行业开始重新审视行业发展的促进要素。在舆论和全球整体产业发展趋势的促进下，科技的重要性在互联网金融领域得到了凸显和放大，并且在我国政策导向的客观推动下，金融科技成为我国金融行业发展的新篇章。

（三）金融科技的定位

金融科技横空出世，并以超出我们认知的速度衍生发展，风起云涌，势不可当。金融科技为全球金融行业生态带来的机遇与挑战，并对银行、证券和保险等传统金融领域造成的巨大冲击，引发了传统金融领域在商业模式上的变革。可以说，金融科技是“驱动金融发展的新动力”。

但是在中国，科技比金融的概念更为模糊，这一方面源于居民认知门槛过高，另一方面也源于科技这个概念内涵太大。不得不承认，大多数的中国网民并不具备专业的鉴别能力，甚至有人肆意传播这样的概念：“只要是用程序代码介入的业务，均可以算作金融科技业务。”这显然是不科学的定义。这样带来的弊端就是2016年后，市场上突然涌现出大量金融科技公司，并且在政策对互联网金融收紧的压力下，很多公司出于生存和营销的需求，开始标榜自身的金融科技概念。而纵观中国各产业发展历史，“牛群效应”贯穿始终。前期大量从业机构蜂拥而至后，必然导致行业吸引力巨幅下降。所以目前中国金融科技行业的发展也存在一定的隐患。

基于此，在目前金融科技发展环境中，通过金融科技驱动金融业发展，还需以最开放的态度关注和扶植金融科技公司的发展，并要以最严苛的审核标准梳理行业发展情况，最终为其提供实质性的支持和帮助。

二、金融科技发展里程

（一）金融科技 1.0：数字化

在科技与金融初相见的时期，是计算机及通信技术被引入金融领域的早期阶段，可称为数字化阶段。在金融数字化阶段，金融行业主要借助网络技术和数据库技术，实现业务数据的汇总，并借助信息化系统应用，提升业务效率。20 世纪初，美国银行间支付结算通常是通过现金或黄金的实物交付来完成的。1918 年，美联储引入了一个专有的转移大额付款的系统（Fedwire），在联储委员会、12 家储备银行和美国财政部之间建立连接。20 世纪中叶，以计算机为核心的信息技术和网络技术迅猛发展，并在银行业务中得到了应用。1950 年，大来俱乐部（Diners Club）在纽约创立，并发行了世界上第一张塑料信用卡——大来卡。1952 年，富兰克林国民银行开始发行信用卡，金融机构进入信用卡发卡领域。1955—1958 年，旧金山的美洲银行（Bank of America）首次安装了 IBM702 型电子计算机，用于记账和编制报表。1967 年，世界第一台电脑自动柜员机在英国伦敦巴克莱银行安装。1973 年，环球银行金融电信协会（SWIFT）成立，负责运营全球金融电文网络。1977 年，在美国银行卡联盟基础上，信用卡跨行网络 Visa 成立。

我国金融业务数字化步伐始于改革开放以后，起步相对较晚，但发展迅速。改革开放初期开始，我国启动了电子化支付清算进程。1984 年，人民银行开始不再经营商业性金融业务。1985 年，中国银行发行了大陆第一张银行卡——珠江卡，我国信用卡产业发展迈出第一步。1987 年，中国银行加入 Visa 和万事达两大卡组织。1989 年，电子联行系统正式开始建设，于1991年投入运行，开启了我国异地跨行支付清算业务处理电子化的序幕。1993年，国家“金卡”工程正式启动。1995年，人民银行实施电子联行“天地对接”工程，实现了支付系统无须人工干预地进行对接，我国联行清算系统步入现代化。21世纪以来，我国现代化支付系统建设速度加快，中国银联跨行支付系统和商业银行行业支付系统相继建成运行。数字化为我国金融服务产业转型升级奠定了坚实的基础，特别是包括支付清算等现代化金融基础设施的数字化、电子化，为日后蓬勃兴起的互联网金融、金融科技等业务模式，提供了最为核心和关键的底层技术保障。在此基础上，我国银行卡、移动支付等产业得以实现跨越式增长。

（二）金融科技2.0：平台化

2008年起，中国的金融科技迈入了2.0阶段——以平台化为主要特征，这是技术推动金融创新、驱动政策完善的新阶段。

在这一阶段，互联网平台建设大量落地。依托“云网端”新基础设施，互联网平台创造了全新的商业环境。信息流不再被工业经济时代供应链体系中的巨头所阻隔，供应商和消费者的距离大大缩短，沟通成本大大降低，直接促进大规模协作的形成。信息的透明使得企业信用不需要和规模挂钩，各种类型、各种行业的中小企业通过接入平台获得了直接服务消费者的机会。平台提供基础服务，个性化服务由生态系统内各种服务商提供。

这些平台经济体主要分为两类。第一类是纯粹原生互联网平台经济体，基本上提供数字内容，进行数字交易，像电影、音乐、游戏等平台。另外一类，像滴滴、淘宝、美团等，把互联网与实体经济结合在一起，形成一个新的经济体。从PC互联到移动互联，再到万物互联，新产业建立在相互融通的基础之上。个人在经济上参与的广度、频度、深度、强度都获得了极大的提升，成为社会经济体系中最为活跃的部分。居民家庭部门庞大的经济势能得到了极大的释放，使之成为社会经济体系中最为活跃的部分。企业部门必须直面数量庞大的个人用户，个人选择直接成为经济活动中最为强劲的力量，企业选择则退而求其次，努力与居民家庭部门的经济决策相适应。生活、零售、制造、金融的产业图景均在发生本质性的变化。

（三）金融科技 3.0：融合化

2016 年被称作是“中国金融科技的元年”，我国正以开放合作的姿态拥抱世界。在此背景下，随之而来的互联网平台、实体企业、金融科技等产业互联、信息互通的跨界合作也呈现出了加速之势。金融科技在历经数字化 1.0 时代和平台化 2.0 时代后，正逐步迈入科技对金融变革影响程度进一步加深的融合化阶段。

在金融科技 3.0 时代，技术走向融合，金融新物种大量出现，在优化整合的基础上持续创新，具体表现为以下三个方面：

1. 跨界合作日益加深

在跨界合作大潮之下，产业、金融、技术不断相互渗透融合，云计算、大数据、人工智能等技术的进步愈加推动着金融业态加速变革，信息将加速流通交换，富有快速、开放、共享特性的技术，将有效提高风险管理效率，促使金融服务流程更简化，为投资者在碎片化的时间内投资提供更便捷的服务。同时，金融科技的力量不仅渗透至金融服务后端，而且也逐步向服务链前端、中端，如智能投顾、资产配置应用方面扩展，弥补传统金融行业的服务空白，重塑传统业务模式、风险管理模式及客户服务模式，更好地实现降成本、降门槛，提效率、提质量，在金融有效服务实体经济、增加优质服务体验方面将发挥积极作用。

2. 产品形态持续优化

技术和服务作为金融科技企业产品的核心价值，其重要性不言而喻。随着市场的日益成熟，金融科技企业的市场扩张策略将从现有产品的市场渗透到全新产品的研究开发，并且金融科技企业可以将产品线整合优化，利用更好更新的科技手段，实现产品服务之间的无缝对接，科技的核心作用将日益凸显。此外，金融和科技领域结合的产品迭代速度日渐加快，如何在拓展新市场的同时，提高保有客户的忠诚度，成为金融科技企业必修的课程。

3. 多层次智慧监管体系逐步构建

随着科技的发展，监管机构也不再局限于多级管理的传统监管模式，开始尝试运用区块链等新兴技术来对金融机构、科技企业从事金融业务进行实时的、有效的、去中心化的公共管理。多层次智慧监管体系依赖于监管私有链的权限设置，对于不同的监管对象，设置相应的管理规则，加强监管层、行业协会、金融机构、金融科技企业的合作交流，推动金融科技在松弛有度的适宜环境中健康有序地发展。

整体来看，如果说 1.0 阶段是信息技术对金融的改头换面和监管的助推，2.0 阶段是大数据和云计算对数据观的重塑和深化认识以及监管的调整和规范，那么 3.0 阶段将会是以人工智能为核心的、区块链技术为保障的全社会所有主体间金融资源和数据资源的流动、感知和解放。

三、新金融文明的兴起

（一）新商业文明

从人类社会发展至今，商业一直伴随着人类历史。有学者认为，商业最初的雏形是原始社会以物易物的交换行为，本质是交换，基于等价交换原则。中国古代商业产生于先秦时期，商朝人善经商，武王灭商后，商朝遗民为了维持生计，不得不来往于各地之间买卖货物，人们习惯把这些人称为“商人”，他们所从事的一系列买卖活动，被习惯性称为“商业”。

我国自古是农业大国，统治者重农轻商，商业排在士、农、工、商的末位，可见古代商业之地位并不高。在古代，商人大多是唯利是图的代名词，白居易的《琵琶行》中，写道：“商人重利轻别离”，充分说明了商人地位的低下。现代，商业飞速发展，商业成了推动国家经济发展的重要行业，商业用其强大的能力给人类创造了丰富的物质财富。

商业文明是建立在工商业发展基础上的文明，在人类文明中，是商业创造出大量的物质文明，在物质财富渐渐丰富之后，衍生出高度的精神文明，发展出高等艺术、高等教育、高等科学等。可以说，是商业文明以财富物质为基础，创造精神文明和发展精神文明。

在网络化和全球化的大前提下，一个新的商业世界正在到来，依赖网络巨大的传播能力和及时的沟通能力，人们建立了一个以互联网为平台的新的商业模式。同时，新商业理念不能再同旧商业理念雷同，人们需要摒弃长期以来重量不重质的商业思维，整改前期商业发展过程中不良的因素。商业界长期以来信奉的价值体系、行为准则需要进一步调整。只有建立新的商业文明，从世道人心中的病患与结症入手，从根本上入手，才能引领商业走向正确的繁荣。

新商业文明是基于电子商务的基础上提出的，是新时期的商务文化，是人们在利用计算机技术、网络通信技术从事商务活动过程中形成的物质和精神的总和，是商业流通领域的精神文明、物质文明融合的集中体现。新商业文明是网络环境下人们从事商业活动的道德规范和行为方式的表现，是商业的生态文明，也是社会主义先进文化的组成部分。

新商业文明以开放、透明、分享、责任为四大准则，建立一个诚信、平等、互动、和谐的商业新平台。新商业文明以消费者为本，坚持信息对等原则，在交易面前商人与消费者是处于一个平等的地位，尊重消费者的权益，履行对消费者的义务。同时，注重商品的质量，注重可持续发展。以诚信为根本，使社会资本规则化、制度化。商家和消费者同时为责任的承担者和受益者，营造体现对等原则的生态环境，使信息对称化、利益对称化，克服旧商业文明人与人对立、人与自然对立的不可持续发展模式。

新商业文明是时代发展、文明进步的必然产物，新的商业文明必将领导行业健康发展，只有遵循新商业文明的企业，才能赢得用户的认可，赢得社会的信任。

（二）新金融文明

新金融文明是指为了适应新商业文明的需要，在信息技术驱动下，承继传统金融优势、更能适应实体经济（包含小微经济）多层次多元化需求的金融文明。

新金融文明以金融全链条上的客户为中心、深入到应用场景、借助互联网技术，提供更平等、更透明、更高效的金融服务，响应多层次多元化的投融资需求。新金融文明，是在新商业文明的基础上形成的，其主要特点如下：

（1）新金融文明，是传统金融、新兴金融共同学习、互相融合的文明。

（2）新金融文明，强调以客户为中心、场景为依据，连接为基础，以互联网思维方式重构商业模式与价值链。

（3）新金融文明时代，参与主体更加丰富，新兴的金融服务商致力于满足多群体的投融资需求，包括小微企业、民营企业，将会催生多级分层的金融产品和服务。

（4）新金融文明时代，金融产品价格（如利率）更加市场化，金融产品供给人在金融产品定价过程中享有更大自主权。

（5）借助互联网技术的高速发展，新金融文明下呈现的是更高效的资金融通，资金能更高效地发挥价值，创造价值。

综上，可以看出新金融文明既有一般文明和金融文明的共同特征，也有自身新的特点，包括主体的新（新金融）、环境的新（互联网生态）、规则的新（金融科技）等。从经验上归纳，在新金融文明中，以上特征的事物包括：

1. 新金融基础设施

互联网（5G）、物联网、云计算、人工智能、区块链等新兴技术迅速走向规模化商用，行业数字化转型正进入深水区，以“万物节点、万物感知、万物智能、万物互联”为特征的心智社会即将来临。连接，是一切可能性的基础。未来，“互联网＋”“物联网＋”“智能网＋”“超能网＋”生态将构建在万物节点、万物感知、万物智能、万物互联的基础之上。

2. 新金融商业模式

工业时代的大规模生产、较多地体现了经济学中的“规模经济”这一概念，表现为单一品种大规模生产。其核心特征是，通过生产量的规模化和生产过程的标准化、高效率，来持续降低产品和服务的单位成本。而信息时代的大规模定制，更多地体现了另一个经济学概念——范围经济，表现为多品种、小批量生产。其核心是，应用共享平台可分享成本，更便宜、更快速地生产高附加值的多种产品和服务，柔性生产方式为其提供了实现的可行性。

3. 新金融组织权利

组织结构从金字塔向扁平化发展，信息流动从信息不对称向信息透明化、对称化发展。企业与企业关系从“零和博弈”竞争向生态协作发展，从价值链向价值网络转型，公司不再是最基本的组织模式，依靠“无组织”的组织力量，人人可以凭爱好、兴趣，快速聚散，展开分享、合作、众包乃至部落化行动。这将是一个组织的日常生活化的时代，也将是一个在家办公的时代。

4. 新金融价值观念

新商业文明的价值基础是诚信、分享、平等和责任。诚信将具有自发、草根、透明、可积累、可实现价值等特点；分享将具有基于兴趣和爱好、越分享越成功的特点；平等将具有对等的特点，使小企业和消费者掌握更多信息，拥有更多权利；责任将在透明化的环境下，使扬善惩恶有了强烈的现实性与必然性。

5. 新金融社会生活

经济系统与社会系统、生活世界相融合、“经济人”向“人”回归。社会网络嵌入经济行为；金字塔状的社会结构，将进一步地转变为蜂窝状（以兴趣和爱好实现区隔与分化、存在多个中心）的社会结构。就业结构将发生巨变，越来越多的社会成员，其工作领域将与互联网商务活动相关。个体将在其中获得更多的商业自由度，生活形态发生转变，居住、生活、工作、学习，从“割裂状态”越来越走向一体化。

人与自然和谐发展、信息技术为和谐发展提供了更多的可能性、人与人之间的合作秩序更加良性、自由人的自由联合，一种基于诚信、分享、平等和责任的合作秩序、最终指向“选择的自由”与“自由的选择”、个体的能量被充分地激发出来，一个人面对全球市场、不再跟随大机器的节奏，拥有更多自主性、获得更多全面发展的机会。

（三）新监管文明

任何一个新金融时代的开启，一定伴随着金融监管体系的革新，这次也不例外。

从监管机构来看，“一行三会＋部级协调”整合为新的“一委一行两会”（原中国银行监督管理委员会与原中国保险监督管理委员会合并，合并后为中国银行保险监督管理委员会，本书简称“中国银保监会”或“银保监会”；“原中国保险监督管理委员会”本书简称“原中国保监会”或“原保监会”，“原中国银行监督管理委员会”本书简称“原中国银监会”或“原银监会”）。国务院成立副国级的金融稳定发展委员会，分管金融的副总理亲自兼任主任，填补中央协调机构的空白。央行打破惯例，分设行长和党委书记，易纲以行长身份兼党委副书记，郭树清以党委书记身份兼任副行长，同时兼任合并后的银保监会主席，打通央行的宏观审慎和银保监会的微观监管。证监会相对调整较小，主要监管直接融资市场。

从监管框架来看，新的金融监管体系进一步明确了“双支柱”框架，即“货币政策＋宏观审慎”。前者服务于传统的增长通胀等目标，后者主要是防范金融风险，这是目前国际上最新的监管趋势。新监管框架有三点基本原则：一是引导金融回归本源、服务实体经济；二是推进金融去杠杆、防控金融风险；三是深化金融改革，加大金融开放力度。

新金融文明背景下如何加强金融监管，在保护好金融消费者利益的同时，为新金融发展提供更广阔的天地，这可能就是新监管文明的缘起，因为新金融文明对金融监管产生了巨大的影响：

1. 新金融文明影响了金融监管范畴

传统金融文明背景下，监管机构只需要对实体银行、保险机构、证券机构等进行监管。

新金融文明要求监管从“实体扩展到虚拟”，既要重视传统领域的监管，还要强化虚拟范畴的监管；从单纯监管金融机构向监管多种主体（含金融科技公司）转变。从理论上讲，新金融文明拥有无尽的参与主体。从现实来看，新金融文明业务的参与主体既有传统金融机构，也有互联网企业，还有其他诸如金融科技公司、P2P 公司等。新金融文明实现了金融的多主体发展，也加大了金融监管的难度。

2. 新金融文明影响了金融监管方法

金融科技是新金融文明的技术支持。要实现新金融文明背景下的金融有效监督，就需要积极利用金融科学技术。比如综合运用大数据分析，判断可能的风险状况。同时，为了提高监管效率，还可以结合云计算等互联网技术。当然，在金融监管中，传统的一些有益经验依然可以使用。要将传统监管经验与监管科技相结合，以取得更好的监管效果。

3. 新金融文明影响了金融监管责任

新金融文明在带来金融便利的同时，由于进入相对便利、要求不严等原因，也存在诸多的安全隐患。比如 P2P“跑路”事件就严重挫伤了新金融文明的推进。同时，新金融文明开放的特征，吸引了广大用户尤其是中低收入用户，一旦发生风险将会引发极大的社会问题。这就决定了新金融文明背景下，监管责任更大。新金融文明的发展现实，要求金融监管机构必须结合现代金融文明发展实际，在监管方面不断探索、创新，适应新金融文明的需要。

4. 新金融文明影响了金融监管思维

传统的金融监管模式偏重于“监管”，将“监管”作为主业，工作重心是明确“什么能做、什么不能做”“能做的范围与容忍程度”等。新金融文明则要根据市场需求状况，不断推出符合市场需求的产品，产品创新性强、市场环境变动大，单纯地界定“什么能做、什么不能做”“能做的范围”将会束缚新金融文明的发展。比如“余额宝”诞生后央行等监管部门的表态，就引起了社会的广泛争议。这就要求监管部门需要在重视风险控制的前提下，进一步做好指导服务工作。

为了适应新金融文明对金融监管产生的影响，新金融文明背景下新监管文明的核心原则包括：

①适度监管。新金融文明的特征需要金融适度监管，但是不能过度监管。如果对金融科技予以过度监管，将会直接影响金融科技创新，制约金融科技发展活力，最终影响我国整个金融行业的健康发展。

②混业监管。新金融文明融合了多种金融业务形态，本质属于混业经营。针对新金融文明这一特征，在监管中，就必须坚持混业监管原则，而不能再采用传统的分业监管思维。从我国金融监管发展来看，分业监管的弊端不断凸显，分业监管的优势则不断减弱。针对当前新金融文明发展的需要，要坚持混业监管的原则。

③民主性原则。平等与开放是新金融文明的本质属性。传统金融监管更多的是一种“威权监管”，“权力”或“权威”是实现监管目标的保障。但是在新金融文明背景下，再依靠“威权监管”则容易引起反弹。新金融文明背景下，要求金融监管更具有民主性和平等性。

新商业文明的发展催生了新金融文明。新金融文明对金融监管提出了新的要求，传统金融监管模式、思维和方法难以适应新金融文明的需要。为了更好地推动我国金融发展，促进新金融文明的健康发展，我们需要在金融监管实践中不断探索，总结经验，提出新监管文明，发展新监管科技。

第二节　金融演变的趋势

一、金融科技的十大思维

金融科技在潜移默化的发展中，给金融业带来了巨大的进步，也对我们从事金融的思维、逻辑等带来了新的冲击与活力。金融科技改变金融的同时，金融也在改变着金融科技，二者相辅相成，相互促进，相互发展。当前金融科技已经渗透到金融的各个领域，极大地提升了金融服务社会的能力。

金融科技下的新金融是我们对金融科技自身及其与金融领域各方面相互关系的理性思考和规律认识，大致可分为三个层面：

①工具层面立足金融科技的功能，主要是如何运用、管理、发展金融科技，通过金融科技获得更多经济和社会效益等。

②结构层面立足金融科技的影响，主要是如何推动金融科技与金融领域各方面的关联、互动、融合，从而调整和优化金融服务能力等。

③价值层面立足金融科技的本质，主要是考察金融科技发展的价值取向及其对金融业的影响等。

基于以上三个层面，金融科技的商业逻辑或金融科技思维也逐步形成，包括：

1. 可视化

让消费从“在线”向“在场”转变，这将成为未来金融“场景革命”的开始。目前正在飞速发展的虚拟现实技术使可视化成为可能。

2. 可追溯

让消费从“末端”向“前端”转变，这将成为未来金融“链条化革命”的开始。可追溯包括两个途径：跟踪（Tracking）和追溯（Tracing）。借助区块链，可以轻松解决这个问题，因为区块链通过区块数据结构存储了创世区块后的所有历史数据，区块链上的任意一条数据皆可通过链式结构追溯其本源。

3. 可计算

让消费从“金融消费者”向“数据主体”转变，这将成为未来金融“数据隐私革命”的开始。2018 年 5 月正式生效的欧盟《一般数据保护条例》（GDPR），不仅保护个人隐私和数据，还要求所有自动化算法具有透明性、可解释性。

4. 可连接

让金融业从“以产品为中心、以客户为中心”向“以用户为中心、以科技为驱动”转变，这将成为未来金融“平台化革命”的开始。基于互联网思维，整合云计算、物联网、移动通信技术、传感技术、软件技术等构架，搭建适用于金融业的应用服务平台，为客户提供有力一站式服务。

5. 可识别

让消费从“文本”向“生动”转变，这将成为未来金融“体验革命”的开始。图像、语音、文本、情绪以及生物识别技术的发展，让金融也具有了可识别性，所有的金融要素以及金融文本，已经具备了可识别的能力，未来的金融一定是可识别的金融。

6. 可学习

让消费从“自主选择”向“智能匹配”转变，这将成为未来金融“智能革命”的开始。智能保顾、智能投顾等本质上就是一种可学习的金融，其将打破传统金融市场信息不对称的桎梏，为消费者提供更加丰富、平等、个性、透明的服务。

7. 可虚拟

让消费从“实体”向“虚拟”转变，这将成为未来金融“虚拟革命”的开始。数字时代，虚拟金融将逐步壮大，并在未来成为主流，以信用、制度为运作基础的传统金融将逐步向以技术、结构、权利为运作基础的虚拟金融转变。

8. 可交易

让消费从“不可交易性”向“交易性”转变，这将成为未来金融“定价革命”的开始。保险正在从不可交易性向可交易保险转变。例如，2015 年 11 月成立的上海保险交易所，就承担了保险交易的职能。

9. 可自我

让消费从“中介”向“脱媒”转变，这将成为未来金融“自金融革命”的开始。随着大数据、区块链等技术的发展，信息不对称面临着挑战，金融“脱媒”拉开新时代序幕的一角，自金融开始登上明天的舞台。

10. 可技术

让金融从“制度”向“技术”转变，这将成为未来金融“演变革命”的开始。金融是现代社会的制度安排，“制度”是金融的当然属性。但随着社会的发展，特别是科技的进步，将赋予金融越来越多的科技内涵，并改变金融的属性。

金融科技思维与传统金融业的结合，将助力金融业的转型升级，也将助力金融科技的进阶，并会产生一些金融新物种，这些新物种携技术与理念的双重优势，将持续侵蚀乃至颠覆传统金融业，并将在很大程度上改变全球经济的风貌。

二、金融演变的十大趋势

（一）可视化金融

金融到底是什么？在过去可能是一个抽象的概念，到了21世纪，金融不再是虚无缥缈的，而是看得见、真实展现在我们眼前。股民只需打开手机软件就可以看到股价走势图，实时买卖股票；百姓打开银行手机软件按相关提示提交并验证个人信息就可以自行注册银行卡；对于不能及时到达竞投会场的投资人，只要扫描项目二维码，在会场之外也可以进行认投等。这些都是金融可视化的例子。可以说，可视化金融就是在大数据背景下利用图像、曲线等方式来显示金融数据，用可视图谱对数据模式和相互关系进行可视化分析，从而使用户对非结构化的海量数据有了更好的理解与把握。

金融可视化是金融发展必须经历的一步，我国在金融可视化方面正逐渐走向成熟。可视化分析技术出现于非结构化数据的量级和维度巨大膨胀的背景下，金融对数据的分析要求已经远远超出了人类的生理极限，因而对可视化技术的研究成为金融发展不可缺少的一部分。现阶段，金融可视化仍然处在逐渐演变与进化的过程中：

一是基于大数据和人工智能技术的“知识图谱”的构建，从多维度的海量数据中提取有用的特征信息，经过深加工以可视化的方式直观地展现给客户，这就是“知识图谱”。知识图谱大幅提高了关联查询的效率，改变了知识存储的模式，简化了数据处理的难度。

二是用户信息标签化，即“用户画像”，是指企业通过收集与分析消费者社会属性、生活习惯、消费行为等主要信息的数据之后，完美地抽象出一个用户的商业全貌作为企业应用大数据技术的基本方式。用户画像为企业提供了足够的信息基础，能够帮助企业快速找到精准用户群体以及用户需求等更为广泛的反馈信息。在大数据时代背景下，知识图谱与用户画像将散乱无序的信息片段高效地利用起来，极大地提高了金融可视化的程度，进而有利于数据的处理和计算。

（二）可计算金融

金融本就是一门科学。英国 Mathematica 软件创始人史蒂芬·沃尔夫勒姆指出“宇宙的本质是计算”（宇宙是元胞自动机），万物皆有逻辑，万事皆可计算。在金融发展的背后，也存有一套逻辑与算法。基于此，经济学家及分析师们纷纷依靠强大的数学基础建立一套套严密的数学模型以解释、预测金融指标，如直到现在还在广泛应用的布莱克 - 肖尔斯期权定价模型（Black - Scholes Option Pricing Model）；斯蒂芬·罗斯提出的多因素无套利定价理论（Arbitrage Pricing Theory，APT）；“K 线之父”史蒂夫·尼森，第一次将 K 线技术系统地引入西方……人们用短短二十几年的时间，构建了一整套科学的金融体系，将金融数学提升到学科的高度。

从另一方面来看，单纯依靠直觉没办法在变幻莫测的金融市场中安享收益，甚至会造成整个金融市场的混乱。随着金融可视化的发展，金融之于人类是一条条包含着海量信息同时又可以处理和分析的数据，而基于数据进行科学的计算可以有效提取出数据背后的信息，掌舵的永远是谙熟其运行规律的一员。

美国花旗银行副总裁柯林斯 1995 年 3 月在英国剑桥大学牛顿数学科学研究所的演讲中说道："从事银行业而不懂数学的人实际上处理的是意义不大的东西，花旗银行 70% 的业务依赖于数学……没有数学我们不可能生存。"在今天，数学已经和金融学紧密联系在一起，撇开数理模型而谈金融很容易被观众戴上不科学、不严谨的标签。当然这种现象曾被唯金融论者批评为"为数学而数学"。但是不可否认，可计算金融是继可视化金融之后新一个不可逆转的金融演变的趋势。

（三）可编程金融

2008 年，中本聪第一次提出区块链（Blockchain）概念，可编程金融便逐渐进入我们的视野。在随后的几年中，区块链成为电子货币比特币（Bitcoin）的核心组成部分——作为所有交易的公共账簿，通过利用点对点网络和分布式时间戳服务器，区块链数据库能够进行自主管理。因比特币而发明的区块链技术为数字货币的实现带来了可能，实际上，数字货币就是一种可编程货币，在可编程货币发展到高度成熟的阶段之后，整个金融社会就会抛弃传统实体货币的模式，步入可编程金融时代。

在金属货币和信用货币时代，我们通常把货币看成一种实体，例如硬币和纸币。然而，作为由金属和纸张制成的物品，这些东西是毫无价值的。20 元之所以为 20 元是因为它已经被中央银行分配了价值，目的是坚持法律所规定的价值规则，所有使用人民币的人都参与了这些规则，并同意遵守这些规则。通过这种方式，金钱只不过是交换价值的一套共享规则。同样，可编程货币也是一样的。唯一的区别是何时以及如何交换价值的规则可以根据付款人和收款人的交易意愿重新设置，是标准化的。只要系统中的所有参与者共享并遵守约定的规则，“钱”就可以具有丰富多样的特征。

可编程货币为付款人和收款人提供了更大的参数范围，以便在交换价值时使用。它还能让大量不同的“贵重物品”进行交换——远远超过传统的货币——时间、合同、专业知识、商品、服务等都可以进行交易。表面上看，我们似乎又退回到了“物物交换”时代，实则不然。可编程货币是一种具有灵活性，并且几乎独立存在的数字货币。就拿比特币来说，它的出现使价值在互联网中频繁流动，高速转换。区块链构建了一个全新的数字支付系统，在这个系统中，人们可以进行无障碍的数字货币交易或跨国支付。同时，由于区块链具有去中心化、不可篡改、可信任等特性，它能够保障交易的安全性和可靠性，这会对现有的货币体系产生颠覆性影响。

如果说可编程货币是为了实现货币交易的去中心化，那么可编程金融就能实现整个金融市场的去中心化，是区块链技术发展的下一个重要纽带。与将区块链用作虚拟货币的支撑平台的区块链 1.0 阶段不同，区块链 2.0 的核心理念就是把区块链作为一个可编程的分布式信用基础设施，用以支撑智能合约的应用。区块链的应用范围从货币领域扩展到具有合约功能的其他领域，交易的内容包括房产契约、知识产权、权益及债务凭证等，比如纳斯达克推出的企业级应用“Linq”，就是试图依托区块链技术实现私募股权数字化的金融产品。同时，以太坊、合约币、彩色币、比特股等的出现，也预示着区块链技术正逐步成为驱动金融行业发展的强大引擎。

（四）可交易金融

随着区块链技术的进一步发展，由于其具有去中心化及去信任的功能，区块链的应用场景将有可能超越货币、金融、市场等领域而延伸至科学、文化、健康、艺术等更为丰富广阔的社会生活领域，使得任何有形或无形的产品都变得可量化、可交易。通过解决去信任问题，区块链技术提供了一种通用技术和全球范围内的解决方案，即不再通过第三方建立信用和共享信息资源，从而使整个领域的运行效率和整体水平得到提高。

可交易金融为金融交易者提供了一个全新的平台。一些传统的衍生性金融产品必须在特定的时间、交易场所、签订标准化的金融合约才可进行交易，而不能随时随地进行交易。有价证券短期的价格变化有可能产生巨额的收益，这在一定程度上降低了金融资产的获利能力和交易效率。而进入可交易金融阶段，区块链技术将被用于将所有的人和设备连接到一个全球性的网络中，科学地配置全球资源，实现价值的全球流动，推动整个社会发展进入智能互联新时代。可交易金融将从根本上促进交易模式转变，经济流通程度高度发达，无论在规模、速度或是安全程度上来说都远远超越传统的金融交易模式。

（五）物联网金融

随着科技继续向前推进，“网”不仅包括原有的“互联网”，还拓展到“物联网”领域，网络承载能力不断提高、新的附加值持续得到挖掘。那么物联网是什么呢？简单地说，物联网是一种建立在互联网上的泛在网络。它通过传感装置将物理世界转换成数字世界，将物体的信息实时准确地传递出去。举个例子，要想知道校园里的自动贩卖机里是否有足够的冰饮，学生在系统里一看便知，不需要再跑下楼去确认。实际上，物联网真正的魅力绝不仅限于此。

物联网与互联网，仅一字之差，含义却千差万别。如果说互联网解决了人与人之间的信息沟通，那么物联网则是通过感知、计算和学习实现人与物、物与物的精准对接，将其用户端延伸和扩展到任何物品与任何物品之间，进行信息交换和联通。随着物联网技术应用，生产生活中的很多场景正在逐步脱离对人的依赖，实现“无人监管”。

物联网技术应用到金融领域，使得金融服务由主要面向“人”的金融服务延伸到可以面向“物”的金融服务，将金融服务创新融入物理世界，可以创造出很多新型的商业模式，这就是物联网金融。物联网金融的一个重要应用就是物联网动产融资。一般来说，由于难以追踪和监督，企业的动产难以抵质押获得融资，但若能够通过物联网传感设备对抵押的动产进行智能追踪、监控和管理，就能准确清晰地获取动产的库存及销售数据，确保项目及时还款。物联网金融借助物联网技术整合商品社会各类经济活动，实现金融自动化与智能化，进而可以实现商品社会各类产品的智能金融服务，更是深化了金融服务实体这一本质目标。

（六）虚拟金融

如果“金融”可以被简单地理解为“资金的融通”，那么将此内涵延伸，“虚拟货币资金的融通”就是虚拟金融。信用货币之所以可以发挥其货币职能，根本来说是因为它们满足两个条件：一是货币发行的立法保障，二是人们对此货币抱有信心。目前来看，比特币、莱特币等虚拟货币在全世界范围内已经具有了不可小觑的应用，我们不难预想到，随着虚拟货币交易相关立法的逐步完善和人们思想观念的转变（这可能需要相当长的时间，但并非不可行），虚拟货币可能将逐渐取代实体货币，随之步入虚拟金融时代。

和现实金融一样，理论上虚拟金融工具也有基础工具和衍生工具之分。基础虚拟工具（弱虚）：虚拟货币（Q 币等）、虚拟电子票据、虚拟回购、虚拟基金等。衍生虚拟工具（强虚）：虚拟期货、虚拟期权等。但就目前不管是从我国还是世界金融的发展来看，除了虚拟货币，尚无其他虚拟工具的确切定义。

2018 年 6 月，中国香港金管局颁布了《虚拟银行的认可》指引，虚拟银行是指主要通过互联网或其他形式的电子渠道而非实体分行提供零售银行服务的银行；2019 年，第一批虚拟银行将有望落地。总体来看，全世界对虚拟货币的立法管理还相当欠缺，人们利用比特币等虚拟货币私密性高的特性，广泛进行洗钱、赌博、贩毒、色情买卖等违法交易，严重扰乱金融市场的秩序，如果监管机构能够通过追踪、立法等手段规范虚拟货币，虚拟金融将大有可为。

（七）智能金融

金融发展的最终目标是为了更好地服务于人，智能金融就很好地诠释了这一宗旨。它以用户的需求和体验为出发点，依托互联网技术，运用大数据、人工智能、云计算等金融科技手段，使金融行业在业务流程、业务开拓和客户服务等方面得到全面的智慧提升，实现金融产品、风控、获客、服务的智慧化。

目前，我国金融机构主体之间的开放和合作，使得传统金融服务正朝着“智慧化”方向演进。例如建设银行与阿里巴巴、蚂蚁金服宣布进行战略合作，开启了大型银行与互联网公司深入合作的先河。随之而来的包括工商银行与京东金融、农业银行与百度、中国银行与腾讯、交通银行与苏宁控股、苏宁金融均在智能金融开发方面达成了全面战略合作，在金融产品的差异化定价、智能营销和智能客服、智能研究和智能投资、高效支付清算等方面取得了不错的成果，然而，智能金融的发展绝不会止步于此，金融机构与金融科技公司跨界合作的大潮还将延续下去，并朝着以下四个方面发展：

①定制化（Customized）。智能金融将充分结合用户的年龄、收入和消费结构，健康情况，阶段性需求和未来规划，风险承受能力等数据和信息，从目前较为共性化、标准化的金融服务和产品，向更具个性化、定制化服务的方向发展。

②综合化（Comprehensive）。除满足个人和企业用户的支付转账、理财借贷等基础性金融需求之外，智能金融将在财务规划、资产管理、保险保障、风险管理、决策支持等领域提供更为全面、综合性的金融解决方案。

③可控性（Controllable）。在金融业务数据互联互通、开放共享的基础上，金融机构从过去的手工报送监管数据，到实时、自动化方式进行数据收集、分析、报送，监管部门可以更为全面、及时地掌握相关领域风险集中度、关联度等信息，进一步提升金融活动可控性和风险监测水平。

④协同性（Collaborative）。从纵向层面，金融机构、金融科技公司的密切合作将形成常态化机制，各主体之间优势互补，形成“点—线—面”不同维度的合作格局。从横向层面，在金融服务业之外，智能金融将充分发挥协同作用，助推传统商业模式的转型升级，培育数字经济领域新的增长点，让普通百姓获得更加高效、便捷、经济、安全的金融服务，成为促进实体经济提质增效、“智能生活”惠民生方面的催化剂。

（八）自金融

自金融这一新的概念看似神秘，实则就是去中心化全网区块链信用金融体系。在互联网每一个个体节点上，不管后面是人还是智能机器，都能够通过密码学协议和全网其他节点共同记账、清算、传递价值、执行协议，而不需要中心化的金融媒介来帮助产生信用。比特币的第一步，就是解决了在互联网上建立分布式信用问题（从信息到价值网络）。一旦我们在全球真的实现了区块链信用体系，也就是类黄金的全球通用支付信用（数字货币在理论上是无限可分的，所以不会像历史上的重金属货币那样产生流通障碍），那么去媒介化、去中心化的自金融自然就应运而生。

以比特币为例，假设个体 1 希望交易一个比特币（btc），在传统金融模式中，需要其他个体将比特币存入银行中，个体 1 只能面向银行交易，但是通过比特币的密码学协议和全网“矿工”的区块链记账，其可以直接与个体 2 ~ 5 分别完成一定量的交易（0. 125btc，0. 5btc，0. 125btc，0. 25btc）。因此，相较于传统金融模式，这种区块链记账模式是一种“金融脱媒”，但“自金融”的功能不限于此。由于每个人个体交易过程都会产生数据积累，个人（甚至智能机器）之间都可以发生借贷关系，即产生信用，这种信用需要依靠大数据的支持，而且借贷风险自担，不存在如银行等金融媒介“资金池”所产生的系统性风险。此外，信用由此可以产生一系列衍生产品。这种“自金融”的模式，淡化了主权货币背后的政治背景，比较容易被各种不同文化和各个国家所接受。

每一个互联网个体都可以创造自己的“自金融”，从功能上类似于谷歌钱包和支付宝钱包，但由于其建立在去中心化的 P2P 信用基础之上，它超出了国家和地域的局限，在全球互联网市场上，能够发挥出传统金融机构无法替代的高效率和低成本的价值传递作用。

到了“自金融”的时代，每个人的密码学钱包，就可以发展成一个“自金融”平台，它可以用于P2P的支付、存款、转账、换汇、借贷以至全网记账清算，甚至可以通过以太坊和Ripple协议这样的智能货币系统发行自己的金融合约产品和信用借条。“自金融”的时代不是没有金融服务，而是一种主语转换的模式变革。

如果把传统的金融系统，比喻成高大上的经济“主动脉”的话，区块链“自金融”，就可能成为未来全球经济，尤其是新兴经济体的“毛细血管”。这就像中国的大型商业超市远不如美国发达，这反而成就了阿里巴巴这类的电商去占领二三线城市和广大农村。

（九）无金融

最初谈金融科技，我们谈的是金融产业与科技产业的融合，但在考虑这对关系时，更多考虑的还是金融对科技的单向支持，相关部门出台的政策，潜意识都指向金融如何更有效服务于科技创新。之后再谈金融科技，思路又不是完全单向的了，而在更高层面上实现了科技与金融的融合，一方面强调将以信息技术为代表的新技术应用到金融产业链中，实现金融功能的优化；一方面基于科技的发展，会带来一些过去技术不发达下难以想象的金融模式。金融科技同时也不是简单的虚拟经济，它使金融与实体在更多层面上有效融合，虚拟与实体的划分并不那么容易。因此到最后，我们越来越发现金融科技既不是金融也不是科技，但它又是一种金融与科技结合的生态，所以金融科技发展到最后其实是“无金融”。

无金融可以理解为社会的无金融性。无金融并不是人们不要金融，而实际情况往往是社会为了某种目的而带来金融需求与供给的自我平衡，人们不需要也不可能再产生额外的金融需求。它需要符合四种基本假设：

①金融体系内均是理性人。金融需求方、金融供给方、金融中介和金融市场中的其他主体都是理性经济人，他们在不损害他人利益的基础上追求自身利益的平衡。

②金融总体资源均衡。整个市场的金融资源不过剩也不稀缺，不会出现金融资源分配不均衡的情况。

③所有人获得金融资源产生的效益是一致的。就是说穷人获得金融资源产生的效益与富人获得金融资源产生的效益在将来是一致的，这种效益包括经济效益、社会效益等。

④金融服务不存在门槛。所有人都能在同等条件下享受金融服务。

在无金融体系下，传统金融机构、互联网企业以及其他跨界公司在技术上和思维上都会运用金融科技来提升、改造金融产品和服务，这是金融科技发展的最高境界。关于金融科技一个重要的问题就是，金融科技必须能够限制或提高人们能够分配和利用一定数量的金融资源的能力。换句话说，在国民经济发展所决定的金融资源数量既定的情况下，金融科技决定了金融资源配置的效率水平和金融交易者的满意程度，在金融科技一定条件下，人们调动与分配现有金融资源的能力构成了一个金融资源可分配界限，从而金融科技可以促使整个金融市场需求与供给的均衡。

当然，金融科技所带来的无金融体系并不是独立发生的，它是在现代科学技术发展的背景下，伴随着整个国民经济发展对金融资源分配要求的不断变化而出现的。因此，它也将继续依赖于现代科学技术的发展和国民经济总体水平的提高。

（十）全金融

如果说无金融是从供给与需求平衡的角度来表示金融市场的高度发达水平，那么全金融则是可以满足各类型需求的金融运作模式的彻底变革。全金融是比金融混业经营模式更高级的金融运作模式，就是比全能制银行和银保融通更高层次的、以虚拟企业方式为组织形式的、以结构一体化的全金融产品为微观基础的、以金融一体化为体制基础的、以实现金融产品的彻底个性化为根本目的的金融新形态。它既是金融运作机制（体制）创新，也是金融产品创新，还是金融市场需求创新。这里对全金融问题的研究，主要是对“全金融运作模式”及其微观基础“全金融产品”的研究。

单一的金融形态（包括专业金融和全能金融）无论其核心能力有多大、有多广，与纷繁复杂的大规模个性化的金融市场需求相比，都是难以满足和微不足道的。单一金融的三大局限性（成本局限、速度局限和个性化局限），归根结底，来源于其运作模式局限性。只有彻底打破传统的基于产权整合的金融运作模式，代之以新的基于核心竞争力整合的虚拟企业式的全金融运作模式，才能从根本上消除上述三大局限性，最大限度地满足大规模个性化的金融需求。全金融在金融运作模式和金融产品的各个方面均大大超过了其他任何金融形态；而其他任何金融形态不过是全金融在某方面的雏形或初级形态。

全金融是基于稍纵即逝、千差万别的个性化金融市场机遇，采取虚拟化整合不同金融单位的金融资源和核心能力的方式，为了快速响应及更充分挖掘大规模个性化市场需求而产生的最新的金融运作模式，因而兼具低成本、快速反应和高度个性化三大优势，能最大限度地满足大规模个性化的市场需求。

全金融是以较彻底个性化的全金融产品为基础而不是以经营主体产权联系为基础的全新的金融资源和金融社会整合机制，是世界金融发展的方向。它不同于现有的金融控股公司，不同于全能制银行，不同于银行融合保险及银行代理保险，不同于现有的银行与券商的合作，不同于金融多元化经营，不同于包揽一切的无个性化差异的捆绑式金融产品组合，不同于金融超市，不同于一般意义的金融产品创新。全金融是世界金融未来发展的趋势，更是金融发展的长远目标。

第三节　金融科技的价值

一、回归本质

在金融科技加持的金融业务流程，科技如影随形，是加速器，是催化剂。从金融和技术的关系看，金融科技虽然变革了金融业务的核心，但是不会也不允许改变金融的本质。金融仍然是一门管控风险，匹配资金需求与供给的生意。无论是传统信贷，还是智能信贷，仍然需要考虑还款能力、还款意愿、逾期等；无论是传统理财，还是智能理财都需要考虑财富管理目的、风险收益比等，这些都是没有改变的。

金融是一个传统的行业，其本质的改变创新并不多。由传统金融升级为科技金融，是金融行业的一次良性进化。技术是利剑，金融永远是压舱石。技术始终要交给技术，金融始终要交给金融。

（一）价值的交换

金融的本质就是进行跨时间、跨空间的价值交换。所有涉及价值或者收入在不同时间、不同空间之间进行配置的交易都是金融交易。形象地说就是为“有钱人”理财，为“缺钱人”融资，这是金融的本质特征之一。金融涵盖的内容非常丰富，囊括了银行、保险、证券三大支柱，具体内容可概括为货币的发行与回笼，存款的吸收与付出，贷款的发放与回收，金银、外汇的买卖，有价证券的发行与转让，国内、国际的货币结算等。

银行作为金融业的三大支柱之一，充当着资金富余者和资金需求者之间的桥梁，起到中介和服务作用。而保险作为“经济增长的助推器，社会发展的稳定器”，不仅对人在整个生命周期内的生老病死进行了跨期安排，还为企业融资提供资金来源。证券市场更是体现了价值的跨时间、跨空间交换。投资者冒一定的风险购买股票，取得回报，不管是赚的企业利润分配，还是股价差价，都是为资金富余者提供理财的一个渠道。不管是直接金融系统的资本市场发债券、发股票，还是间接的金融系统商业银行或者非银行金融系统，都体现了价值交换，本质上都为资金富余者理财，为资金需求者融资。

而资金为什么需要流通？因为金融的本质就是通过资本的流通完成资源的最高效的配置。然而在传统的金融体制下，却有大量有资金需求的人未被覆盖。科技使原来没有被传统金融所惠及的群体享受到服务，发现了传统手段没有发现的信用，从而拓宽了金融的边界。在金融科技的大背景下，技术驱动的金融科技公司纷至沓来，通过大数据风控和金融科技研发，打造一个开放的金融云生态平台。从获客到申请借款，再到审核、放款、催收，均可采用机器人自动化流程，基于移动端的“轻”模式实现高度自动化和智能化，极大地降低了业务运营成本，提升了金融服务的效率和质量。

（二）信用的定价

信用是金融的立身之本，无信用，不金融。没有信用的一切金融都是假金融、伪金融。而风险定价就是给资产的风险定一个价格，反映的是风险和收益的关系。一般来说，两者成正向关系，风险越大，溢价越大，收益越高。对于非金融企业来说，向金融企业融资，没有信用是不行的。企业的信用可以来源于企业的现金流、利润、抵押物或是管理人员水平等。而对企业的信用水平进行精准的衡量，以决定借贷利率，就是信用的风险定价了。对信用进行风险定价是金融的一个本质特征，也是金融的生命线，之后才有金融资源如何合理配置，投资资金怎样能够到达资产方的问题，其他方面都是在此基础上衍生出来的业务。

以银行为代表的传统金融风险定价系统，主要考虑客户风险、经营情况、目标利润率、自身成本、资金供求关系、市场利率情况及基准利率等。近年来，利率市场化加速，商业银行传统贷款业务萎缩。为了维持足够的利润水平，银行相继扩大资产管理、托管等表外业务，转向小微企业贷、小额信贷、校园贷等利润率更高的新型贷款业务，这对商业银行的风险定价能力提出了更高要求。如何实施规范而灵活的定价策略，如何推行高效快速的差别定价，成了商业银行亟待解决的问题。

互联网金融作为金融发展的新生力量，同样也面临信用的风险定价问题。网络借贷平台（P2P）作为互联网金融的主力军，自从欧美进入我国后，就由纯线上模式变成了线上线下结合的模式。另外，与银行相比，网络借贷的资产相对质量较差，加之国内没有成熟的社会信用体系，导致 P2P 发展初期行业的风险定价成本很高。风险定价过高导致借款利率高，真正优质的资产就会避开网络借贷，愿意来 P2P 借贷的都是一些还款意愿和还款能力极差的劣质资产。于是次级债和高利息之间形成负循环，随时会形成网贷行业崩盘，这也是行业发展前期鱼龙混杂、野蛮发展的一个突出问题。

从监管层面来说，P2P网贷行业想要合规健康发展，必须满足四个标准，分别是资金存管、信息披露、监管备案和风险管控，风险定价的重要性和急迫性愈加凸显。可以说，在资金存管、信息披露、监管备案成为合规标配的情况下，风险定价将会成为平台的核心竞争力。金融最大的问题不是炒作，不是脱实就虚，而是信用定价不准确。失败的风险控制足以导致一家公司倒闭，甚至会引发连锁效应殃及行业。因此，智能化的信用风险定价显得愈加重要。

（三）目标的定位

服务实体经济是金融的本质特征之一，也是金融的最终目的。金融不是单纯的像卡拉OK、自拉自唱的行业，它是为实体经济服务的，金融如果不为实体经济服务，就没有灵魂，就是毫无意义的泡沫。从这个意义来说，金融业就是服务业。

目前，我国小微企业数量已占到全国企业总数的99%以上，基本涵盖了国民经济的所有行业，创造的最终产品和服务价值相当于国内生产总值的60%左右，缴税额为国家税收总额的50%左右。因此，中小微企业的生存发展关乎国内经济的前途命运。不过，在中小微企业蓬勃发展的过程中，“融资难、融资贵、融资慢”一直是困扰其做大做强的“瓶颈”，而金融科技有望成为破解这一难题的重要法宝。

在新时代下，如何让金融回归本质，让金融科技更好的服务实体经济，助力经济增长，是当前的根本问题。因此，金融科技所涉及的不仅是区块链、互联网金融等，它还有丰富的形态以及深刻的社会影响，因为金融科技具有重要的导引作用，让行业“脱虚向实”，让金融更好服务实体经济，这个时代需要新的动能。发展新兴技术是实体经济的第一动力，建立新的商业模式是实体经济未来发展的首要逻辑，真正的实体经济要跟金融、互联网这样的虚拟部门结合在一起。

金融科技公司，需要积极响应“国家高度重视实体经济发展”的号召，在充分利用互联网特别是移动互联网“零距离、零时延”连接人类社会各单元的巨大优势，打通实体经济各个领域产业链，从下游的客户应用端，上游的原材料供应方，顶层的金融服务方甚至产品设计方等，将产业链各要素零距离、动态串接起来，从而推动实体经济高效、科学、和谐地向前发展，打造实体经济与互联网深度融合、转型升级的大平台，为推动实体经济发展的新业态贡献力量。

国家金融与发展实验室理事长李扬表示，金融科技发展有三个可行方向：一是通过大数据、人工智能和互联网技术，大规模降低成本，降低准入门槛，让所有合理金融需求的实体部门都能够获得合理的、有尊严的金融服务；二是通过大数据和分布式技术解决信用体系建设问题，健全我国经济金融体系的信用基础；三是沿着供应链这条实体经济运转的轨迹，运用最现代的科技手段，捕捉、跟踪商品与劳务流转，创造多样化的金融服务和金融产品。这三个方向分别贴合了上述的金融的三个本质，可见金融科技与金融本质的关系并非背道而驰，而是相辅相成。

总的来看，金融科技的核心是技术，本质是金融，目的就是利用技术手段不断优化金融问题的解决方案，从而提升资金融通的效率。金融科技在本质上并没有改变金融业务的风险属性，经营风险、管控风险是永恒的主题，在风险可控的情况下，通过精准的信用风险定价提高市场资金需求和供给的配置效率，建立理想的风控模型，进一步减少线下风控、人工风控的比重，是金融科技助力金融回归本质的核心手段。金融科技的应用和发展，需要每一个从业者保持对金融本质等基本理念的敬畏之心，借助监管科技的监管，金融科技的未来将朝着更加健康有序的方向发展。

二、金融再造

从移动支付到数字货币，从机器人投顾到大数据征信，从量化投资到 AI 风控，从 P2P、众筹到互联网保险……金融科技可以说在各个金融分支领域开花结果，衍生出来一些不同于传统金融的新应用、新产品或者新服务。金融科技不仅没有颠覆传统金融，反而通过对传统金融的再造与重构，在一些传统金融所无法施展拳脚的领域大放溢彩，极大地扩展了传统金融的内涵和外延。

（一）直击三大痛点

前两年，大家讨论的是，金融科技是否会对传统金融造成冲击；如今大家达成的共识是金融科技可以助力传统金融的智能化发展，传统金融也需要金融科技公司的服务和合作。金融科技可以解决金融机构的痛点，有效促进金融行业的健康发展，从对抗竞争到合作共舞，金融与科技殊途同归。金融科技直击传统金融的三大痛点：

一是获客，传统金融机构的获客渠道主要是靠网点，谁的网点多，谁获取客户就更方便；现在金融科技使得传统金融机构互联网化，机构不再需要设立太多的网点，在线上就可以获取用户；用户也不再需要到达网点获取金融服务，这打破了金融机构获客的局限。

二是风控，相较于传统金融，金融科技帮助金融机构更好地控制了风险。金融科技可以拆解为算法和算力，算力和算法这些年有了很大的提升，算法是由数据来驱动的，用模型更好地评估个人的信用风险以及各种金融欺诈风险，这样才能更好地风险定价。百度通过大数据构建关联网络模型已经在帮助金融机构防范欺诈风险，这是金融科技可以帮助金融机构控制风险的一个方面。加上 AI 的能力，可以应用人脸识别技术实现金融交易的身份识别，现在有的应用已经可以通过人脸识别实现刷脸转账。

三是资金管理，金融科技还可以帮助投资人进行资金管理，有效防控风险。区块链分布式记账的底层技术以及不可篡改的特性完全可以用在资金管理上，当投资一个项目时，可以用区块链穿透，看到资金的流向并做风险评估，这样就可以有效地使资金在风险可控范围内产生最大的收益。

（二）谱写全新篇章

金融科技与传统金融的融合将谱写新篇章，传统金融机构的优势在于具有庞大的金融客户群体，资金成本比较低，长期业务发展中构建了核心金融业务能力，经验也更加丰富；金融科技公司具有更好的客户的洞察能力，以数字技术为基础，形成基于数据的风险定价模型，具有更好的运营效率和更低的运营成本，同时具有一批精通技术的工作团队。这是两者合作并且能够“1 +1 >2”的基础。

金融科技的应用与传统金融并不是取代和颠覆的关系，而是进一步促进提升金融服务质量与效率的关系。目前金融科技正出现两个可喜的趋势：一是以传统的商业银行为代表的传统金融机构，在面临新的数字技术或众多互联网金融企业跨界竞争压力的情况下，并未原地踏步而是正积极地拥抱金融科技，依托自身的技术、人才、品牌、信用优势积极进行适应性的调整，并且在移动金融、智能网点、直销银行等业务领域里取得了比较好的成效；二是传统的金融机构和掌握数字技术的互联网企业，在技术研发、账户联通、风险管理、精准营销等方面的合作也越来越多、越来越深入。

2018 年 4 月普华永道发布的《2017 年全球金融科技调查》显示，

68%的传统金融机构受访者预计未来三至五年内加强与金融科技公司的合作。传统金融机构和金融科技公司之间的合作是大势所趋，48%的传统金融机构受访者表示已向金融科技公司购买服务，40%的受访者选择与金融科技公司达成合作伙伴关系。

三、价值优化

金融科技的价值，是让任何人都能享受金融服务。2017 年，全国金融工作会议明确了未来一段时间金融工作“服务实体经济、防控金融风险和深化金融改革”三项任务，对于每个金融机构，包括互联网金融机构来说都是当前及今后一个时期金融工作应坚持的方向。规模不再是重要指标，金融科技的核心价值在于普惠与高效。普惠金融与移动支付的发展便是金融科技的价值体现。

（一）普惠金融

为修正金融体制的上述弊端，许多国家、机构乃至个人已经积极开展新型金融实验，相关学者也从理论上对金融回归“全社会财富托管人”的理念进行了探讨。其中最引人注目的是普惠金融实践。

普惠金融的实质是促进金融资源的均衡分布，扩大金融服务受众，提升消费者的参与深度和效用价值。2013 年 11 月 12 日，党的十八届三中全会通过的《中共中央关于全面深化改革若干重大问题的决定》提出“发展普惠金融”，这是党的文件第一次明确使用“普惠金融”的概念。2015 年 11 月 9 日，中央全面深化改革领导小组第十八次会议通过了《推进普惠金融发展规划（2016—2020 年）》，规划提出：“发展普惠金融，目的就是要提升金融服务的覆盖率、可得性、满意度，满足人民群众日益增长的金融需求，特别是要让农民、小微企业、城镇低收入人群、贫困人群和残疾人、老年人等及时获取价格合理、便捷安全的金融服务。”

在推动普惠金融发展方面，以科技为主导的互联网金融机构有不可比拟的优势，在服务小微企业、农户、小额资金所有者等提供金融服务，扩大金融服务的覆盖面积，让各层级客户都能平等享受金融服务。因此，金融科技对普惠金融的价值不言而喻：

一方面，金融科技的发展将有效降低信息连接、信息获取和信息计算的成本，提高客户服务和企业运营的效率，从而推动普惠金融的发展。以数字技术为重要工具的金融科技，在降低金融服务的成本、扩大金融服务的覆盖面和深化金融服务的渗透率三个方面具有显著优势，通过与普惠金融的深度融合，推动普惠金融进一步向数字普惠金融发展。

另一方面，金融科技使金融普惠、共享程度提高。在金融科技构建新金融的背景下，金融业现在的“二八”理论（即20%的服务比较好的企业能够获得80%的利润）未来将向“八二”理论转变，80%的中小企业和创业企业会成为主要服务对象，向普惠金融迈进。而数字普惠金融作为数字技术和普惠金融融合的产物，也为贫困和长尾人群提供了相对公平的共享金融服务契机和增收脱贫的可能性。数字普惠金融主要运用手机银行、网上银行等数字金融工具，为群众尤其是偏远贫困山区群众提供价格合理、简单快捷、安全高效的金融服务，使得存款贷款、转账支付等业务通过数字金融工具实现。

（二）移动支付

移动支付的发展是金融科技促进金融体系高效运行的集中体现。2015至2017年，随着微信的兴起，二维码支付的出现，中国的支付市场展开了一场领先于世界的巨大支付方式变革。得益于支付牌照的放开以及政府对支付市场发展的支持，本被严格管制的中国支付市场获得了爆发式发展，移动支付方式以席卷之势占领了大部分中国市场。

易观发布的《中国第三方支付移动支付市场季度监测报告 2018 年第三季度》数据显示，2018 年第三季度，中国第三方支付移动支付市场交易规模达 438357.3 亿元人民币，环比升高 11.52%。其中，支付宝以 53.71% 的市场份额继续夺得移动支付头名，腾讯金融第三季度市场份额达到 38.82%，位列市场第二位。

中国的移动支付在全球领先，这得益于微信支付与支付宝的竞争，尤其这三年竞争异常激烈。竞争的好处是迅速普及了中国的移动支付与无现金支付，如今只需你一部手机，就可以逛遍很多地方，前提是你的账户要有钱。两大支付平台，支付宝背靠淘宝的消费数据，而微信背靠流量数据，形成了两巨头占领移动支付市场 90% 以上份额的局面。未来，我们预期，如果没有颠覆性技术、商业模式创新的强激励或监管政策的变化，在很长一段时期内中国支付市场格局将不会改变。

中国支付方式的变革经历了从现金到非现金支付、从传统卡基电子支付到网基电子支付、从简单电子形态支付到智能代码支付，从代码支付发展为最近中国银行自主研发的区块链支付系统，金融科技改变了货币金融体系，带来了更高的交易效率、更低的交易成本、更精准的政策执行、更有效的风险控制，最终将彻底改变我们的生活。

四、金融稳定

金融科技的快速发展在带来机遇的同时，也给金融稳定带来新的挑战，而金融科技对金融稳定的影响又是多面的：既对金融稳定具有积极意义，又为金融稳定带来潜在风险。金融科技的积极意义包括：去中心化，增加非金融机构中介，提升金融体系的效率、透明度、竞争性和韧性，促进普惠金融和经济增长。金融科技潜在风险分为微观和宏观两个层面：微观方面包括金融机构的信用风险、流动性风险、高杠杆、期限错配风险和操作风险等；宏观方面包括传染性、顺周期性、过度波动性和系统重要性等。

（一）潜在积极影响

很多成功的案例表明，金融科技创新可以减少潜在的金融风险，主要是由于市场结构的改变和金融摩擦的减少。主要包含以下几个方面：

1. 去中心化和多元化

金融科技会导致许多领域的去中心化和多元化。在贷款方面，技术的进步，如大数据处理和贷款发放的自动化降低了准入壁垒。这一领域的一些商业模式，也可能受益于与贷款相关的分拆存款管制放松。再比如智能投顾，当准入壁垒所包括的固定成本较低时，规模较小的公司可以与大公司竞争。然而，获客成本（取决于法律环境的发展，特别是对于客户数据的所有权）可能会限制去中心化的程度。一般来说，去中心化在网络外部性较强的领域是较弱的，如支付与结算。分布式账户技术的应用理论将降低结算领域的集中度。同时，根据目前的经验和展望，私人数字货币（如比特币等）代替国家货币的可能性似乎很低。

2. 效率提高

金融服务创新带来更高的效率。采用提高生产力的技术，如智能投顾、监管科技或简化后台功能的应用技术，可以改进现有金融机构业务模式。机器学习和人工智能可以通过改进金融机构和投资者使用的模型来改进决策过程。网络借贷和智能投顾的商业模式与传统银行相比，对物理条件的依赖更小，用算法来评估贷款价值和投资机会，让平台运作成本相对较低。网络借贷平台可以减少搜索成本和交易成本，实现更优的资本配置。通过分布式账户技术执行交易的效率和速度更高，并可以通过缩短结算时间来减少暴露在交易对手面前的时间，以此来降低风险。此外，如果结算速度更快，则能为其他生产用途腾出抵押品和资金，对金融体系和宏观经济也更有益。

3. 高透明度

更多更好地使用数据可以减少金融科技领域的信息不对称。较好的数据还可以针对用户希望管理的特定风险更精确地创建智能合约。网络借贷平台和股权众筹等可以进一步完善家庭和企业（如中小企业）的融资市场。

4. 获取金融服务的便利性

显然，提高获得涵盖所有经济功能的金融服务的能力，对拥有大量非银行业人口且金融系统仍处于发展初期阶段的地区十分重要。在许多这样的国家，拥有手机的比例等于或超过了拥有银行账户的人口的比例，特别是在几乎无法引进实体银行的农村地区。移动银行允许消费者快速有效地获得信贷和进行支付。诸如数字身份和基于分布式账户技术的应用程序创新，可以支持改善终端用户获取金融服务的渠道和质量。更普遍的是智能投顾服务使得由于最低投资门槛或高收费等原因不能获得类似传统资产管理服务的家庭，增加了获得财富管理的机会。保险领域的创新也扩展了客户保险产品的范围。此外，支付生态系统的不断演变，使非银行实体能够参与支付系统的竞争。

（二）潜在消极影响

除以上积极影响外，金融科技创新可能会对金融体系产生负面的系统性影响（尽管目前还没有证据可以证明）。这种影响将威胁关键金融服务的提供，而相关金融服务中断或提供这些服务的被监管机构遭遇脱媒，可能对实体经济产生严重的潜在负面影响。

1. 微观金融风险（脆弱性）

微观金融风险分为两大类：金融风险和非金融风险（或操作风险）。

（1）金融风险。

在目前创新驱动金融科技行业快速发展的背景下，企业可能在非必需的风险管理技能和低估风险水平的情况下发展。根据业务模式的不同，他们可能会受到不同形式的金融风险的影响。企业在不同的业务类型、商业模式及发展状况不断变化的情况下，所承受的风险也会有细微差别。

（2）期限错配。

网络借贷是金融科技活动中期限错配风险的主要来源。通常情况下，如果有人愿意买，投资者有时可以在到期前卖出贷款，使得贷款展期、期限匹配。也有一些平台为固定期限账户提供了付费的卖出期权。如果网络借贷行业继续以目前的增长速度扩张业务，那么其商业模式如何变革将成为人们关注的重点。如果证券化成为其主要的资金来源，或网络借贷平台开始运用自有资金撮合业务，期限错配的问题就可能出现。

（3）流动性风险。

目前，金融科技活动还不涉及客户款项的持有。例如，跨境数字钱包的提供者倾向于从银行账户或信用卡账户中提款。根据“电子货币”规定，持有客户资金的人通常会将资金投资于流动资产，如银行存款或政府债券。因此，多数网络借贷平台不涉及流动性转换。

（4）高杠杆。

目前金融科技业务形式和杠杆通常并不相关。但在有些情况下，杠杆会暂时出现，例如，在某些情况下，金融科技业务或股权众筹平台可能会借款，为临时持有发行的债券或股票融资。少数网络借贷平台会使用自有资金为贷款融资时涉及杠杆。

（5）操作风险。

所有业务都会受到操作风险的影响，该风险可能源于信息系统、人为错误、管理失误和外部影响。

（6）网络风险。

网络攻击对整个金融系统的威胁越来越大，金融科技可能会加剧这一风险。不同机构存在薄弱环节的系统越是互相连接，金融活动对网络攻击的敏感性可能越高（例如，孟加拉国中央银行通过它们的内部连接SWIFT 网络的事件）。一般来说，更多地使用技术和数字解决方案可能扩大网络黑客攻击的切入点的范围和数量。在这方面，一些金融科技活动可能会在更多的机构中传播数据，例如，通过增加使用数字钱包和电子聚合平台。然而，这取决于金融科技服务如何发展，大量的金融服务提供商可以帮助金融系统增加竞争和提升多样性，并使任何单个的网络攻击系统关联性更小。

（7）第三方依赖。

一些金融科技活动可能会增加金融体系内的第三方依赖。例如，云计算服务可以由数量有限的几方提供，当出现运营问题时，一系列基于云的金融服务可能会受到重大影响。这些第三方越处于系统重要性构成市场连接的中心地位，这些类型的第三方服务的中断（可能由于操作困难）越有可能构成系统性风险。例如，智能投顾和网络借贷平台可能依赖于高度集中的第三方数据提供商。如在零售支付的情况下，第三方本身可能不是传统的金融机构（如电信运营商）。

（8）法律/监管风险。

金融科技活动具有创新性，不完全在现行法律范围之内，法律和监管框架可能需要与之相适应。这适用于从客户界面到后台系统和基础设施的全方位服务。例如，在某些国家，存在与金融科技创新相关的法律不确定性问题，如智能合约或智能投顾。跨境业务中，法律问题可能会更加普遍。例如，区块链已经提出了诸如跨管辖区域的数据隐私问题，以及在没有一家银行或实体是托管人的情况下识别资产配置的问题。

（9）关键金融市场基础设施（FMI）的商业风险。

如果创新的支付和结算服务成为关键的 FMI，那么经营损失有可能影响关键服务的提供并且妨碍其恢复或有序关闭。这些关键服务可能由拥有其他业务线（如技术或数据加息）的母公司提供，有时可能与提供金融服务相冲突。

2. 宏观金融风险（放大器）

某些创新可能随着时间推移，放大对金融体系冲击的宏观金融风险，并提升金融的不稳定性。与微观金融风险一样，各种宏观金融风险的来源是相关的，相关程度取决于金融创新的类型以及其随着时间的推移如何发展。

（1）传染。

声誉传染是金融科技的潜在关注点，特别是在与家庭和企业直接相互作用的活动中。例如，在单一网络借贷平台上发生的重大意外亏损可能被解释为整个行业存在潜在损失。增长的接触以及网络风险等都可能增加传染风险。随着金融科技公司力图通过自动化和人工智能进一步降低成本，缺乏人力监督可能会带来新的风险。例如，更加自动化的交易策略、更复杂的算法交易、社交交易可能导致金融市场新的和不可预知的传染源。

（2）顺周期性。

一些金融科技活动可能容易出现顺周期动态。例如，网络借贷平台上的投资者和借款人之间的相互作用，可能会比在传统的资金中介中出现大的情绪波动，因为非预期的不良贷款的突然上涨可能会导致新资金枯竭。零售投资者的存在可能会进一步加剧这一点。例如，如果风险模型由于依赖类似的算法而高度相关，导致增加了资产价格波动的幅度，那么社交交易和智能投顾可能会比传统的投资组合配置方法具有更强的“羊群行为”。更多地获得廉价债务和股权融资，也可能使一些企业在与老牌企业竞争中积极降低风险价格。如果这些企业和他们的投资者能够长时间承担这一风险，可能导致老牌企业以较低的价格补偿进行竞争并增加风险承担。某些情况下，股权众筹和网络借贷平台中介准确评估贷款质量或保持信贷标准的激励有限。以上行为都可能增加提供这些金融服务的顺周期性，并进一步放大对金融体系的冲击。

（3）过度波动。

金融科技的一些活动旨在提高速度，同时也意味着更可能创造或加剧系统中的过度波动。例如，算法交易者在低波动期间可能会更加活跃，但在市场紧张、流动性需求高的时候，将迅速退出市场，从而增加资产价格波动。与此同时，聚合平台的设计旨在根据价格和相对业绩的变化促进银行系统的现金快速流动。虽然这可能为客户提供更好的价值，但可能会增加银行存款的波动性，影响银行的流动性头寸情况。更广泛地说，在更加竞争的环境中，服务提供商之间的高切换速度可能会使金融系统对新闻过度敏感。

（4）系统重要性。

在金融科技的背景下，未来最有可能以市场基础设施的形式出现高度关联的实体。例如，分布式账户技术有广泛的应用可能，包括在证券清算和结算方面发挥核心作用。在某种程度上，这可以取代与托管银行和中央交易对手（CCP）相关的现金流风险。数字货币和钱包本身可以取代传统的银行支付系统，而聚合平台可能成为接入银行和申请新的银行账户和贷款的默认方式。其他寡头垄断或垄断也可能出现，例如在收集和使用客户信息方面，这对于提供金融服务至关重要。

目前来看，评估金融科技创新对金融稳定产生的影响，还缺少数据支持。这不仅是因为金融科技创新时间周期短，而且缺乏有效机制（包括监管框架）来收集金融科技创新与风险相关的信息。但有一点可以肯定，如果相关风险（特别是与顺周期性和过度波动有关的风险）能得到妥善管理，那么提高效率和更好地利用数据，可以为金融稳定提供重要支持。

为放大金融科技的积极影响，抑制金融科技的消极作用，发挥监管科技的力量将刻不容缓。通过将大数据、区块链、云计算、人工智能等科技手段应用到监管领域中，监管者需要构建大数据风险监控平台、人工智能风险监控平台等，实时全面监测风险，降低监管报告成本。未来，致力于监管合规、报告合规、反欺诈、反洗钱等监管科技的公司将会层出不穷。金融科技将以更高的效率实现金融职能，将科学技术与传统监管相结合，实现以极小的合规与监管成本完成对更大量风险的监控，且监控更加自动化、更加精准，一场宏大的监管手段革新即将到来，这对维持金融市场的稳定秩序具有重大意义。

金融科技的价值，不论是回归本质、金融再造、价值优化、金融稳定等，最终需要在用户服务的过程中反映出来。所以，只有我们从用户的角度思考金融科技价值时，这些问题才能迎刃而解。正如凯文·凯利在《必然》中所说，“科技进步使得越来越多的东西以指数级的速度增加，一切都在增长，只有人类的注意力是固定的，结果必然是人类的注意力越来越稀缺，用户时间越来越宝贵。”反映在金融业务上，便是用户对金融服务和产品的实时性和便捷性等体验方面的要求越来越高，而传统金融服务的提供者，如果无视这种变化，将会给金融科技公司留下想象的空间，甚至被打个措手不及。

我们相信，在金融科技对传统金融运营模式和产品形态造成颠覆性阵痛之后，监管科技应势而起，留下的将是一个安全有序运行、健康稳定发展的金融市场。

第二章　科技创新的伦理观

我害怕有一天，科技会取代人与人之间的交流，
我们的世界将会充斥着一群白痴。

——阿尔伯特·爱因斯坦

展望未来，互联网（5G）、物联网、云计算、人工智能、区块链等新兴技术迅速走向规模化商用，行业数字化转型正进入深水区，以“万物节点、万物感知、万物智能、万物互联”为特征的心智社会即将来临。连接，是一切可能性的基础。未来，“互联网+”“物联网+”“智能网+”“超能网+”生态将构建在万物节点、万物感知、万物智能、万物互联的基础之上。

我们周围的一切现在或不久的将来都将连成一体，促使现代人的生活节奏飞速加快。我们一边承受着信息过载的压力，一边眼看着学到的一切很快又被颠覆。恐惧和焦虑是源于越来越看不懂这个世界。

当今世界，创新是推动科技进步，乃至全球经济发展的重要方式。科技创新是各行各业的核心竞争力，对社会发展产生巨大影响。如今，随着第四次工业革命的到来，人工智能、物联网、机器人技术等逐渐走入人们生产生活中，成为引领未来技术发展的三股重要力量，在金融、

媒体、交通、医疗、安全、经贸、电信等领域发生着颠覆性的革命。

同样，科技进步也引发了人们对科技创新的伦理思考。对于科技创新，人类心里五味杂陈。世界顶级围棋棋手被阿尔法围棋（AlphaGo，一款围棋人工智能程序，其主要工作原理是深度学习）打败，AlphaGo（监督学习）又被AlphaGoZero（无监督学习）打败，令世人震撼甚至恐惧，以至我们调侃称："被人工智能打败不可怕，可怕的是人工智能故意输给人类。"

当前，人工智能浪潮方兴未艾，在很多领域展示出巨大的应用前景。然而，随着人工智能技术的不断发展，它引发的伦理争议也不断出现。其实，伦理源于人们的认知，我们不能认知所有的事情，但我们可以引导科技按照我们所向往的方向去发展。

第一节　科技创新的发展

一、中国科技的发展

科技，即科学与技术的简称。二者是既相互区别又彼此联系的统一体，科学解决的是理论问题，而技术解决实际问题。科学要解决的问题，是发现自然界中确凿的事实与现象之间的关系，并建立理论把事实与现象联系起来；技术的任务则是把科学的成果应用到实际问题中去。科学主要是和未知的领域打交道，其进展，尤其是重大的突破，是难以预料的；技术是在相对成熟的领域内工作，可以做比较准确的规划。

中国，有着上下五千年的历史，其科技发展也走过了漫长的历史进程，可划分为古代、近代、当代三部分。

公元17世纪以前的中国科技发展史，可统称为古代科技发展史。

中国古代有三大技术，四大发明，四大传统学科。在公元 3—13 世纪，中国的科技水平保持着一个令西方望尘莫及的技术水平。而在公元 6—17 世纪，中国占据着世界上 54% 的重大科技成果，是名副其实的世界科技中心。

公元 17 世纪至新中国成立前的中国科技发展史，可统称为近代科技发展史。而彼时，由于当时封建君主专制制度固有的弊端，加上清朝的闭关锁国政策，中国的科技水平已远远落后于世界主要国家。

新中国成立至今的中国科技发展史，可统称为当代科技发展史。从新中国成立到“文革”前，是中国科学技术的快速发展期。在此期间，中国在世界上首次人工合成了有生物活性的胰岛素，提出了陆相生油理论，成功地实现了原子弹和氢弹的爆炸，成功地发射了卫星等，所有这些都大大提高了中国国力和国际地位。“文革”期间，中国的科技发展基本处于停滞的阶段。而在这段时间，正是世界半导体、集成电路、计算机、激光、分子生物学、高能物理、计算数学等学科快速发展的时期，所以“文革”使中国丧失了几代青年科学家，10 年的停顿造成了至少 20 年的落后。

1978 年后改革开放政策给中国的科学技术事业注入了新的生机和活力，带来了重新发展的大好时机。时至今日，我国已成功研发正负电子对撞机、同步辐射加速器、重离子加速器、强激光光源、卫星遥感地面站、大型计算机、太阳磁场望远镜、遍布中国大地的生态观测站和生态网络系统等。在当下，中国的航天技术、深空探测技术、深海探测技术、航母、国产大飞机、高铁、移动支付等领域取得了重大进展。在一些特定的领域再一次接近或者达到了世界科技的前沿，已成为具有重要影响力的科技大国。中国科技正乘风破浪、披荆斩棘、勇往直前。

二、第四次工业革命

（一）第一次工业革命

第一次工业革命是指18世纪60年代从英国发起的技术革命，是从劳动密集型的手工业开始、以蒸汽机作为动力机被广泛使用为标志的。劳动密集型产业意味着资本密集，当相关产业通过不断创新提高生产率后，能够迅速增加社会财富，继而持续推动本领域和其他领域的工业化革新和生产。

第一次工业革命使工厂制代替了手工作坊，用机器代替了手工劳动；从社会关系来说，工业革命使依附于落后生产方式的自耕农阶级消失了，工业资产阶级和工业无产阶级形成和壮大起来。

第一次工业革命大大密切加强了世界各地之间的联系，改变了世界的面貌，最终确立了资产阶级对世界的统治地位，率先完成了工业革命的英国，很快成为世界霸主。法国、德国、美国、俄国、日本等国也纷纷加入工业革命的行列，中国清朝当时闭关锁国没有赶上这个潮流，于1860年被英国打开国门。

（二）第二次工业革命

第二次工业革命是指19世纪60年代后期，欧洲国家和美国、日本的资产阶级革命或改革的完成，极大地推动了社会生产力的发展，对人类社会的经济、政治、文化、军事、科技和生产力产生了深远的影响。资本主义生产的社会化大大加强，垄断组织应运而生。

第二次工业革命，使得资本主义各国各个方面发展不平衡，帝国主义争夺市场资源和争夺世界霸权的斗争更加激烈，促进了世界殖民体系的形成，使得资本主义世界体系的最终确立，世界逐渐成为一个整体。

这也促进了工人运动和社会主义运动，列强加紧对外侵略扩张，由于西方一些资本主义国家的争斗很激烈，第一次世界大战在此期间爆发。中国在此期间开展了“西学东渐”的洋务运动，最终以失败告终。

（三）第三次工业革命

第三次科技革命以原子能、电子计算机、空间技术和生物工程的发明和应用为主要标志，涉及信息技术、新能源技术、新材料技术、生物技术、空间技术和海洋技术等诸多领域的一场信息控制技术革命。其不仅极大地推动了人类社会经济、政治、文化领域的变革，而且也影响了人类生活方式和思维方式，随着科技的不断进步，人类的衣、食、住、行、用等日常生活的各个方面也发生了重大的变革。第三次科技革命加剧了资本主义各国发展的不平衡，使资本主义各国的国际地位发生了新变化；使社会主义国家在与西方资本主义国家抗衡的斗争中，贫富差距逐渐拉大，促进了世界范围内社会生产关系的变化。

纵观前三次工业革命，可以发现他们对世界发展的共同影响有：①都极大地促进了社会生产力的发展，带来了工业布局的新变化。②都引起了社会关系的重大变革：第一次导致近代社会两大对立的阶级即工业无产阶级和资产阶级产生，并开始了城市化进程；第二次，垄断组织产生，并与国家政权结合，自由资本主义过渡到垄断资本主义；第三次，国家垄断资本主义强化，使第三产业比重上升。③都对世界格局产生巨大影响：第一次，确立了资本主义对世界的统治，殖民扩张造成东方从属于西方；第二次，资本主义世界体系、殖民体系最终形成，世界成为一个密不可分的整体；第三次，推动了国际经济结构的调整，世界各国经济相互依存，联系日益紧密。

（四）第四次工业革命

从农耕时代到工业时代再到信息时代，技术力量不断推动人类创造新的世界。智能科技，正以改变一切的力量，在全球范围掀起一场影响人类所有层面的深刻变革，人类正站在一个新的时代到来的前沿。智能科技可以说是人类历史上的“第四次工业革命”，其来势汹涌，锐不可当。

这一次工业革命不再局限于某一特定领域。无论是移动网络和传感器，还是纳米技术、大脑研究、3D 打印技术、材料科学、计算机信息处理……甚至它们之间的相互作用和辅助效用均是此次工业革命涉足的领域，而这样的组合势必产生强大的联动力量。此外，此次工业革命不再是某一个产品或服务的革新，它是整个系统的创新。这场革命将对社会、经济、金融，包括个人带来巨大的影响。

而在经济金融领域内，智能科技对金融形态的变迁，同样具有重大而深远的影响。中国著名资深经济金融学家白钦先先生曾经说过：“离开了金融的经济，不再是现实的经济；离开了经济的金融，已不再是现实的金融。”时代不同了，此金融已非彼金融，金融的内涵与外延得到了扩大、金融与经济的关系越来越相互融合和渗透、金融的本质与特征不断变化和提升、金融的功能不断地丰富、金融的地位与作用不断升级、实体经济与虚拟经济在不同时期成为矛盾的主要方面、传统金融与虚拟金融成了业界和学界关注的焦点……金融的变迁影响了全人类、全社会的变迁过程，并且在经济全球化、经济金融化、金融全球化和金融工程化的加速下根本性地使传统金融“裂变”为新社会下的新金融。

第四次工业革命是否会改变世界经济格局？日新月异的新技术将以何种方式革新社会、经济、金融模式？社会在变革，经济在变迁，新社会和新经济正在向我们走来。

三、金融科技的兴起

（一）新的金融体系

新社会与新经济，产生了新的生产力与生产关系。新经济是以技术进步为主要动力，在制度创新、需求升级、资源要素条件改变等多因素驱动下，以大量新产品、新服务、新模式、新业态、新产业蓬勃涌现为显著特征，以信息经济、生物经济、绿色经济等为主要方向的新经济形态。

纵观历史，每当人类社会发生重大技术变革进而形成新的生产力，就会有新的生产关系与之相适应，新的技术经济范式即新经济概念随之产生。可见，新经济的本质是先进生产力及与其相适应的新的生产关系组合。新经济背后是新的基础设施、新的生产要素、新的分工结构、新的连接关系，更是新的金融体系。

1. 新基础设施

经济、社会活动的正常运作，有赖于基础设施发挥其支持功能。随着经济形态从“工业经济”“信息经济”向“数字经济”“智能经济”加速转变，基础设施的巨变也日益彰显。展望未来，互联网（5G）、物联网、云计算、人工智能、区块链等新兴技术迅速走向规模化商用，行业数字化转型正进入深水区，以“万物节点、万物感知、万物智能、万物互联”为特征的心智社会即将来临。连接，是一切可能性的基础。未来，“互联网+”“物联网+”“智能网+”“超能网+”生态将构建在万物节点、万物感知、万物智能、万物互联的基础之上。

“互联网+”“物联网+”“智能网+”“超能网+”所仰赖的新基础设施可以概括为“云、网、端、体”四部分。“云”是指云计算、大数据基础设施，生产率的进一步提升、商业模式的创新，都有赖于对数据的利用能力，而云计算、大数据基础设施将为用户像用水、用电一样，便捷、低成本地使用计算资源打开方便之门。“网”不仅包括原有的“互联网”，还拓展到“物联网”“智能网+”“超能网+”领域，网络承载能力不断得到提高、新增加值持续得到挖掘。“端”则是用户直接接触的个人电脑、移动设备、可穿戴设备、传感器，乃至软件形式存在的应用，是数据的来源，也是服务提供的界面。“体”是指未来经济活动的主体，不再局限于我们人类，将更多地拓展到各类“机器人”，甚至未来的“人机复合体”，利用人工智能、超人工智能等技术与各行各业的跨界融合，推动各行业优化、增长、创新、新生。

2. 新生产要素

在经济上，人工智能可能带来一种新的变化，即向全球经济体系注入一种新的“生产要素”。一般而言，生产要素包括劳动、资本、土地、企业家才能、科技、信息、资源等几大类。人工智能的发展大致可以归到“科技”的要素范畴，但它又高度涉及“信息”这一要素，而且人工智能的发展和应用，完全可能部分形成企业家才能，甚至替代部分企业家管理。

正如《金融科技：框架与实践》一书所描述的那样：“人工智能=物联网+大数据+主算法=管理+信息+技术”。在某种意义上，人工智能可以被视为一种提升生产效率的新生产要素。

3. 新分工结构

随着网络平台兴起、科技深化、消费观念转变，共享经济逐步发展成一种新型经济模式，并大有席卷全球之势。党的十八届五中全会更是明确将“共享”作为“十三五”时期重要发展理念。信息技术革命为分工协同提供了必要、廉价、高效的信息工具，也改变了消费者的信息获取和分析能力，其角色、行为和力量正在发生根本变化，从孤陋寡闻到见多识广，从分散孤立到群体互动，从被动接受到积极参与，消费者潜在的多样性需求被激发，市场环境正在发生重大变革。以企业为中心的产消格局转变为以消费者为中心的全新格局，以客户为导向、以需求为核心的经营策略迫使企业组织形式做出相应改变，新的分工协同形式开始涌现。

李克强总理在2016年政府工作报告中强调“必须培育壮大新动能，加快发展新经济”，标志着“新经济”正式上升为国家战略，成为落实十八届五中全会“创新、协调、绿色、开放、共享”五大发展理念、培育经济发展新引擎新动力的重大顶层部署。“新经济”战略的提出，一方面将给中国经济带来以“互联网+”、大数据、云计算、物联网、人工智能、3D打印等为代表的新动能，另一方面将带动产业转型、改造升级传统动能。

4. 新连接关系

这是一个超越时空的全新时代。这是一个连接无处不在的变革时代。在万物互联的今天，人们不断与电脑和机器产生连接，这样的连接正在改变我们的思维模式。

每个时代都有各自的主旋律，每隔一段时间，人类会发现自己所处在的环境再次变得陌生，原先能够解释的很多规律和现象不再成立。而这个时代的需求就是要连接一切——人和人连接，人和物连接，物和物连接，一起都在连接。具体到未来路径，将走过四个阶段：

（1）互联网：连接人与人。“互联网+”生态，以互联网（Internet）平台为基础，利用信息通信等技术与各行各业的跨界融合，推动各行业优化、增长、创新、新生。在此过程中，新产品、新业务与新模式会层出不穷，彼此交融，最终呈现出“连接人与人”（万物节点）的新生态。

（2）互联网 + 物联网：连接物与物。“物联网 +”生态，以互联网、物联网（Internet of Things，IoT）平台为基础，利用信息通信和信息感知等技术与各行各业的跨界融合，推动各行业优化、增长、创新、新生。在此过程中，新产品、新业务与新模式会层出不穷，彼此交融，最终呈现出“连接物与物”（万物感知）的新生态。

（3）互联网 + 物联网 + 智能网：连接人与物。“智能网 +”生态，即“人工智能 +”生态，以互联网、物联网、智能网（Internet of Intelligence，IoI）平台为基础，利用信息通信、信息感知和人工智能等技术与各行各业的跨界融合，推动各行业优化、增长、创新、新生。在此过程中，新产品、新业务与新模式会层出不穷，彼此交融，最终呈现出“连接人与物”（万物智能）的新生态。

（4）互联网 + 物联网 + 智能网 + 超能网：连接一切。“超能网 +”生态，即“超人工智能 +”生态，以互联网、物联网、智能网、超能网（Internet of Super – Intelligence，IoS）平台为基础，利用人工智能、超人工智能等技术与各行各业的跨界融合，推动各行业优化、增长、创新、新生。在此过程中，新产品、新业务与新模式会层出不穷，彼此交融，最终呈现出“连接一切”（万物互联）的新生态。

5. 新金融体系

新经济需要一种新的金融体系与此相适宜，正如马云所言，“过去的 200 年来金融支持了工业经济的发展，过去的 200 年是二八理论，只要支持 20% 的大企业就能拉动世界 80% 的发展。未来新金融必须支持八二理论，如何支持80%的中小企业、个性化企业、年轻人、消费者。金融是想支持80%的中小企业、创新创业者、消费者，但是IT的基础设施，原来的设计思考没法完成。新金融希望解决的是更加公平、更加透明，支持那些80%昨天没有被支持到的人，所以新金融的诞生势必对昨天的金融机构有一定的冲击和影响。”

接人与人、连接人与物、连接物与物、连接一切的背后是互联网、物联网、智能网、超能网，新的金融体系就是在适应未来社会复杂性和群体多样性的基础上，构建面向未来的金融网（Internet of FinTech，IoF）。

（二）新的金融科技

金融科技是指技术带来的金融创新，它能创造新的业务模式、应用、流程或产品，从而对金融市场、金融机构或金融服务的提供方式造成重大影响。具体到科技推动金融创新的历史道路，金融科技将分为三个阶段：第一个阶段是科学技术推动金融服务数字化；第二个阶段是数字金融走向普惠化和民主化；第三个阶段是金融科技融合形成金融新物种。基于金融科技的新领域，依据其内在逻辑、发展历史和现状，以及对未来金融影响的重要程度，笔者从中挑选十项未来对金融响最大，而且正在落地或极有落地可能性的十大新技术。

1. 互联网：自由人的自由联合

Web（World Wide Web，万维网），可以说是互联网的代名词，也是互联网的核心部分，因为人们正式通过Web网站来进行社会互联。到目前为止，万维网已经经历了Web1.0到4.0的发展，从最初的商业用途（把企业信息搬上网络）、综合信息搜索、到博客平台的自我展示，互动发展，整个历程可谓欣欣向荣，一步一个台阶。

（1）Web1.0：信息共享。

Web1.0时代是一个群雄并起，逐鹿网络的时代，虽然各个网站采用的手段和方法不同，但第一代互联网有诸多共同的特征，表现在技术创新主导模式、基于点击流量的盈利共通点、门户合流、明晰的主营兼营产业结构、动态网站。

（2）Web2.0：信息共建。

Web2.0是相对于Web1.0的新的时代，指的是一个利用Web的平台，由用户主导而生成的内容互联网产品模式，为了区别传统由网站雇员主导生成的内容而定义为第二代互联网，Web2.0是一个新的时代。抛开纷繁芜杂的Web2.0现象，进而将其放到科技发展与社会变革的大视野下来看，Web2.0可以说是信息技术发展引发网络革命所带来的面向未来、以人为本的创新Web2.0模式在互联网领域的典型体现，是由专业人员织网到所有用户参与织网的创新民主化进程的生动注释。

（3）Web3.0：知识传承。

计算机是人类的意识外化，其每一点进步，都必然聚合了更多人的智慧。集聚人类智慧为人类共享，是计算机科学技术的内在本质。Web3.0里，我们不仅要消灭陷阱病毒，踢出垃圾信息，更要有序化系统化整个Web世界，以全Web资源为基础建设出一座“Web图书馆”，实现人类自身的“知识传承”。Web知识界系统产品，就是这样一个实现人类自身知识传承的Web3.0系统。即时性是其主要特性，这里的即时性，指的就是学堂里老师教学生的即时性，因此即时通信（IM）系统是知识界的技术平台。

（4）Web4.0：知识分配。

在Web3.0里，人类可以随心所欲地获取各种知识，当然这些知识都是先贤们即时贡献出来的。但人们并不知道自己应该获取怎样的知识，即自己适合于学习哪些知识。比如一个10岁的孩子想在20岁的时候成为核物理学家，那么他应该怎样学习知识呢？这些问题就是Web 4.0的核心——知识分配系统所要解决的问题了。Web4.0就是人人平等的网络时代，同时将实现自由人的自由联合。

2. 人工智能：未来科技生活的缔造者

随着人类对于人工智能（AI）的研究不断深入，人工智能是什么的问题却尚未得到一个标准的答案。对于人工智能领域的某些问题，人们的共识在逐渐加强，但与此同时，人工智能的内涵及外延还在不断地扩大和丰富之中。综合来看，人工智能依托于对人类智能行为（如学习、计算、推理、归纳、演绎等）的研究，旨在构建具有一定智慧能力的人工系统，以解放或延伸人类自身的智能。

3. 物联网：无处不在，万物互联

物联网（IoT）的概念最早在1999年提出，随着其内涵与覆盖范围越来越广，概念定义已超出了最初的范畴。物联网现今是指通过各种信息传感设备，实时采集任何需要监控、连接、互动的物体或过程等各种需要的信息，与互联网结合形成的一个巨大网络。其目的是实现物与物、物与人，所有的物品与网络的连接，方便识别、管理和控制。

4. 虚拟现实和增强现实：眼见不一定为实

虚拟现实技术（VR），是一种可以创建和体验虚拟世界的计算机仿真系统，它利用计算机生成一种模拟环境，是一种多源信息融合的、交互式的三维动态视景和实体行为的系统仿真，使用户沉浸到该环境中。

增强现实技术（AR），是一种实时地计算摄影机影像的位置及角度并加上相应图像、视频、3D模型的技术。它将真实世界信息和虚拟世界信息“无缝”集成，把原本在现实世界的一定时间空间范围内很难体验到的实体信息通过电脑等科学技术，模拟仿真后再叠加，将虚拟的信息应用到真实世界，被人类感官所感知，从而达到超越现实的感官体验。真实的环境和虚拟的物体实时地叠加到了同一个画面或空间同时存在。

混合现实技术（MR），既包括增强现实和增强虚拟，指的是合并现实和虚拟世界而产生的新的可视化环境。在新的可视化环境里物理和数字对象共存，并实时互动。它是虚拟现实技术的进一步发展，该技术通过在虚拟环境中引入现实场景信息，在虚拟世界、现实世界和用户之间搭起一个交互反馈的信息回路，以增强用户体验的真实感。

5. 4D 打印技术：你可能是新的“造物主”

4D 打印使用一种能够自动变形的材料。4D 打印过程只需特定条件（如温度、湿度等），不需要连接任何复杂的机电设备，就能按照产品设计自动折叠成相应的形状，它可以自动适应外部变化，进行自我修复。4D 打印颠覆了传统的造物方式，具有全新的造物逻辑。传统而言，造物过程一般是，先模拟后制造，或者一边建物一边调整模拟效果。而 4D 打印通过硬件与软件的紧密结合，把产品设计通过打印机嵌入可以变形的智能材料中，在特定时间或激活条件下，无须人为干预，也不用通电，便可按照事先的设计进行自我组装。

6. 机器人技术：未来生活中不可或缺的“成员”

机器人是靠自身动力和控制能力来实现各种功能的一种机器。它既可以接受人类指挥，又可以运行预先编排的程序，也可以根据以人工智能技术制定的原则纲领行动。它的任务是协助或取代人类部分工作，例如生产业、建筑业，或是危险的工作。

7. 区块链：全新数字经济革命

区块链是分布式数据存储、点对点传输、共识机制、加密算法等计算机技术的新型应用模式。广义来讲，区块链技术是利用块链式数据结构来验证与存储数据、利用分布式节点共识算法来生成和更新数据、利用密码学的方式保证数据传输和访问的安全、利用由自动化脚本代码组成的智能合约来编程和操作数据的一种全新的分布式基础架构与计算范式。区块链的设计是一种保护措施。对于记录事件、标题、医疗记录和其他需要收录数据的活动、身份识别管理，交易流程管理和出处证明管理，区块链能够保证数据的安全性，保护数据不被篡改或者伪造。区块链对于金融脱媒有巨大的潜能，对于引领全球贸易有着巨大的影响。

8. 脑机接口：人类未来的“超能力”

“脑”一词意指有机生命形式的脑或神经系统，“机”意指任何处理或计算的设备，其形式可以从简单的电路到硅芯片。在人或动物脑与外部设备间建立的直接连接通路。在单向脑机接口的情况下，计算机或者接受脑传来的命令，或者发送信号到脑，但不能同时发送和接收信号。而双向脑机接口允许脑和外部设备间的双向信息交换。

9. 基因测序：人类生命能力的巨大提升

基因测序是一种新型基因检测技术，能够从血液或唾液中分析测定基因全序列，预测罹患多种疾病的可能性、个体的行为特征及行为合理。基因测序技术能锁定个人病变基因，提前预防和治疗。基因测序技术的快速发展促使诊断技术更加贴合临床需求，是该技术逐渐被接受的最主要的推动力。诊断技术的升级使得诊断精确度更高，检验周期缩短，检验更加趋向于疾病本质，这些都促使诊断技术更加贴合临床应用需求。

10. 量子技术：理论物理不仅仅是“理论”

微型电脑的芯片上有一个东西，这个东西小到要用显微镜才能看见，却拥有电脑的计算能力，而且可以通过光和声音移动，这就是量子技术。量子技术领域目前存在量子通信和量子计算两个极具发展前景的子领域。量子通信是指利用量子纠缠效应进行信息传递的一种新型的通信方式。量子通信主要基于量子纠缠态的理论，使用量子隐形传态（传输）的方式实现信息传递。根据实验验证，具有纠缠态的两个粒子无论相距多远，只要一个发生变化，另外一个也会瞬间发生变化，利用这个特性便可实现光量子通信。量子计算是一种遵循量子力学规律调控量子信息单元进行计算的新型计算模式。量子力学态叠加原理使得量子信息单元的状态可以处于多种可能性的叠加状态，从而导致量子信息处理从效率上相比于经典信息处理具有更大潜力。普通计算机中的 2 位寄存器在某一时间仅能存储 4 个二进制数，而量子计算机中的 2 位量子位寄存器可同时存储这四种状态的叠加状态。随着量子比特数目的增加，对于 n 个量子比特而言，量子信息可以处于两种可能状态的叠加，配合量子力学演化的并行性，可以展现比传统计算机更快的处理速度。

（三）新的监管要求

谈及金融政策、金融监管，人们的普遍期望是放松准入门槛、去牌照化、监管过程技术化、注重行为监管和消费者保护。同时，在符合技术趋势和公众利益的情况下逐渐稀释政府的金融权力，只守住一些基本的执法边界，而非行政审批。这一期待与分散过度集中的金融权力、消除金融压抑、推进金融自由化改革的要求相呼应，并非仅仅来源于互联网金融、金融科技。但是，金融科技确实对监管政策和监管手段提出了大量新要求乃至新挑战。

首先，在交易技术层面，当大量的金融服务体现为网络化、自动化的数据传输与算法处理时，对网络（不仅仅指当前的金融网络，未来的整个互联网、物联网、智能网、超能网都有可能成为金融服务网络——金融网）安全等基础设施的保障、对算法与技术风险的整体防范，都可能成为监管的内容，因为这与社会利益息息相关。以移动支付为例，其数据暴露于无线或移动网络，加密手段是否充分、认证机制是否完善，直接决定着用户的资金安全。作为监管机构来说，强制实施相应的技术标准、设定合理的安全准入门槛就显得非常必要。

其次，在交易结构层面，去中心化的交易结构形成后，互联网成为一个巨大的公开交易所，交易渠道错综复杂，交易行为小微密集。在这种信息与资金的广泛互联中，产生了金融监管中最需严格审慎的公众化利益问题，以及对于资金流监测、宏观调控效果等诸多监管科技问题。洗钱、诈骗等金融犯罪行为亦会随着技术的升级、渠道的复杂而更加隐蔽和危险。自动化监管和交易行为监管的重要性将日益突出。

最后，在权力契约层面，监管机构必须保护、培育和维持合理、适度竞争的市场秩序，一方面避免某些金融机构利用网络、算法、体制的漏洞获取不正当的垄断地位，导致金融权力重新过度集中；另一方面又要防止出现过度竞争、破坏性竞争，导致风险累积，波及金融体系的安全与稳定。

总之，互联网金融、金融科技的出现，金融行业在技术、结构、权力多个层面的改变，将为监管带来巨大挑战。正如中国人民银行原行长周小川在2013年3月13日“货币政策与金融改革”答记者问时说的那样：“（新的金融形式对监管来说）这种挑战是客观存在的，重要的是我们要适应这种新的发展和新的科技挑战。同时也不排除有时候这些新的业务模式会出现或大或小的一些风险和问题，包括舞弊欺诈等，也会借这种路径出现。出现以后，要加快我们的学习步伐，及早地吸取经验教训，同时不断地更新规章制度和监管标准，这样就能使整个金融业保持一个健康的发展方向。”

（四）新的监管思路

金融科技的监管是一个庞大的问题，无论从监管层还是从金融行业从业人员的角度，目前都难有统一的思路与方法，只能具体问题具体分析。我们认为，大体上金融科技的监管可能会表现出以下特点：

1. 注重技术监管

基于大数据的算法监管、基于模型的自动监管、基于大数据的关系网监管、基于小数据的穿透式监管、基于区块链的数据安全（不可篡改）监管、基于人工智能的预防性监管等将逐步取代目前的人工审核和监管，应用越来越广泛。

要积极利用互联网技术进行监管。一方面，金融监管部门要强化互联网技术的硬件与软件建设。在硬件方面，主要包括网络、信息设备等。在软件方面，则涵盖了人才、互联网技术运用意识与理念等。要结合当前我国的“信息高速公路”建设、“智能社会”“物联网”等战略，不断提升新金融监管软硬件实力。另一方面，金融监管部门要善于“借力”。新金融企业目前已经在大数据、云计算等方面储备了相应的技术，一些互联网企业巨头（比如阿里巴巴、腾讯、百度）等，则依托电子商务、第三方支付等，掌握了大量的信息资源。金融监管部门要强化与这些企业的业务联系，以提高监管效率。

2. 注重行为监管和事实监管，弱化行政审批与硬性门槛

通过大数据的关系网，以及基于区块链的数据安全，将推动监管更

多从交易行为的实际性质确定其是否合法、合规，是否存在重大风险。

3. 注重程序监管

通过基于人工智能的预防性监管等措施，可以要求金融服务和金融交易满足一定的规范、步骤和程序，以程序安全促进实质安全。

4. 注重规则监管

随着人工智能技术的普及，尤其是对于技术金融和自动化金融服务，审查规则的一致性，督促金融机构的自我监管。

5. 注重信息监管

强化消费者隐私保护，督促金融机构的信息披露，从程序、规则等层面提高信息透明性，消除信息不对称，保障交易双方的信息对等地位。

6. 注重投资者教育

多元化的交易渠道和丰富的金融服务带来多样化的风险，投资者需要对各类风险有清晰的认识，提高自身的风险意识和风险承受能力方能真正自由地选择金融服务。

7. 注重监管方式的多元化

未来的监管模式既包含自上而下的监管，也包含投资者监督，机构自我监管与行业自律，形成多层次的监管网络。

8. 注重明确适度监管的基本原则

适度监管应该至少包括如下内涵：一是新金融必须无条件接受监管，不能脱离金融监管，不能放任自由。无论是从国家金融安全还是维护相关参与者的利益，以及从国家宏观政策制定等方面来看，都需要加强新金融的监管。二是金融监管要秉持审慎态度，尤其是对创新产品不能盲目地套用传统监管模式和思路。要根据产品的发展情况，科学制定相应的监管措施，实现鼓励金融创新与金融监管目标的有机结合。三是在金融监管中，要从现代金融发展的大局出发、要从改善金融服务质量的角度出发，避免运用监管维护特定部门或机构的利益。

9. 注重探索新金融“安全港”制度

从某种角度而言，无论是我国还是国际范围，部分互联网金融产品（或服务）的发展缺乏合规性和合法性。为了解决这一问题，可以考虑构建“安全港制度”。“安全港制度”的目的是：厘清新金融文明背景下各类活动（包括产品创新、市场营销、售后服务等）非法性标准。凡是列为非法范畴的活动，一律不得进行。“安全港制度”也可以理解为“负面清单”制度。

10. 注重推动监管机构协调整合

推动金融监管机构协调整合是新金融文明监管的必然趋势。从我国的实际出发，短时期内将“一行两会”合并为统一的金融监管机构，缺乏可行性。为了适应新金融文明监管的需要，可以通过定期协调制度、集中办公制度等措施，强化各个监管部门的相互协调，确保信息交流，以实现监管力量的整合。从长远来看，随着我国金融管理体制改革的深入，国家可以结合新金融发展趋势，设置专门的新金融监管机构，或考虑在国家安全委员会下设立金融监管风险理事会，统一履行宏观审慎监管职责。

以上分析仅针对金融科技与现实生活相关的行业监管问题，对于虚拟生活中的（虚拟）金融监管，由于相关事实、实践和理论均未成形，我们暂时不予讨论。总之，新金融的发展催生了新金融文明。新金融文明对金融监管提出了新的要求，传统金融监管模式、思维和方法难以适应新金融文明的需要。为了更好地推动我国新金融发展，促进新金融文明的健康发展，需要相关部门在金融监管实践中不断探索，总结经验。

第二节　科技创新的趋势

一、新趋势：奇点中的科技创新

奇点，本是天体物理学术语，是指时空中的一个普通物理规则不适用的点。

物理上把一个存在又不存在的点称为奇点，是空间和时间具有无限曲率的一点，空间和时间在该处完结。经典广义相对论预言奇点将会发生，但由于理论在该处失效，所以不能描述在奇点处会发生什么。

科技的发展也总会遇到一个技术奇点，这个技术奇点是一个根据技术发展史总结出的观点，认为未来将要发生一件不可避免的事件，技术发展将会在很短的时间内发生极大的接近于无限的进步，使得机器智能超越人类智能，从而让社会乃至全人类措手不及。之所以被称为技术奇点，就是好比物理学上引力接近无穷大时产生的黑洞的物理属性一样，已经超出一般正常模型所能预测的范围之内。

一般来说，技术奇点的发生是由人类所创造的超越人类智能的各种形式之智能（AI、机器、生物等）所引发。根据数学模型，在未来的某个时间内，技术发展将接近于无限大。在技术奇点到来前的几秒钟时间内，所有可发现的东西都将被发现和利用。无限接近技术奇点的时候，似乎所有能够用来调动的能量将被调用完。一旦创造出远超人类的智能，接下来的发展将超出人类的理解能力。而这些智能将会是人类所发明出来的最后一项发明。

美国著名未来学家雷蒙德·库兹韦尔提出了“加速回报定律”（The Law of Accelerated Return），如果一项科技符合加速回报定律，那么这项科技越先进，它进度的速度就越快，在一段时间以后就会实现指数级进度，这与摩尔定律极为相似，出现重大技术进步的时间间隔在缩短。

如果上述观点是真实存在的，那么科技创新也将会出现一个奇点，在一定的时间内有些科技创新一定会产生，并且在某个时间内会加速爆发。

二、黑科技：浮现中的未来星球

“黑科技”是在《全金属狂潮》中登场的术语，原意指非人类自力研发，凌驾于人类现有的科技之上的知识，引申为以人类现有的世界观无法理解的猎奇物。

黑科技是科技发展的高级阶段，它远超越现今人类科技或知识所能及的范畴，缺乏目前科学根据并且违反自然原理的科学技术或者产品。黑科技没有科学依据，但很厉害又挂着科技名义，用起来和魔法一样的东西，如高达的 GN 粒子，星际的幽能。通常情况下，当前人类无法实现或根本不可能产生的技术或者产品统称为“黑科技”，其标准是不符合现实世界常理以及现有科技水平。但是，科技的发展是阶段性的，在经历了一次次的“阈值”突破后，遥远未来的黑科技必然令人眼花缭乱。

下面，我们梳理一下当前处于科技红利期的六大领域，这些是否能够为未来的黑科技提供技术支撑呢？由于创新周期与周期主导产品生命周期的共同作用，在历史上出现的每一个创新周期都呈现出一个共同的规律性——需要经历科学技术与成本竞争两个不同的发展阶段。

（一）大数据技术

“大数据”（Big Data）一词并不新鲜，1980 年美国著名未来学家阿尔文·托夫勒在《第三次浪潮》一书中，便将大数据赞颂为“第三次浪潮的华彩乐章”。2005 年 Hodoop 项目诞生，为雅虎的搜索引擎提供了一个面对复杂数据和结构的快速处理和优化的能力。2008 年，“大数据：PB 时代的科学”一文在《科学》杂志发表，提出了“大数据”的概念。同年，谷歌在《自然》杂志出版专刊，用于讨论大数据在未来处理庞杂数据的能力和将会面对的挑战。

进入大数据时代，数据逐渐成为生产要素，更是基础性战略资源。2015 年 9 月，国务院印发《促进大数据发展行动纲要》，提出全面推进我国大数据发展和应用，加快建设数据强国，将大数据定义为“以容量大、类型多、存取速度快、应用价值高为主要特征的数据集合，正快速发展为对数量巨大、来源分散、格式多样的数据进行采集、存储和关联分析，从中发现新知识、创造新价值、提升新能力的新一代信息技术和服务业态”。

大数据应用方面，拥有大量用户数据的互联网公司可以将其论坛、博客、新闻报道、文章、网民用户情绪、投资行为与股票行情对接，研究互联网的行为数据，关注热点及市场情绪，动态调整投资组合，开发出大数据投资工具。通过海量数据的核查和评定，增加风险的可控性和管理力度，及时发现并解决可能出现的风险点，对于风险发生的规律性有精准的把握，推动金融机构更深入和透彻地根据数据分析需求。大数据将推动金融机构创新品牌和服务，做到精细化服务，对客户进行个性定制，利用数据开发新的预测和分析模型，实现对客户消费模式的分析以提高客户的转化率。随着大数据金融的完善，企业将更加注重用户个人的体验，进行个性化金融产品的设计。

未来，大数据金融企业之间的竞争将存在于对数据的采集范围、数据真伪性的鉴别以及数据分析和个性化服务等方面。金融业积累的大数据就是金融大数据，根据银行、保险和证券等金融本身的不同，这些数据也分成银行大数据、保险大数据和证券大数据。积累数据过程中，产生了数据采集、存储、使用的相关工作和企业，这样就完成了金融大数据的产业链。

（二）云计算平台

云计算是目前发展较为成熟的一种技术，它是一种互联网上的资源利用新方式，可为大众用户依托互联网上异构、自治的服务进行按需即取的计算。由于资源是在互联网上，而在电脑流程图中，网际网路常以一个云状图案来表示，因此可以形象地类比为云计算，“云端”同时也是对底层基础设施的一种抽象概念。

2006 年 8 月，Google 推出 GAE（Google App Engine）云计算平台，首次提出“云计算”的概念。同年，亚马逊推出在线存储服务（S3）和弹性计算云（EC2）等云服务。Google、IBM、微软和亚马逊等科技公司投入大量的人力、物力和财力从事云计算的相关技术和产品的研发，并取得了长足发展。2015 年，以基础设施级服务（IaaS）、平台级服务（PaaS）和软件级服务（SaaS）为代表的云服务市场规模超过 500 亿美元，其中北美地区占据全球市场 56.5% 的份额，亚洲市场占比 12%，中国占据 5% 的市场份额。2015 年 1 月，国务院发布《关于促进云计算创新发展培育信息产业新业态的意见》，提出“云计算是推动信息技术能力实现按需供给、促进信息技术和数据资源充分利用的全新业态，是信息化发展的重大变革和必然趋势”。

云计算技术不仅改变了金融机构的IT架构，也使得其能够随时随地访问客户，为客户提供方便的服务，从而改变了金融行业的服务模式和行业格局。金融行业使用云计算技术主要有两种模式：私有云和行业云。私有云方面对于技术实力和经济基础比较强的大型机构偏向于私有云的部署方式，可以将一些核心业务系统，存储重要敏感数据部署到私有云上。一般采用购买硬件产品，基础设施解决方案方式搭建，在生产过程中实施外包驻场运维自主运维或自动运维方式。对中小型银行、城商行等企业来说，由于它们的经济实力、技术研发能力偏弱，所以通常采取行业云的方式。所谓的行业云通过金融机构间的基础设施领域的合作，通过资源等方面的共享，在金融行业内形成公共基础设施，公共接口，公共应用等一批技术公共服务。用于对金融机构外部客户的数据处理服务，或为一定区域内的金融机构、金融机构的垂直金融机构提供资源共享服务。

（三）人工智能技术

一般认为，人工智能（Artificial Intelligence，AI）是研究、开发用于模拟、延伸和扩展人类智能的理论、方法、技术及应用系统的新兴交叉性学科，融合了计算机科学、数学、神经生理学、社会科学等诸多学科领域。

人工智能的概念自20世纪50年代提出以来，经历了“三起两落”：

1956年，约翰·麦卡锡与马文·闵斯基等人在达特茅斯会议上，正式提出人工智能的概念并确定了“AI”作为本领域名称，成为人工智能学科的开端。

1956年至1974年，是人工智能的大发现时代，也是人工智能的第一个黄金时代，涌现了大量的研究方向，产生较大影响力的包括搜索式推理、自言语言、感知器算法等，并出现了具有初步智能的机器。

1980 年，卡内基梅隆大学为数字设备公司 DEC 开发的专家系统（XCON）取得了巨大成功，再次将人工智能带回到人们的视野之中。除专家系统外，曾经因被马文·闵斯基批判而一度陷入困境的联结主义在 80 年代重获新生。

1982 年，物理学家约翰·霍普菲尔德提出了一种新型的神经网络（Hopfield 网络），该网络能够用一种全新的方式学习和处理信息。

2006 年，杰弗里·辛顿等人发表了论文《深度置信网络的一种快速学习方法》（A Fast Learning Algorithm for Deep Belief Nets），在人工智能基础理论方面取得重大突破，宣告了第三次人工智能浪潮的到来，也宣告了人工神经网络向深度学习的进化。随后，深度学习的基础理论研究不断深入，深度学习也成为人工智能领域最炙手可热的研究方向，并直接推动了人工智能现阶段的大繁荣。

2017 年 7 月，国务院发布《新一代人工智能发展规划》，提出在移动互联网、大数据、超级计算、传感网、脑科学等新理论新技术以及经济社会发展强烈需求的共同驱动下，人工智能加速发展，呈现出深度学习、跨界融合、人机协同、群智开放、自主操控等新特征。大数据驱动知识学习、跨媒体协同处理、人机协同增强智能、群体集成智能、自主智能系统成为人工智能的发展重点，受脑科学研究成果启发的类脑智能蓄势待发，芯片化硬件化平台化趋势更加明显，人工智能发展进入新阶段。当前，人工智能成为国际竞争的新焦点，经济发展的新引擎，带来社会建设的新机遇。

（四）物联网技术

2005 年，国际电信联盟在《ITU 互联网报告 2005：物联网》中对物联网进行了描述，“一种人与物、物与物的新的沟通维度已经进入信息与通信技术（ICT）世界中，将任何人在任何时间、任何地点的连接，扩展到与任何物品的连接。这种连接将创建一种全新的动态化的‘网络的网络’，即形成了物联网”。从字面意思简单理解，物联网即物物相连的互联网，其在物物、物人之间通过各种信息传感设备，进行数据的连接、监控和采集，并互动传输的过程所形成的庞大网络，用以实现最终的连接、识别、管理和控制。

物联网主要包含三个层面：一是核心和基础仍然是互联网技术，物联网是在互联网上的拓展和延伸；二是物联网可以实现物物和物人的交互，并在彼此之间进行信息的传导和交换，致力于实现万物的联系；三是更加关注用户的体验，物联网区别于互联网更多的是在应用和业务上。

物联网在金融行业的应用形成了一个新的领域——物联网金融，就是金融机构利用物联网技术，有机地整合网络中的人、物的信息流和金融信息流，为用户提供金融服务的新型金融模式。主要应用有对贷款企业进行信用评估、感知支付、实施动产抵押等方面，由于其“物信合一”的特殊属性，在更好地掌握企业信息方面具有天然的优势：可以获得海量实体行为数据、有效降低动产融资风险。

（五）区块链技术

2016 年，在工信部指导下，中国区块链技术和产业发展论坛发布《中国区块链技术和应用发展白皮书 2016》，将区块链技术界定为，利用块链式数据结构来验证与存储数据、利用分布式节点共识算法来生成和更新数据、利用密码学的方式保证数据传输和访问的安全、利用由自动化脚本代码组成的智能合约来编程和操作数据的一种全新的分布式基础架构与计算范式。区块链可以简单理解为一张张的记录（区块）装订（链接）在一起，形成人手一本、不可能更改的账本（区块链）。区块链的特性将改变金融体系间的核心准则，因其安全、透明及不可篡改的特性，金融体系间的信任模式不再依赖中介者，实现实时数字化的交易。

区块链的应用在虚拟货币、跨境支付与结算、票据与供应链金融、证券发行与交易及客户征信与反诈欺五大金融场景将能产生最直接与有效的应用。区块链技术的应用主要在六个方面实现金融创新。

第一，从业务应用流程与技术结合出发奠定优势。①区块链框架解决了一半，还有另一半问题未解决，区块链框架缺陷（以太坊、比特币等交易量和交易高频次的局限）。②分布式网络技术的成熟，去中心、弱中心、分中心及共享、共识、共担的业务架构、组织架构、商业架构和社会架构如何有效建立？许可链与公有链、共识矛盾问题如何解决？③业务流程吻合的缺隙，技术需求与业务需求、流程需求的关系，依靠智能合约技术，智能合约不智能，不安全有缺陷，能否解决？④隐私和开放开源共识的矛盾，事先约定，编成代码，依程序行事？去中心化与国家货币本身矛盾？

第二，个人账户的根本突破作为分布式账本技术的区块链，自复式记账法以来记账法的颠覆式革命。此前所有个人账户均依附于企业，需要独立性、唯一性、个人操作性、个人主观能动性。以区块链技术为支撑的个人账户将使未来金融应用实现跨越式发展。

第三，个人身份识别系统的革命。个人身份识别以区块链为核心，通过区块链来管理客户身份信息、帮助更好地“了解你的客户”（KYC）以及提高客户满意度。身份权限管理和多方共识有助于识别非法节点，及时阻止恶意节点的接入和作恶，推动以区块链身份识别技术为核心的应用场景服务和监管相统一的协调、合作与分工。

第四，去中心化清结算突破。区块链去中心化、去中介化，其绝对性与相对性。多中心、弱中心化的特质将降低中心化架构的高额运维成本。

第五，票据链、证据链的突破。依托链式的结构有助于构建可证可溯的电子证据存证，分布式架构和主体对等的特点有助于打破物联网现存的多个信息孤岛桎梏，促进信息的横向流动和多方协作。信息加密、安全通信的特质将有助于保护隐私，区块链对保险业的影响可能是颠覆性的，包括了保单设计、销售、理赔和保险资金运用以及公司内控全链条影响。

第六，公信力方面的突破。区块链作为难篡改、可追溯技术的关键，在于创造新的“公信力”，解决现有公信力困境；共享金融成为可能。

（六）金融机器人

随着机器学习，自然语言处理和计算机视觉领域的长足进步，作为上述技术和硬件传感器的整合，机器人的应用前景就不仅仅是前景，而是现实。

一般来说，从金融领域来看待金融机器人，整体上很多人认为存在巨大的危机感，也就是说，危机感是行业认知的一个共识，他们认为，机器人进入金融领域，会取代很多原本从事金融行业的人，带来大量的金融行业的失业，这一点已经从一些现象得到了判断和肯定。例如，最典型的就是银行的信贷审核员的工作，现在已经在人工智能或者是计算机技术的支持下大量减少。根据经合组织的统计，从 2014—2017 年，机器人取代了金融行业大约5%的就业，很多人认为，这个趋势会快速增长，这也给金融从业人员带来了很大的危机感，或者说是压力。

从人工智能角度来说，金融行业的数据有天然的优势，而且这些数据自身非常规范，甚至在某些程度上，这些数据可以直接利用，这与金融行业从开始就注重信息基础设施建设分不开。对人工智能来说，数据是一个天然资源，即便不用关心最终要解决的目的，从这些数据中也可以获得很多价值。

三、引爆点：奇妙中的不确定性

未来之所以奇妙，之所以令人心驰神往，就在于与当下的确定性相比，未来具有无限的不确定性，而这些无限的不确定性中又蕴含着无限的可能性。未来虽然具有很多的不确定性，但我们也可以从变化多端的不确定性中寻找到某些固有的趋势。

下面我们借鉴凯文·凯利提出的“未来20年，科技发展的12个必然趋势”，简要分析互联网、物联网、智能网、超能网下监管科技未来的趋势。

（1）形成（Becoming）：所有的东西都在不断升级。

形成，是指通过一种或多种事物的发展变化而导致另一种或多种事物产生或者变化的某种情况。所有的东西都是一种流动的状态，都在不断地改变。就像下雨时每一滴水会如何进入到山谷，这个路线是肯定无从了解的，但是你一定知道方向——因为有重力，所以必然向下。监管科技未来趋势也是必然的，总体趋势一定能够预知。

首先，终身学习，不断学习。所有的东西都是不确定的，就像人一样，当你一直处于一个学习的状态时，你永远都是一个新的人。监管科技也是同样的道理，不论处在社会哪个阶段，总会有新的东西出现，所以监管科技的形成永远是处于学习状态的。

其次，所有的监管科技都是一个形成的过程，我们之前看到的金融是产品，现在看到的是过程。比如，我们以前看到的监管科技主要局限于区域市场做产品，现在监管科技已经可以通过智能网进行连接，实现一个更大、更广泛的连接过程。所以，监管科技一直在被改变，也一直处在创造新生态的过程中。

（2）知化（Cognifying）：与人工智能的合作表现决定监管科技的价值。

知化，是指让一个事物具有认知的能力。未来技术变革的影响是永久性的。技术将和人工智能相关，技术要做的事情就是让所有的东西更加智能，这个智能化的过程就是技术带来的改变。目前，很多东西已经变得很聪明了。比如看 X 光方面的专家会被人工智能所取代，法律方面的人工智能可以比人类律师助理更高效地阅读文件等。

那么，我们为什么需要人工智能去帮助监管科技呢？因为它们的思考方式跟我们不一样，不会考虑杂七杂八的事情，只会更专注地去开发监管科技。我们在人工智能方面做的事情，并不是让它们比人做得更聪明，我们要做的是各种各样的人工智能，让它们有多种思维方式去服务监管科技。

在全世界最聪明的，不管是哪个领域，实际上它都是最聪明的人加上机器，形成人工智能。所以监管科技与人工智能的合作表现，决定了监管科技的价值。监管科技未来的目标，是将智力作为一种服务，可以像电力一样向所有会员传输。

（3）屏读（Screening）：监管科技也可以理解为一种屏读。

屏读，是指文字从纸张转移到了手机、电脑、电视中，人类文化的根基逐渐从书籍中脱离出来，转移到了屏幕当中。人类历史上，内容的载体分为三个阶段：言语、书籍和屏读。这个趋势已经围绕在我们周围了，屏幕无处不在。任何一种平面都可以成为屏幕，不同的屏幕之间形成了生态系统，不仅我们看它们，它们也在看我们。屏幕可以跟踪你的眼神，知道我们的注意力聚焦在哪儿了，我们重视什么东西，然后改变屏幕上呈现出来的内容。而监管科技就是要了解你的聚焦在哪，重视什么风险，最后以一种屏读的形态呈现出来。

（4）流动（Flowing）：监管科技的流动，是数据。

流动，是指当今万事万物都以数据形式在一个虚拟世界中实现着浩瀚无边、史无前例的“流动”。计算机中的三大阶段：原来是文件夹，之后是网络，现在我们处于一个数据流动的时代。现在的阶段就是流标签，云端组成各种各样的流，通过微信、微博、Facebook 等，我们可以听流媒体上的音乐，看流媒体上的电影电视，所有东西都成为一种流。

归根结底，商业乃数据之商业，我们所处理的最终都是数据。很多公司已经意识到了这一点，因此处理数据和处理客户一样重要。智能时代下的数据，像是形成了超级生物体，远远超过人脑的容量，这样一个巨大的机器星球，其实是全球化的一个运作，全世界的经济好像都以同样的脉搏在跳动，以同样的行为方式在运作。

那么什么东西在监管科技中流动呢？其实也是数据，不管监管科技是做产品、渠道、服务，还是会员，它其实最终做的都是数据。

（5）重混（Remixing）：大多数创新都是现有事物的重组。

重混，是指将早期简单的媒介形式与后期复杂的媒介形式重新组合，从而产生出无数种新的媒介形式；在重新组合的过程中，基本元素并不会发生变化。具体到经济领域，是指将原有的资源重新安排，而不是依靠新资源的发现和利用，使其产生更大的价值，从而实现真正可持续的经济增长。经济学家发现，全新的东西很少，大多数创新都是现有事物的重新组合。这种重组就是重混。这是世界发展的方向，重要的趋势。做重组或者重混时，首先要做一个拆解，把它拆解成非常原始的状态，再以另外一种方式进行重组，之后不断进行这样的循环，就像你把乐高拆开后再组装。

同样，我们也可以拆解金融，监管科技就是把金融市场中的消费者、金融主题控制人、受益人分解之后再重新组合起来，形成新的金融组织结构。而监管科技组织想要升级，就需要进一步拆解组织的产品、渠道、角色构成，再进行重组，在重组的过程中产生新事物——新监管科技。

（6）过滤（Filtering）：能吸引注意力，就能赚到钱。

过滤，是指选择性注意，不看整体，仅将注意力集中于我们真正需要的细节上。这是世界的另一面，现在有各种各样的选择。我们需要一些人来帮忙，找到我们真正需要的东西，这就叫作过滤。我们是缺乏注意力的，变得稀缺的是人类注意力，没有哪一种技术可以增加你的注意力时间。

既然我们的注意力是世界上最珍贵的资源，是不是有这样一种可能性，为注意力付费，比如为看广告的人付费，因为人家花了注意力在你的广告上，这样思考会有各种各样的可能性了，广告商应该是直接付费给广告观众，而不是付给出版商或者其他公司。通过社交网络寻找到关键意见领袖（Key Opinion Leader，KOL），为他们的注意力付费，不同影响力的人群付不一样的费用。

监管科技就是要将我们对保险的注意力转移到我们自身身上，作为监管科技组织的会员，我们在为保险付费的同时，其实也是在为我们自身付费。

（7）互动（Interacting）：监管科技就是一个与会员持续互动的过程。

互动，从两个构成的字来说，按照辞典上的解释“互”是交替、相互，“动”是起作用或变化，使感情起变化；归纳起来，互动是指一种相互使彼此发生作用或变化的过程。

监管科技就是一个与会员持续互动的过程，在智能时代技术的支持下，会员间的互动不再局限于人与人，而更多的是金融产品与金融产品间的互通，它的影响力很可能和人工智能一样深远。

（8）使用（Accessing）：将监管科技一定的职权分离。

使用，是指使人员、器物、资金等为某种目的的服务。“使用”这个词其实很难去解释，也就是说之前我们是拥有一个产品，之后我们去使用某一种服务。这种拥有的概念已经不是那么重要了，使用在很多方面比拥有更好，你马上用到一个东西，用完之后马上可以丢掉，肯定比拥有某些东西要更好。因为你的目的是使用，但是拥有的话，你要承担很多的责任。

监管科技也可以朝这个方向走，我们不需要每个会员拥有监管科技组织全部的职能，而是只需要使用这种服务，我们可以把监管科技组织中的一些职能外包出去，从而降低我们承担的责任和维护的成本，甚至许多事情我们可以交给智能设备去做。

（9）共享（Sharing）：监管科技的核心是共享，更是协作。

共享，又称分享，是指将一件物品或者信息的使用权或知情权与其他所有人共同拥有，有时也包括产权，此处我们主要指分享经济或共享经济。首先，现在的分享还属于非常初级的阶段，这个世界很大，有很多东西都是可以分享的。其次，我们在讲分享时，不是一般意义的分享，而是在讲协作，即，分享＝合作，以一种规模化的方式合作，可以让成千上万乃至几十亿的人以合作的方式进行互动，这些人的共同协作可以带来社会的变革。

共享金融的核心就是“共享、共有、共治”，而智能化下的共享金融，也是人与人、人与物、物与物的共享，使万物协同协作，从而带来金融市场与整个社会的变革。

（10）开始（Beginning）：监管科技的用途，是用出来的。

开始，是指着手进行。关于技术，在最开始的时候，没有人知道新的发明是最适合用于什么的。比如爱迪生的留声机，爱迪生根本不知道这能用来干什么。留声机慢慢应用于两个场景：一是录下临终的遗言，二是录下教堂里的讲话，包括唱歌，后来留声机主要用于这个用途。所以，用途很多时候就是通过使用来发现的，不断尝试，在发明的时候，我们可能想不了那么多。新技术出来的时候，我们也不知道可以用来干什么，只有通过使用。

智能时代下监管科技的用途，或许不仅仅是金融机构、金融产品、金融消费者服务这么简单，而是在这个过程中通过不断使用，发现出新的用途。

（11）提问（Questioning）：好问题比完美的答案更重要。

提问，是指提出问题。今天要找到答案很容易，你可以问百度，可以问谷歌，还有各种 AI，它们都特别棒，回答变得越来越便宜。但是同时，提问变得越来越贵了，我们必须要培训智能机器去提问，让它们创造问题，一个好的问题，会比一个完美的回答更有价值。所以智能机器需要有非常好的驾驭问题的思维方式，因为问题本身可以开发一个新领域，是一个能动最好的推送者，像引擎一样，推动人的思维不断去创造。

发展监管科技也需要学会提问，不断创造问题，才能促使监管科技开发出一个新的领域，推动监管科技不断去创造新的业态。

（12）颠覆（Disruption）：内因从来不是主要原因。

颠覆，是指对某项事物造成强烈冲击改变，使事物本质发生变化。当我们在思考颠覆时，有三个规律：①不管你在哪个行业，颠覆不是从内部出现的，而是从外部推动的，内因并不是最主要的原因；②一些一蹴而就的现象和技术，只是看上去很突然，但它其实已经在背后存在了很多年；③创造或者发明，往往是一个不挣钱的市场。首先大多数的发明都是失败的，风险非常高，一开始的质量非常差，也就意味着利润非常低，任何商人都会告诉你，投资这一行是非常不挣钱的。

监管科技相对传统监管模式而言，本身就是一种颠覆。而随着智能化的融合与发展，监管科技在发展中也会不断地面临其他跨界的挑战，这既是一种趋势，也是一种融合。

越来越多影响人类未来发展的历史性事件不断上演，毋庸置疑，黑科技正在从实验室走向现实，不管未来有多少不确定性，我们曾经无数次设想的未来已经不可逆转地到来。

四、强计算：价值中的获取路径

每一个时代都会出现一种取之不竭、用之不尽的通用型创新技术，使人类社会升维到一个完全陌生的“未来世界”，农民成为工业时代的“难民”，工人成为信息时代的“难民”，那么公司白领是否会成为人工智能时代的“难民”呢？这个问题蕴藏着有趣的思考。其实，科技一直在探索复杂事物背后的本质规律，而规律即在不同起始条件下可供计算的方法——算法。所以英国 Mathematica 软件创始人史蒂芬·沃尔夫勒姆指出“宇宙的本质是计算”（宇宙是元胞自动机），万物皆有逻辑，万事皆可计算。

直白地讲，算法是指一切经过明确定义的计算过程，其将某个或者某组值作为输入内容，并产生某个或者某组值作为输出结果。因此，算法代表的是一系列计算步骤，用于将输入转换为输出。更简单地总结，我们可以将算法视为一系列用于解决某个任务的步骤。就目前的标准来看，算法应当具有以下三大重要特征才被视为拥有实际效果：

（1）有限性。算法应该在有限的时间内用有限的步骤解决掉其旨在解决的问题，也就是说算法必须在有限的时间内完成，要不然就没有现实意义。

（2）明确的指令性。算法中的每个步骤必须经过精确定义；同时应针对每种情况做出明确说明。

（3）切实有效。算法应当能够解决其旨在解决的问题。此外，算法应该被证明可以单纯地利用纸笔工具实现收敛。

五、大智慧：思想中的未来旅程

思想是行动的先导，过去的十年，人类的科技创新完成了一个完整的进化周期。这个为期十年的小周期将成为两个科技进步大周期之间的过渡与衔接，引领我们走进一个全新的时代。

如今回头去看，2008 年的世界经济危机对全球社会经济活动是一次重创，但对于科技革新却是一场思想的旅行。

首先，由金融危机引发的经济危机使得世界经济迅速退潮，大量问题暴露无遗。世界上各主要经济体都面临老龄化或人口红利衰减问题，投资效率降低，杠杆效应和拉动能力不足。当主要依靠资本的力量已经不足以拉动经济继续前行的时候，这时候的思路就是要求技术要走向前台，成为新形势下经济驱动的新的核心动力。

其次，从2008年至今，科技创新完成了一个完整的进化周期，即基础技术创新—技术应用创新—商业模式创新—新一轮基础技术创新的循环。最初，信息载体技术（基础技术）创新，“互联网+智能手机”催生移动互联网时代，之后完成了基于此的各种技术应用，再到最后的通过商业模式变化进行利益的再分配。简单地说就是，技术迭代提供基础，应用创新开辟新的市场，模式创新重新分配蛋糕。

但到了2014年，以硅谷为代表，商业模式创新已经走到的瓶颈期，现有的技术平台无法继续承载海量数据带来的新技术时代，模式创新进入瓶颈期。这个时候，就需要下一代的技术创新去破旧立新，去搭建新一代的信息载体平台，推动下一层面的应用创新。

到了2016年，硅谷依托于新技术的新一轮应用创新探索开始逐渐形成。这一轮创新主要体现在新技术和现有以及传统行业的应用结合上。新技术的真正价值实现不在于替代，而是整合到现有行业和技术解决方案中，从而提高整体的生产效率。

所以，新技术的发展往往是经过一定的市场思考之后形成的整体行动的进化，考验的是人类适用与改变社会的大智慧。尽管对于新科技的发展，其仍笼罩在迷雾中。但新科技已经开始在我们脑海中浮现出整体的轮廓，甚至是一个值得探险的新的星球。我们相信在未来，科技创新将带领我们开启一个“认知革命”的故事，一个“预见未来”的故事，并由此开启人类思想的一段新的旅程。

第三节　科技创新的伦理

一、探索揭示自然规律

马克思主义哲学认为，规律是事物与事物之间固有的、本质的、必然的、稳定的联系。规律是客观的，是不以人的意志为转移的，它既不能被创造，也不能被消灭。然而，在客观规律面前，人并不是无能为力的，人们可以充分发挥自己的主观能动性去认识规律、发现规律。在一定的情况下，改变规律发生的条件和形式，更好地为人类造福。

“天行有常，不为尧存，不为桀亡。”这是大自然运行的规律，意思是自然天体的运行有其自行的运转规律，并不会因为尧的善政的存在而存在，也不会因桀的暴行的毁灭而毁灭。“春有百花秋有月，夏有凉风冬有雪。”这是四季变化的规律。“日出而作、日落而息、一日三餐。”这是人类在长期的生活中所形成的作息规律。

邓小平曾说：“科学技术是第一生产力。”作为人类第一生产力的科技，在发展创新的进程中，也必然要探寻其自身所遵循的自然规律。

詹姆斯·瓦特在蒸汽机的发明改造中，揭示了动力转化的自然规律。艾萨克·牛顿倚在苹果树下被成熟掉落的苹果击中脑袋，发现了地球存在“万有引力”的自然规律。屠呦呦在青蒿素的提取中，发现了其可以抗击疟疾的自然规律。

世间万物，你中有我，我中有你，都存在千丝万缕的联系，有着自身的存在发展规律。太平洋西海岸的蝴蝶扇动一下翅膀，都可能引起东海岸的一场暴风雨。科技作为人类生产力的前沿代表，始终在探索人类社会发展、揭示自然宇宙规律方面发挥着引领者、前行者的作用。

二、创新技术造福人类

中国有着上下五千年的历史文明，有着古老而又伟大的四大发明。在漫漫的历史长河中，造纸术的发明为人类信息的承载和传播提供了物质载体，让人类的文字、思想、文明得以更加便利化地传承。印刷术的发明又在造纸术的基础上让信息的传播插上了翅膀，解放了劳动力。指南针的发明，为人类历史文明的前行指明了方向。火药的发明，不仅让人类在节日享受到欢快喜庆的氛围，也让我们在面对外敌的入侵时拿起捍卫家园的武器。

科学技术的每一次发明创新，都在改变着人类的生活方式和思维模式，让人类在面对大自然的固有规律而自身肉体无能为力时，科技的创新可以突破人类自身的能力范围，拓展自己的行动能力和认知范围。科技在自身的发展创新过程中，不仅时刻在自我否定中不断更新创造新的自我，也在解放人类劳动力，提高社会生产力，让我们在固有的能力基础上创造出更大更多的物质财富。让我们拥有的更多，也生活得更好。

（1）以往的科技创新，主要侧重于让我们拥有更多。

詹姆斯·瓦特的蒸汽机，一定程度上解放了人类劳动力，提高了人类的生产能力，让人类可以创造出更大的物质财富。袁隆平的杂交水稻技术，是为了让水稻释放出最大的生产潜能，为解放人类的饥饿而抗争。而当人类的物质财富积累到一定的阶段或程度后，科技的创新，开始让我们向生活得更好的方向发展。

（2）当前的科技创新，主要侧重于让我们生活得更好。

“高铁、移动支付、共享单车和网购”被称为新四大发明。高铁，让我们出行更加便捷。我们可以早上在北京吃早餐，午后可以到上海喝个下午茶，到了晚上，又可以到香港欣赏维多利亚的夜景。高铁，让城际之间的交往和联系变得更加便利。

以支付宝、微信为代表的移动支付异军突起，让人们逐渐告别了现金支付。移动支付不仅便捷了支付程序，也节约了支付的人工成本和时间成本。人们出门不用担心没有带现金，也避免了现金找零的烦琐。只要有手机、有网络，下载一个移动支付 App，人们就可以在城市的各个角落实现吃喝住行。

共享单车，解决了人们出行最后一公里的难题。近些年来，以摩拜单车等为代表的共享经济逐渐走入了人们的生活。共享汽车、共享充电宝、共享雨伞……很多行业也都打上共享经济的标签。未来，共享经济会渗透到人们生活的更多领域。

以淘宝、京东为代表的网上购物已经成为人们日常购物方式。与此同时，伴随着网购兴起的是快递行业的繁荣。人们可以足不出户，就可以遍览全球的商品。网购的兴起让千百年来的贸易搬到了网络，改变了人们的购物消费形式和消费理念。

新四大发明更多的是在让人们生活得更好、更便捷方向发展。总而言之，科技的创新都是在为人类造福的方向发展。

三、神经计算特征发现

自古以来，关于人类智能本源的奥秘，一直吸引着无数哲学家和自然科学家的研究热情。生物学家、神经学家经过长期不懈的努力，通过对人脑的观察和认识，认为人脑的智能活动离不开脑的物质基础，包括它的实体结构和其中所发生的各种生物、化学、电学作用，并因此建立了神经元网络理论和神经系统结构理论，而神经元理论又是此后神经传导理论和大脑功能学说的基础。在这些理论基础之上，科学家们认为，可以从仿制人脑神经系统的结构和功能出发，研究人类智能活动和认识现象。

另一方面，19 世纪之前，无论是以欧氏几何和微积分为代表的经典数学，还是以牛顿力学为代表的经典物理学，从总体上说，这些经典科学都是线性科学。然而，客观世界是如此纷繁复杂，非线性情况随处可见，人脑神经系统更是如此。复杂性和非线性是连接在一起的，因此，对非线性科学的研究也是我们认识复杂系统的关键。为了更好地认识客观世界，我们必须对非线性科学进行研究。

人工神经网络作为一种非线性的、与大脑智能相似的网络模型，就这样应运而生了。所以，人工神经网络的创立不是偶然的，而是 20 世纪初科学技术充分发展的产物。

随着理论探究的突破，神经网络的应用研究也取得了进展，涉及面非常广泛。就应用的技术领域而言，有计算机视觉，语言的识别、理解与合成，优化计算，智能控制及复杂系统分析，模式识别，神经计算机研制，知识推理专家系统与人工智能。涉及的学科有神经生理学、认识科学、数理科学、心理学、信息科学、计算机科学、微电子学、光学、动力学、生物电子学等。

自 1958 年第一个神经网络诞生以来，其理论与应用成果不胜枚举。人工神经网络是一个快速发展着的一门新兴学科，新的模型、新的理论、新的应用成果正在层出不穷地涌现出来。针对神经网络存在的问题和社会需求，今后发展的主要方向可分为理论研究和应用研究两个方面：一是利用神经生理与认识科学研究大脑思维及智能的机理、计算理论，带着问题研究理论；二是神经网络软件模拟、硬件实现的研究以及神经网络在各个科学技术领域应用的研究。

四、逆向选择算力优先

“信息不对称”是金融里的一个名词，它的意思很简单，在市场交易当中不可能所有人对信息的理解都是一样的，总会有一些人掌握更加充分的信息，另外一些人掌握的信息会弱一点。在交易当中，掌握充分信息的人交易就会处于相对有利的地位，这就是信息不对称。信息不对称会引发两个不好的结果，一个叫逆向选择，另一个叫道德风险。基于事前的信息不对称就是逆向选择。

逆向选择的出现使得市场上的劣质品驱逐优质品（劣币驱逐良币），最终导致市场交易产品平均质量下降。在产品市场上，特别是在旧货市场上，由于卖方比买方拥有更多的关于商品质量的信息，买方由于无法识别商品质量的优劣，只愿意根据商品的平均质量讨价，这就使得优质品价格被低估而退出市场交易，结果只有劣质品成交，进而导致交易停止。

在网络借贷（P2P）市场上也存在非常严重的信息不对称问题，因此会出现逆向选择的现象，它的表现就是问题资产比优质资产更受到追捧，问题平台会比优质平台更容易占据市场。在信息不对称的市场中，投资者没有办法甄别平台好坏，也无法判断市场风险。所以投资人会给出网络借贷市场一个平均定价，在这样的背景下，投资人的选择就会选择风险溢价更高的平台，而那些给不出更高收益的，或者是由于底层资产非常安全，相对稳健，收益率偏低的平台，就会在网络借贷市场上被边缘化，过去几年网络借贷市场就出现了这样的现象，就是因为网络借贷市场出现的逆向选择。

再说到保险市场，逆向选择现象更是普遍。风险较高的人往往更愿意去购买保险，风险较低的人往往由于风险发生的概率较低而心存侥幸心理，将自己排除在保险市场之外。而保险公司针对产品的定价往往是根据市场消费群体的平均风险来决定的，于是，这样风险较高的消费者就以低于自身风险定价的价格水平获得了较高的风险保障，从而导致保险产品供给方不断地提高价格，无法提供给消费者真正需要的保险产品。

逆向选择的事例还有很多，广泛出现在各个市场上，总之，只要有交易，就可能出现逆向选择。对于金融交易的逆向选择问题，金融科技恰好可以给出解决方案——基于人工智能和大数据的产品差异化定价，现代经济金融体系之所以还能够有效运行、高速运转的原因就是基于这一点。

五、突破重构孰近孰远

改革开放40年来，中国的科学技术取得了长足进步，这些举世瞩目的成绩当然值得肯定，但是我们更应该看到差距和不足。因为我们今天的一些“喜大普奔”的科技成就，比如大飞机，国外半个多世纪前就有了。我们今天正在辛苦攻关的重大项目，比如载人登月，美国早在20世纪就已完成。这些都是看得见、摸得着的差距。

中国的科学技术与美国等西方国家相比还有很大的差距，这本来是常识，不是问题。只有认识到差距，才有可能弥补差距，找到突破点，否则我们的中国梦将永远是中国梦。就像《礼记·中庸》中所说，“闻过而终礼，知耻而后勇”。从这个意义上讲，“中兴事件”“华为事件”等，进一步让我们明白了中美科技实力的巨大差距，惊醒梦中人。

（一）突破

谈到突破，当前，一些共性的原因阻碍了当下科技的进一步突破，可归结为以下三点：

一是缺乏科学的武装。科学和技术是两个不同的概念。但它们之间也有联系，正是由于缺乏科学的指引，才阻碍了我们的技术发展和进步。中国自古以来只有技术传统，而没有科学传统。技术发明靠的是经验的积累，或许还有灵机一动；而科学发现则是建立在系统研究和专业训练的基础上。虽然我们有四大发明，但四大发明属于技术范畴，它不是在科学理论指导下的技术创新和突破，跟科学关系不大。只知其然而不知其所以然，不求甚解，这些倾向今天也在严重影响我们技术发展和进步。离开科学的指引，技术的发展注定不会走得久远。

二是缺乏工匠的精神。中国的传统文化里似乎是瞧不起匠人的，从我们对许多职业的称谓上就能看出这一点，什么剃头匠、泥瓦匠、教书匠等，不一而足。轻视操作，轻视实践。孟子就曾说过，“劳心者治人，劳力者治于人”。只有将工匠精神与我们的工匠技术相结合，才能打造出我们自己的中国制造。

三是缺乏持之以恒的情怀。浮躁和浮夸是中国科技界流行的瘟疫，而且至少已经持续了20年。我们很多的科技工作者耐不住寂寞，坐不了冷板凳，总想走捷径，弯道超车。

（二）重构

谈到重构，当前金融科技浪潮下，面对科技型企业的挑战，传统金融机构从与之竞争，开始更多地转向竞合，并积极主动地拥抱科技。在传统金融业难以撼动的情况下，科技正从“解构”金融转向“重构”金融。

如果将当下这一阶段的技术与金融逐渐融合的过程，解读为从“解构”到“重构”的话，那么这一过程将会进一步持续，并重复上演。技术的进步推动金融业不断创新发展，金融业也从来都是先进技术的领先实践者。金融业通过持续不断地与新技术相结合，借助科技手段提升金融服务的质效和业务发展能力、扩大服务覆盖面和可得性，以适应经济社会发展对金融的需要。而金融科技使金融服务在时间、空间和范围上不断拓展，并对金融市场产生重大影响。我们所观察到的金融科技公司与金融机构的相互渗透、融合、共生，正是遵循着这一规律而不断向前推演。

互联网金融浪潮曾经做了很多“解构”的努力，但传统金融机构的模式和地位并不容易被颠覆，尤其在监管条件下，金融科技公司更好的定位是“重构者”。从历史看，传统金融机构历来是最不受科技发展浪潮冲击的行业，传统金融机构的经济效益防御性较高，业务模式的复原能力也较强。然而，在过去几年的互联网金融大潮中，网络借贷企业凭借优越的客户获取模式、低成本的业务模式、大数据分析能力等，为已经渐渐习惯互联网消费和行为模式的用户提供了更高效、更便利、更经济的金融服务；从支付、理财、互助等各个角度威胁着传统金融机构的业务发展，可以说是一种试图“解构”传统金融机构的努力。

随着监管终结 P2P“草莽式”发展阶段，精耕细作的市场新常态下，金融机构和金融科技公司之间的边界更加清晰，金融科技公司立足和坚持提供技术服务来赋能传统金融机构，重构传统金融机构业务形态是大势所趋。这种从“解构到重构”的趋势，意味着进入智能金融时代，金融生态中从金融服务的需求者到供给者，再到监管的发展，进步动力一直存在。面对科技与金融结合越来越紧密的趋势，生态中的各方无论是主动出击，抑或是被动改变，都将要经历服务能力升级和参与角色蜕变的过程。

未来金融智能化的核心是以用户为服务的目标和中心，在此基础上，智能金融生态将会出现五类参与者，包括大型互联网巨头为主的场景流量提供者、传统金融机构为代表的金融产品提供者、金融科技公司为代表的技术算法驱动者、华为、阿里、腾讯等云技术设施提供者以及金融监管者。出于优势互补和资源整合的需要，生态各方合作将愈加紧密，必将出现利润共享化、风险共担化和合作伙伴化的趋势。

对金融机构和科技企业等市场主体而言，需各自发挥所长、补齐短板，相互间更“懂你”才能促进合作发展更紧密。金融机构需在思维理念、业务流程、核心技术能力等方面进行调整、优化和提升；科技企业也不能只懂算法，要提升金融业的专业知识与市场经验。只有这样，金融科技的新生态体系才能获得源源不断的动力。

第三章　金融监管的时局观

科学绝不是也永远不会是一本写完了的书。每一项重大成就都会带来新的问题。任何一个发展随着时间的推移都会出现新的严重的困难。

——阿尔伯特·爱因斯坦

2017 年 10 月 18 日，党的十九大报告指出，中国特色社会主义进入新时代，我国社会主要矛盾已经转为人民日益增长的美好生活需要和不平衡不充分的发展之间的矛盾。具体到金融业，金融的基本内涵、金融的新文明、科技驱动的新金融、金融的全面发展、金融的新监管等构成了“新时代、新经济、新文明、新思想”下金融业的时局观。

金融业的时局观，第一，金融的基本内涵是金融发展的起点，也是金融发展的基石。无论身在何处，须时刻不忘初心。第二，新金融文明是金融发展的方向，是光明之灯，指引前路。第三，科技驱动的新金融是手段工具。“工欲善其事，必先利其器”，因此，必须顺应时代的潮流，充分发挥科技驱动的新金融在当下的作用，包括金融科技和监管科技。最后，实现金融的全面发展是最终目的，即“方得始终”。

金融业的时局观，也要求金融监管具有相应的时局观。金融科技改变了传统金融监管的时空局限性，使金融监管在不同时间、不同环境下，都能通过正确运用各种监管手段，实现金融市场的稳定健康发展。但在金融科技发展的同时，其也增加了金融监管的难度，延伸和扩展了金融监管的时空距离。金融监管的传导机制将变得更加复杂，不确定因素大大增加。金融市场更易动荡，由此也使金融监管在体制的确立、机制的健全、方式的选择、手段的运用、科技的应用等方面面临更高的要求与更大的风险。

目前，全球对金融科技的监管尚在探索阶段。而我国的金融监管应该如何与金融科技结合，做好我国金融市场的风险防范，引导我国金融业长期稳定健康发展，我们通过对金融监管的发展变化、金融监管的原则与定位进行梳理与分析，研究了我国金融监管的时与势、形与型、近与远、破与立和变与不变。

第一节　金融监管的发展

一、金融监管的发展

金融是现代经济的核心，一国的发展、和谐、稳定离不开金融业的有序增长。那么，金融业是否能离开监管自由发展呢？答案显然是否定的！

金融活动的参与者主要是金融机构和消费者。从两者所追求目标来看，金融机构和消费者似乎是“天敌”，金融机构追求成本最小化原则下的利润最大化，而消费者追求效用最大化下的费用最小化。一场金融交易类似于一场谈判，只有达成共识交易才能顺利进行，一旦有一方不肯让步就意味着谈判崩盘，这时候往往需要中立的第三方介入促使谈判继续进行。

如果市场交易仅靠金融机构和消费者自主进行，不仅效率过低，结果也会有失公平。这是由于谈判难免会有摩擦，小摩擦易升级大矛盾，矛盾严重时就会出现市场失灵现象，甚至导致金融市场危机。金融监管机构作为中立者，在市场中承担着巨大的责任。为保证金融市场的有序发展，金融监管机构必须做润滑油，及时调解双方矛盾；必须成为净化器，尽可能地为双方创造良好的交易环境；必须化作监控器，随时防范矛盾的产生。

从金融发展历史来看，金融危机似乎从未远离我们，或远或近。而每次金融危机的爆发就意味着监管的失败和随之而来的重大变革。现代金融发展史就是一部金融危机史，同时也是金融监管变革史。回顾 20 世纪以来的金融危机，为探究金融监管的发展提供了一种新的视角，为当下金融监管的变革提供了另一种思路。

1907 年美国的银行业危机起，至 2007 年美国次贷危机止，中间经历了 1929 年世界经济危机（大萧条）、1987 年美国储贷危机及同期的北欧银行危机以及 1997 年东南亚金融危机。

1907 年美国银行业危机，促成了美国联邦储蓄银行体系的诞生。20 世纪初，美国信托投资公司无视监管，冒险将纽约一半左右的银行贷款“押宝”在高风险的股市和债券上，整个金融业陷入疯狂的投机状态，经济泡沫化严重。随着“第三大信托公司破产”传言盛行，客户疯狂挤兑，“羊群效应”使整个华尔街笼罩着恐慌的乌云。事实证明，银行系统在面对公众流动性偏好改变时无比脆弱，银行危机和金融支付限制，直接导致金融紧缩演变成严重的经济衰退。为稳定金融体系，1914 年美国联邦系统诞生，以流动性提供和最后贷款人角色为核心功能的中央银行制度确立。我国 20 世纪 80 年代末 90 年代初，经济过热和金融“三乱”之所以没有酿成大祸，与我国当时已经存在的中央银行体系及时发挥作用息息相关。脱离中心监管的金融业，就如脱缰的野马，无法预测其下一秒奔跑的方向，继而无法预测潜藏的风险及伴随的代价。

1929 年的经济大萧条，推动美国步入金融分业经营、分业监管时代。危机发生之前，美国脱实向虚严重，大量资金加速撤出生产部门，投向高回报的证券投资领域，与此同时，银行信用热情高涨，个人消费信贷加速，股市虚假繁荣。1929 年华尔街股市崩盘，金融泡沫被戳破，95% 的商业银行倒闭，美国金融体系几乎瘫痪，经济衰退席卷全球。在此次金融危机中，金融监管的不作为负有很大的责任。据此，富兰克林 · D. 罗斯福上台后颁布了《格拉斯—斯蒂格尔法》，禁止商业银行、投资银行和保险公司在业务上相互渗透，遏制混业经营乱象；相继颁布了《证券交易法》《投资公司法》等一系列法案，弥补银行投机、证券市场监管空缺，美国开始步入严格分业经营、分业监管时代。回顾我国 2015 年的“股灾”，很大程度上也是监管不到位，导致顺周期的融资融券杠杆行为放大了股市波动。

1987 年的美国储贷危机，形成了以风险为本和以资本为核心的金融监管理念。80 年代初，为吸引存款，美国储贷机构高息揽存，为匹配升息涨速，各机构被迫寻找更高收益的投资项目，开展一系列不动产投资等高风险活动。宽松式监管甚至导致大量零首付房贷涌现，银行信贷过度扩张，金融风险持续不断地酝酿发酵。1989 年美国大陆公司破产引爆储贷危机，继而 3234 家储贷机构中，有 1043 家无法兑付储户存款。为此，美国相继颁布了《银行平等竞争法》《金融机构改革、恢复和强化法》等一系列法律，限制银行从事非银行业务，规范非银行机构的银行活动。同时，变动监管制度安排，由事后被动救助转变为早期出手干预，从而使问题机构的损失更有可能由其股东自行承担，不会殃及其他利益相关人。近年来，我国理财骗局频发，揭掉花式表皮无非也是一些高息揽存、资产错配和自融资行为。究其背后原因，监管缺位难辞其咎。

1997 年亚洲金融危机，促成了巴塞尔新资本协议的出台。危机前，东南亚各国盯住美元的固定汇率制度、银行对私人部门和企业信贷的持续快速增长、证券市场与房地产市场泡沫以及不合理的外债结构，都为危机爆发埋下隐患。随着货币贬值和汇率风险上升，亚洲各国危机显现。资本净流出增大，外汇储备下降，国内利率暴涨，债务偿还困难和资本市场泡沫破灭，区域性亚洲金融危机来势汹汹。亚洲金融危机展现了信用风险、利率风险和汇率风险相互交织的巨大破坏力，国际银行业普遍意识到，当时的金融监管框架面对多种风险相互交织情景的脆弱性。在这一背景下，以“三大支柱”为主要内容的巴塞尔新资本协议推出实施。万绿丛中一点红，亚洲金融危机中，中国香港虽然也出现了资产泡沫破灭，但其金融危机程度远不及泰国、菲律宾，这与其相对健全、富有韧性的金融体制分不开，也有赖于其金融监管相对及时、到位。

2007 年美国次贷危机，导致美国出台了空前严格的金融监管模式。危机前，金融机构将风险较高的次级抵押贷款包装为标准化的债务工具（如债务担保证券等），通过特殊目的载体（SPV），以私募或公开方式，向市场不特定多数投资者销售，实现风险的转移。通过包转、分池、通道和评级公司不负责任的风险评级，这些原本高风险的金融工具，转变成为高评级的优质资产，被不知情的投资者大量购买。一些放贷机构率先申请破产保护，引起市场对其他次贷持有机构破产的忧虑，风险开始快速传染并出现大型金融机构破产，渐次引发系统性金融风险。监管机构对风险的漠视、对金融欺诈的不作为和金融政策的顺周期性，是次贷危机反映出的深刻教训。危机后美国政府深入反思，做了一系列针对性的监管改革，突出体现在对衍生产品交易、系统重要性机构和消费者权益保护的监管上。

2008 年这场金融危机的发生中断了世界经济持续 30 多年的黄金增长期，金融体系的去杠杆和实体经济的下行形成巨大的反馈循环，世界经济陷入长期的深度衰退。如今距离危机爆发已经 10 年多了，全球金融经济尽管有所恢复，但危机的阴霾并未就此消散，金融风险和金融监管到底应如何平衡？中国究竟要建立什么样的金融体系？相应的金融监管体系到底该如何改革……不论如何，金融监管不可或缺，这不仅是次次金融危机惨痛代价换来的经验教训，也是金融逻辑的内在要求。金融业是以信用创造和风险经营为基础的行业，具有典型的外部性和高度信息不对称性。金融的自身逻辑决定了市场机制纠偏的成本较大，甚至大到难以承受的地步。金融市场的失灵和巨大的市场纠偏成本，需要政府监管的有效介入，这也正是金融监管的缘起和初衷。

二、金融监管的演变

（一）金融审慎监管趋势增强

进入 21 世纪，金融搭上了“科技”列车高速发展。科技在突破，金融在创新，风险也在不断地异化和集聚。金融的本质是信用，信用本身就是一把“双刃剑”，在促进生产和资本高效集中的同时，信用集聚产生的风险杠杆率也在不断上升。金融业经营的是风险，核心是风险和收益的平衡，金融风险的大小取决于信用的变化，信用的不确定性使风险管理如同“刀尖上舞蹈”。随着市场经济不断深入，开放升级，金融风险的形态更加多样，风险机理愈加复杂，金融机构面对在风险和收益之间平衡的挑战更大。在未来风险和当期收益的博弈中，当期收益往往占有上风，金融机构总是有着不竭的动力承担风险。在虚假的经济繁荣面前，金融监管往往也被迷惑。金融监管的缺位将使得“劣币驱逐良币”，随着稳健经营者的淘汰，金融体系风险积累将登峰造极。金融体系需要通过集中风险的方式实现金融功能，就必须通过加强金融监管的方式降低风险，达到平衡。

（二）金融监管逆周期性增强

金融资产价格和信贷增长具有自强化功能和顺周期性特征。资产价格上涨时，抵押物价值上升，金融机构信贷扩张，社会信用规模扩大，乐观的经济形势将推动资产价格的进一步上升，正反馈的自我强化将不断推动这一过程。一旦预期逆转，资产价格将下跌，抵押物价值下降，金融机构信贷压缩，社会信用规模收缩，不利的经济形势将推动资产价格的进一步下降，形成负反馈的自我强化。这种自我强化机制会使金融行业在金融过剩和金融供给不足之间摇摆。资产价格也会对金融体系形成周期性冲击。随着21世纪金融市场发展的速度增快，金融周期的波峰更高，波谷降低，金融的周期循环加速，金融体系的不稳定性将不断增强。为应对金融的自强化功能和顺周期性，必须实施逆周期的金融监管来打破这种循环，平衡金融的过度繁荣和危机时的过度紧缩。

（三）金融监管宏观把握增强

金融具有风险传染和巨大的负外部性。现代金融体系风险的传导性、交叉性及关联性大增，宏观金融风险不再等于个体风险的简单相加。近年来，“系统性风险”“高杠杆”是越来越频繁地出现在现代金融研究之中。过去监管单个金融机构稳健性的思想受到了挑战，这是因为单个金融机构只对自身负责而不管市场整体性风险，由于金融外部性的存在，单个金融机构的行为产生的金融风险将被扩大至整个金融系统，通过金融体系固有的杠杆机制被放大和强化。一旦风险在金融体系最薄弱的一环被引爆，单个金融机构风险传染至整个金融市场和所有金融机构，系统性金融风险将爆发，严重威胁社会经济生活的各个方面，产生难以承受的后果。现代金融业混业经营趋势不断增强，金融监管也必须加强宏观层面的监管，来控制整个金融体系经营的稳健性。

（四）金融监管的复杂度增加

金融跨时期的价值交换功能面临信息不对称的风险。与商品交易的付现持有或钱物两讫不同，金融交易涉及价值（现金流）的跨期交换，即当前不确定的现金流和未来不确定的现金流相交换。时空错位将交易的信息不对称性增强。随着信息革命的展开，金融创新的复杂性加剧了信息不对称程度和信息隐藏行为，使得风险的积累、触发与扩散机制呈现出一系列新特点，进而加剧金融体系的脆弱性。

一是监管的缺失是系统性风险爆发的主要原因。一方面，金融从业人员和金融监管人员缺乏在金融自由化环境中管理风险的经验和技巧，使得金融自由化增加了整个金融体系的脆弱性；另一方面，不成熟的利率市场化和放松资本管制导致了银行风险管理行为的扭曲，加大了金融体系的内在不稳定性。

二是愈演愈烈的金融创新和综合经营放大了系统性金融风险。1999 年美国《金融服务现代化法案》的出台，打破了 20 世纪 30 年代以来对分业经营的限制。允许综合经营、拆除防火墙的措施，明显加剧了金融体系的风险，带来了“大而不能倒”“太关联而不能倒”等一系列问题。

三是金融监管无效。欧美等国监管当局长期信奉“最少的监管就是最好的监管”，对系统性风险重视不够。同时，金融监管过于依赖银行内部评级和评级机构的外部评级，被市场蒙上了眼睛，导致金融监管严重缺位，最终酿成大祸。

四是监管制度的顺周期性。资本监管、会计准则、风险计量模型等的顺周期性，是近年来金融失衡加剧的重要原因。

三、金融监管的时局

2017 年 10 月 18 日，党的十九大报告指出，中国特色社会主义进入新时代，我国社会主要矛盾已经转为人民日益增长的美好生活需要和不平衡不充分的发展之间的矛盾。具体到金融业，金融的基本内涵、金融的新文明、科技驱动的新金融、金融的全面发展、金融的新监管等构成了“新时代、新经济、新文明、新思想”下金融业的时局观。

金融业的时局观，第一，金融的基本内涵是金融发展的起点，也是金融发展的基石。无论身在何处，须时刻不忘初心。第二，新金融文明是金融发展的方向，是光明之灯，指引前路。第三，科技驱动的新金融是手段工具。“工欲善其事，必先利其器”，因此，必须顺应时代的潮流，充分发挥科技驱动的新金融在当下的作用，包括金融科技和监管科技。最后，实现金融的全面发展是最终目的，即“方得始终”。

（一）金融的基本内涵

金融的基本内涵，即金融本质（Financial Nature），是指价值流通。金融产品的种类有很多，其中主要包括银行、证券、保险、信托等。金融是一种交易活动，其本身并未创造价值，其是一种将未来收入变现的方式，也就是明天的钱今天来花。简单地说，金融交易的频繁程度就是反映一个地区、区域，乃至国家经济繁荣能力的重要指标。

金融的核心是跨时间、跨空间的价值交换，所有涉及价值或者收入在不同时间、不同空间之间进行配置的交易都是金融交易，金融学就是研究跨时间、跨空间的价值交换为什么会出现、如何发生、怎样发展。

金融的构成要素有五点：

（1）金融对象：货币（资金），由货币制度所规范的货币流通具有垫支性、周转性和增值性。

（2）金融方式：以借贷为主的信用方式为代表，金融市场上交易的对象，一般是信用关系的书面证明、债权债务的契约文书等；包括直接融资：无中介机构介入；间接融资：通过中介机构的媒介作用来实现的金融。

（3）金融机构：通常区分为银行和非银行金融机构。

（4）金融场所：即金融市场，包括资本市场、货币市场、外汇市场、保险市场、衍生性金融工具市场等。

（5）制度和调控机制：对金融活动进行监督和调控等。

总体来看，各要素是既相对独立而又相互关联的，金融对象、金融场所为金融体系硬件要素，金融方式、制度和调控机制为金融体系软件要素，金融机构为其综合要素；具体讲金融活动一般以信用工具为载体，并通过信用工具的交易，在金融市场中发挥作用来实现货币资金使用权的转移，金融制度和调控机制在其中发挥监督和调控作用。

（二）科技驱动新金融

科技驱动新金融，即金融创新（Financial Innovation），是指变更现有的金融体制和增加新的金融工具，以获取现有的金融体制和金融工具所无法取得的潜在利润，它是一个为盈利动机推动、缓慢进行、持续不断的发展过程。随着社会主义市场经济新体制的确立，金融发展将主要依靠社会经济机体的内部力量——金融创新来推动。

在互联网、大数据、区块链、云计算、人工智能等技术驱动之下，我国新兴产业实现蓬勃发展。如今，新兴产业已经逐步成为我国经济增长的核心主导力量。以阿里巴巴、腾讯、百度、京东为代表的一系列互联网企业，以蚂蚁金服、京东金融、腾讯财富通等为代表的金融科技企业，成为经济增长的中坚生力军。互联网、金融科技等的高速发展，极大地推动了数字经济的发展，并间接推动了我国实体经济的增长。

虽然我国现在的经济总量排名世界第二，但随着数字经济在全球经济中所占比重的日益增加，可以预计在不远的将来，中国有望成为全球经济核心的主导力量。

在当今金融与科技发展融合的趋势下，十九大报告提出了对“现代金融”的要求。现代金融的核心要义在于科技驱动的新金融，这便是现代金融最核心的含义，在金融科技与现代金融的发展方面，中国将成为主导力量。

从这个角度讲，在新时代背景之下，中国完全可以创造出与资本主义基础之上的金融制度完全不同的新的金融模式，这就是金融科技的发展方向。

以京东金融、腾讯财付通等企业的快速发展为代表，这些互联网与科技结合的企业将带动整个数字经济的发展，而数字经济的增长又将带动普惠金融的发展。在数字金融的带动下，农村地区、偏远地区、中西部地区的发展得以进步，从而推动了整个社会经济的发展，推动经济转型。这也是供给侧经济结构改革的重大目标。

（二）新金融文明兴起

新金融文明兴起，即金融演变（Financial Evolution）或演化金融学（Evolutionary Finance），是指借鉴达尔文的生物进化论和拉马克的遗传基因理论来研究金融市场的一门学科，其核心思想是进化、突变和复制。将演化的思想和方法引入经济学的研究，可以追溯到托斯丹·邦德·凡勃伦、约瑟夫·熊彼特和阿尔弗雷德·马歇尔等人。随着金融市场的发展，许多问题不能被传统金融理论解释，演化金融学由此兴起。与现有新古典金融学范式相比，演化金融学的分析框架无论在理论还是实践方面，都具有广阔的发展前景。

金融是一种资源配置的机制，对经济增长起着至关重要的作用，但有效的金融市场需要适当的制度在背后做支撑。这种制度非常微妙，它的适当区间非常狭窄，“增之一分则太长，减之一分则太短。”然而，也正是因为如此，我们在考虑设计相关制度时需要慎之又慎，从长远考虑，而非为了一时之需。

中国的金融市场仍然处在快速发展和演化的过程中，许多基础性的制度也正在不断地改革和完善，这也许是一个没有止境的过程，但建立一个可以与美国等发达国家比肩的强大的金融体系和金融市场既是大国崛起的应有之义，也是中国经济和金融发展的内在要求。

新金融文明的建设必然离不开创新。创新是引领发展的第一动力，是建设现代化经济体系的战略支撑。要瞄准世界科技前沿，强化基础研究，实现前瞻性基础研究、引领性原创成果重大突破。加强应用基础研究，拓展实施国家重大科技项目，突出关键共性技术、前沿引领技术、现代工程技术、颠覆性技术创新，为建设科技强国、质量强国、航天强国、网络强国、交通强国、数字中国、智慧社会提供有力支撑。

（四）金融的全面发展

金融的全面发展，即金融重构（Financial Refactoring），是指通过调整金融要素来改善金融服务能力，使其与新科技、新经济、新社会、新思想相适应。

大数据时代，充分运用了个人的数据，将个人数据收集起来形成对特定人的画像。通过这种方式，可以推进人的全面发展，实现以人为核心，这不亚于第二次文艺复兴中的人的解放。基于移动支付等互联网大数据对个人做出的精准的“画像”，可以准确地判断个人的基础信用，依据信用资料，个人便可以申请贷款、金融支持等。这就是以人为核心的根本体现。这为人的全面发展打下了最坚实的基础。只有人民有机会获得贷款，得以享受金融福祉，才能够获得真正的发展。相反，缺乏金融支持和金融福祉，安居乐业、实现人的价值发展也只能是空中楼阁。

因此，实现金融的全面发展必须以金融的本质为核心，必须以新科技新技术为手段，以掌握移动支付的大数据为方向，以理财智能化的金融服务——特别是区块链技术——为手段。如此，既可以保证人与人之间数据的开放和共享，又能够通过密钥加密来确保数据的隐私性得到保护，以可获得、可触达、可负担的金融权利作为根本保障。

第二节　金融监管的时空

一、金融监管的原则

所谓金融监管原则，即在政府金融监管机构以及金融机构内部监管机构的金融监管活动中，始终应当遵循的价值追求和最低行为准则。金融监管应坚持以下基本原则：

（一）依法原则

依法监管原则又称合法性原则，是指金融监管必须依据法律、法规进行。监管的主体、监管的职责权限、监管措施等均由金融监管法律法规和相关行政法律、法规规定，监管活动均应依法进行。

金融监管必须遵循“有法可依，有法必依，执法必严，违法必究”。一方面，依法监管给监管的有序进行提供保障。在利益诱惑下，金融机构难免不会铤而走险挑战监管者的权威，尤其是在经济虚假繁荣，市场过度自信占据上风时，在可观的获利面前，缓释风险的意愿会被降低，这种氛围之下，公众往往无视相关机构的风险提示，对监管机构的命令极度不满。法律具有权威性，依法实施监管给监管者介入金融机构运营提供合理依据，省去“法院”麻烦。另一方面，法律赋予监管者干预金融机构的权力，同时也限制其权力的实施。将权力关进制度的笼子里，杜绝“监管俘获”现象。

（二）公开原则

监管活动应最大限度地提高透明度。同时，监管当局应公正执法、平等对待所有金融市场参与者，做到实体公正和程序公正。

公开、公正地实施监管可以确保良好的监管权。将监管干预和监管决定背后的理由公之于众，这是监管者获得信任和公信力的途径，也是监管者应尽的责任。从长期来看，这将提升监管者的技术和能力。透明度可以在金融机构的风险转变为实质损失之前，影响和指导其走上“正确的”道路。

（三）效率原则

效率原则是指金融监管应当提高金融体系的整体效率，不得压制金融创新与金融竞争。同时，金融监管当局应合理配置和利用监管资源以降低成本，减少社会支出，从而节约社会公共资源。

监管者对于金融机构的规制和监管是有一定成本的。监管资源也具有一定的稀缺性。监管行为还带来一些行为扭曲。监管者要在监管成本及成效之间权衡，遵循效率最大化原则以及收益最大化原则，合理配置监管资源，提高金融体系整体效率。

（四）独立原则

监督管理机构及其从事管理监督管理工作的人员依法履行监督管理职责，受法律保护，地方政府、各级政府部门、社会团体和个人不得干涉。

独立性是监管治理的必要基础，监管治理有助于金融体系的稳健。监管应从政治影响和金融部门中独立出来，否则会阻碍监管工作的实施效果，尤其在监管工作特别不受欢迎的环境下。而监管的独立运行也需要监管机构保证依法、公正公开地实施监管。

（五）协调原则

监管主体之间职责分明、分工合理、相互配合。这样可以节约监管成本，提高监管的效率。法律上有时会对监管设置一定的约束，在一些特定领域，监管者的干预权力取决于其他监管部门、外国监管机构和法院的配合或授权。一方面，监管者不能独来独往，各监管主体之间属于整体与部分的关系。部分良好运行，相互协调才能促进整体系统的稳定有序。另一方面，监管范围交叉、部门职能分工不合理违背效率原则。监管者主体之间必须建立有效的协调合作机制，确保实施良好的监管。

目前，我国已经完成的金融业监管机构调整正是体现了上述五大原则。将中国银行业监督管理委员会和中国保险监督管理委员会的职责整合，组建中国银行保险监督管理委员会，作为国务院直属事业单位，其中不免有部分职能部门的合并、新设与保留，体现了金融监管的效率性、协调性和独立性原则，同时也顺应了当前混业经营的趋势；将中国银行业监督管理委员会和中国保险监督管理委员会拟定银行业、保险业重要法律法规草案和审慎监管基本制度的职责划入中国人民银行，统一商议制定法规，正是体现了依法和公开公正的原则。

二、金融监管的定位

（一）良好的金融监管

2008 年的金融危机冲击是巨大的，受到冲击的不仅仅是市场经济，对知识体系和管理系统的打击反而来得更重。我们在金融市场运行和监管上的观念和信条的有效性远远不及预期，各国监管机构在哪些要素构成良好监管这一问题上又陷入困境。

什么是好的金融监管？如果以金融危机来衡量，好的金融监管一定能防止金融部门发生不良事件，及时化解金融危机。从整体上而言，好的金融监管应密切关注金融企业的稳健经营，保护金融消费者的利益，同时促进整个金融体系的稳定和健全。金融危机爆发前夕，全球许多监管机构都自信地认为自己的工作做得相当不错。金融危机爆发后，全球金融体系“摇摇欲坠”，大大小小的金融机构相继倒闭，政府、监管部门和央行以前所未有的规模展开了救市活动。数十亿纳税人的钱被用来阻止这场危机和整个金融体系的崩溃。公众对金融机构和监管机构的信任骤降。

信任是金融市场运行的基础，培育信任是金融监管的中心职责所在。因此各金融监管机构不得不重新探索新的监管方法，挽救大打折扣的信用系统。监管机构应激反应是提升监测金融机构内部运营的技术。监管手段的变化主要集中在两个方面：其一，超越单个机构分析风险。金融监管机构已经意识到，风险的相关性被时代赋予了新的含义，风险的跨机构、跨行业、跨地区程度不断增强，从风险角度出发宏观审慎考虑问题才是金融监管正确的打开方式。其二，要前瞻性地考虑金融机构业务模式、战略、行为以及文化。金融机构的行为及其内部文化往往影响其商业运营的稳健性，其业务模式及战略方向也往往潜藏着巨大的运营风险。在这个瞬息万变的时代，一个商业上的违规就能快速地衍化为风险隐患，通过风险的交叉传导，有可能造成不可估量的危害。

我们需要的监管变革并不单是改进监测金融机构内部运营手段这样的技术环节就可以实现，监管者自身行为及文化同样也是变革的重点。监管办法中技术环节改进的实现，也需要与监管机构的内部文化、决策制定和日常工作实践紧密结合。对监管机构自身行为及内部文化的讨论不少，最具代表性的是国际货币基金组织（IMF）发表的题为《打造良好监管：学会说不》的报告，提出的良好监管五要素为探究监管新途径的监管者提供了有价值的参考。

1. 好的监管具备侵入性

监管应无处不在。侵入性的监管不仅指监管手段侵入金融机构，深入了解被监管对象；还包含监管的震慑力，让被监管机构从根本上约束自身行为，避免激进违规运营，影响机构的稳健性。从监管手段上而言，监管者应采取现场检查和非现场分析双重推进监管工作。从监测指标选取而言，监管者不仅应扩充传统监管中的定量指标（如偿付能力，流动性等），还应包含难以量化的定性因素（如业务模式、公司治理、公司董事及高管的素质及履职表现）。

2. 好的监管要敢于质疑，还要积极主动

从某种意义上讲，监管应具备逆经济周期性特征，尤其处于经济繁荣时期，经济快速增长使市场主体信心膨胀，金融市场整体风险意识淡薄，这往往为金融危机埋下种子。采取积极主动并具有批判精神的态度意味着对于风险的独立性视角和对于普遍真理的质疑精神，好的监管者必须对风险时刻保持警惕性、敏感性，尤其主动质疑泡沫经济下包藏的风险隐患。

3. 好的监管要具有全面性

监管者必须持续地关注金融发展前沿以及随时可能出现的风险。关注的范围不仅包括单个机构，也包括整个金融体系。监管者必须多角度审慎监管金融市场的发展，从整体上把握市场风险评估和管理，对市场风险前沿进行持续的关注。

4. 好的监管要有适应性

金融业是一个经常变化和不断创新的行业。监管者必须不断更新技能和工具箱，具备快速识别行业内新风险的能力，并能够采取有效的风险缓释措施或及时叫停某项业务，动态监管金融市场的发展。

5. 好的监管要形成确定性的结论

监管者在做出分析后，必须继之以行动。这意味着监管者不仅要及时给出应对措施，更要确保措施的贯彻执行。如有必要，可采取强硬的干预手段以达到期望的目标。根据不同的干预递进阶梯，升级监管行动。传统监管机构往往是“分析上的巨人，行动上的矮子”。跟进预警信号分析风险结果，形成确定性的结论至关重要，而从分析到行动更是重中之重。

（二）有效的兼容监管

1. 什么是有效的监管

这个问题本身就难以回答。关于什么构成有效监管的标准本身就随时代在变，反映着社会公众的态度变化和金融行业本身的发展。很多

10 年前被认为是合适和充分的监管已很难适应今天的环境。我们所面对的真正挑战是掌握一种能够适应监管环境的变化而调整的监管方法。总体而言，有效的监管应该能够保证金融市场顺畅运行，并通过纠正内在市场失灵（外部性、信息不对称等）减少市场波动风险。

2. 是否有必要对金融监管有效性进行评估

首先，资源是稀缺的，对有限的金融监管资源进行最优化的配置，这样才能达到帕累托最优状态。其次，提升金融监管质量，提升金融业抵御风险的韧性，更好地应对冲击并促进经济增长是我们努力的目标。只有不断地进行绩效评估，经历“肯定、否定、否定之否定”的批判性检验，才能对金融监管进行最优化的调整。此外，金融监管的最终目的是维护金融系统的稳定性、信任度和公众信心，这也是所有金融市场参与者赖以生存的基础。就这个角度而言，金融监管有效性评估可以加强监管者的公信力和工作透明度，是监管程序不可或缺的一环。

3. 如何对金融监管的有效性进行评估

对金融监管的有效性进行评估并非易事。金融机构有效性评估面临的首要难题，监管行为与结果之间的因果关系是否可检验。为了证明监管与风险控制之间的因果关系，监管者必须将自己施加的影响从要解决的问题中独立出来，而如何控制变量是一个难题。要解决这个问题，有效性的评估需要从整体到部分，运用重点论选取有效指标进行合理性评估。监管效果可以从三个层面进行评估：战略层面、策略层面以及操作层面。

就整体而言，在战略层面将监管机构取得的战略性成果呈现给政府和公众，展现监管工作给金融稳定这一全局性目标做出的重大贡献。将监管系统分解为部分，在策略和操作层面，对监管程序的质量和效率逐一评估。利用重点论发展一套连贯的关键绩效指标，包含战略、策略和操作层面，通过检测指标组合而非单一的参数评价金融监管工作的有效性。这样就能排除特殊极端情形影响，提高监管质量评价的有效性。关键绩效指标选取必须包含“刚性”和“柔性”。刚性指标（如资本充足率、偿付能力充足率）基于定量数据客观地衡量监管有效性。柔性指标（如信心指数）将基于定性信息分析难以定量评估部分监管工作效果。“刚柔并济”有利于全面评估监管效果。

三、金融监管的时空

尽管大数据、人工智能、云计算、区块链等金融科技对金融监管的挑战已经成为共识，但是，传统金融监管领域的固有偏见仍然在影响着每一个监管人员，只有抛弃这些偏见才能正视挑战，推进融合，迈入金融监管的新时空，这个过程是不以人的意志为转移的。

（一）抛弃门户边界偏见

偏见充斥人类认知，在金融里面，也有相应的门户偏见。银行业、基金业、保险业、信托业，尽管同属金融这一大类，但由于各自的特征而显得不算融洽。偏见就意味着，人们局限在所熟悉的细分领域来理解金融科技，从这个细分领域的认知角度去看待和使用科技力量。我们要意识到，科技本身是金融以外的东西，站在金融层面去看，科技对于金融的每一个细分行业都是平等的；只站在一个细分知识储备去看，那是坐井观天。

事实上，金融细分领域的方法模型或者技术从本质上来说，是围绕着特定条件下的对象标签——价格进行的，这个特定条件包括时间，也包括空间，甚至包括维度的变化。这一特点非常重要，它将会帮助我们建立金融的强化学习模型并理解端到端的监管。以标签获取预测为例：

保险里的精算定价和金融工程里面确定衍生品的价格，并没有本质上的区别，它们是在张量空间的约束下的映射——当考虑金融深度学习构建和调整结构时张量的统一思维非常重要。从逻辑上说，金融的不同体系都是在信息结构支撑下完成的流动性映射，从人工智能的角度来看，这些体系都是特定的分类和回归。考虑到非结构化数据，所有细分领域是没有区别的；甚至区块链所构建的本质并不只是中心化，而是代码算法保证效率公平公正。

综上，莫要用传统的金融监管分类来限制科技的无边界，进而限制金融创新的时空，更不要出现金融创新时空和监管时空错位。

（二）避免过度宏观推理

宏观金融分析作为一项有效的分析手段，其语言组织通俗易懂的特点，被大众所熟悉。但我们需要警惕的是，如果宏观金融的分析有所偏差，向广大受众传播了错误的信息，后果是难以承担的。但目前的许多宏观金融分析并不是基于严密的逻辑推理或相关论文，而是更多地从结论出发构建假设，主观地、有选择性地进行分析，最终得到想要的结论。而针对这样的错误引导，没有经过仔细辨别或由于一时惰性，极易被其误导。

这样的误导对接纳和应用金融科技是致命的，如果说金融是处理不确定性，那么科技是确定性的步进过程，它并不容纳这种不严格，这是许多做金融的人士理解并应用金融科技的主要障碍之一，也是金融监管理解金融科技的主要障碍。

（三）切记学习才是王道

优越的薪酬或者已经有的地位，或者是经历过诸多风险的经验，使得金融从业者充满了自我优越感，会用金融的思维去理解科技，使得金融科技成为金融思维主导，这是一件可怕的事情。在金融里（在国内的金融业里），我们常常过度依赖于模型，或者是过度依赖于“拍脑袋”，这二者听上去如此不可思议，但还是神奇地占据了国内金融众多参与者的思想，并能够神奇地融合到一个团体中（例如，一个企业、一个会议、一个监管机关等）。而恰恰金融科技所施展身手的是这两者的中间路径，我们所熟悉的定义好的金融参数或者有解释的金融参数，在深度学习中很难映照，我们“拍脑袋”拍出来的既有经验可以被强化学习逐步“获得”。过度依赖经验或者相信权威不是长久之计，需要保持一颗谦虚好学的心才能与时俱进地发展。

人常常会自满，以为有了话语权就是有了真理，殊不知，话语权的获得除了实力还有关系、年龄、人脉等诸多途径。在面对人工智能这一全新的领域时，拥有话语权并不能帮助更好地掌握新的知识，唯有从头开始、踏踏实实地学习，才能在全新的领域中获得话语权的机会。

（四）切忌迷信权威专家

金融科技的热潮，引来许多“砖家”的出现。中国的“专家”与众不同，是可以迁移的，做一个领域的专家，被人们熟知，那么他轻轻一跳，哪怕是不相干的领域，也会被承认。所以，许多金融的专家摇身一变，瞬间成了金融科技专家，而没有人去检查一下，他们是否有资格来谈论科技，或者他们是否实质地了解金融科技与金融的关系。

我们不否认金融专家可以通过迁移转为金融科技专家。人工智能里有个神奇的工具叫作迁移学习，可以帮助许多初创企业在他们擅长的传统场景快速简单地利用既有 AI 成果。在这个过程中，需要对输出层进行调整，这个调整就是利用了新的场景的知识，权重的变化可以融合旧经验和新场景。同样成为金融科技专家，也需要对科技进行深入了解。

其实，科技就是要颠覆既得利益者。金融引入科技，就是要颠覆这些所谓的权威。正是因为有了这样的危机，权威专家们才要重新包装。引申到金融监管是同样的道理，因为金融监管的“专家”要迁移到金融科技监管的“专家”，需要认认真真地做好监管科技。

（五）不要盲目跟风行动

现在看来，大数据、人工智能、区块链等所迸发出来的核心技术发展——原本应该居于这场浪潮的核心，但是，现在被边缘化了，大家已经开始脱实就虚，就仿佛是金融危机前的衍生品，已经不知道所架设的基础资产是什么了。但无论投资、应用还是研究，终究是要做一件事情，衍生品也好，金融科技也好，总要有根基，放弃跟风的热潮，沉下心来认真想一想，就会发现与众不同的地方。

金融监管不能盲目跟风，如果要跟，跟的也是其底层的核心技术、底层的基础资产、底层的逻辑结构，而不是附在表面的大数据、人工智能、区块链等概念。

（六）抛弃传统经验模型

金融中有一股热流，类似我们这些精算或数学出身的人们更多的是相信模型。与人们的常识想法，过多地相信模型在当今是一个需要改进的观念，或者说，人们所相信的“模型”需要一个更新修正的定义。我们认为，模式是比模型更好的载体，模型是模式的一种。但是，我们引入模式是因为在大数据的时代，模式可以定义为非结构化数据的特征，而这种特征可以超越我们熟悉的传统模型的概念，进而可以描述诸多传统上不能量化的问题。当我们赋予这些模式可以识别的路径，其实，已经涵盖了所有的金融问题，这种思想是我们要重新建立的重要认知。站得高一点，都是风景。

（七）坚持以不变应万变

金融市场的信息瞬息万变，但是，金融行业的体系规则等，在监管和市场的双重夹击下却相对稳定。事实上，正是因为市场的不确定性的判断，使得金融机构不愿意发生变革，如同在惊涛骇浪中，行驶的大船不愿意做任何航向的调整，以维持视线内的稳定。但是，科技的力量常常是颠覆性的，这种颠覆性并不是赋予一个连续的准备周期，而是 0 和 1 的区别，它不会使市场不确定性减少，但是，却可以更快地埋葬不求变革。当我们构建足够精细的模式的时候，它所捕捉泛化的看起来是要解决的问题的联合分布或者条件分布，但实际上是在“拟合”既有经验的认知。很显然，任何经验在足够高维度的流形式是局部的，这是决定金融科技会不断变化的本质因素。在行动上以不变应万变，那是自杀。

（八）杜绝与己无关心态

我们无比确信，我们后代所感知的金融市场一定与我们今天不同。金融市场的参与者、监管者都应该看到，当金融的本质被抽象出来后，其科技带来的增效是直接的，在部分模块，科技可以创造新产能。从更深一层来说，既有的金融业务连接——互联网经济的核心是连接，在约定俗成和监管限制下是规范的。从来没有一个行业像金融一样建立了这样好的一个通用学习的基础，尽管当前的“可解释性”黑箱问题存在，但是，可以看到，通过稀疏结构分析、探针网络、信息流以及反馈参数架构，该问题正在消融。市场面临的将是灌输了经验的或者说经过经验微调（Finetune）的 AI，而监管面临的是智能监管的智能。

最后，正如约翰·梅纳德·凯恩斯在《我们后代在经济上的可能前景》所预测的那样，“人类 100 年内将解决自己的经济问题，但是三个因素会延缓经济问题的解决：对人心的控制力量，避免战争和内讧的决心”。延伸到金融监管的时空里，我们需要处理好绝对监管和相对监管，前者基本已经得到解决，所以我们必须把监管的主要精力都放在时空变化上，或者说非绝对监管目标上，使监管更加科学化、艺术化、哲学化和未来化。

第三节　金融监管的时局

一、金融监管的时与势

所谓时，是指时局、时机、时点；所谓势，是指态势、趋势、走势。深刻认识经济发展新常态，既要注意看时，又要注重看势。

时是金融监管静态属性的反映。看时，就是观察金融监管发展所处的时代坐标，全面把握我们面临的时机、背景、条件。势是新常态动态属性的体现。看势，就是观察金融监管发展所处的历史坐标，准确把握其面临的变革、走向、趋势。

只有审时度势，把时与势有机结合起来，由表及里、由静而动，才能对金融监管的发展方向了然于胸。只有审时度势，才能透过现象看本质，抢抓金融监管的先机，把握金融监管的发展规律，争取金融监管的更大作为。

（一）金融监管的两大主题

伴随我国经济新常态和供给侧结构性改革的深化，金融业发展中的风险结构也出现了新的特征。产能过剩、货币宽松与金融自由化进程效用叠加，使得内在系统性风险问题日益严重，我国经济下行压力逐步显现。“去杠杆”和“防范系统性风险”是当前金融监管的两大主题。

1. 金融的特点就是杠杆，无杠杆就无金融问题

金融效率的体现也是杠杆，金融业天生具有增加杠杆的动机。例如著名影星赵薇夫妇用6000万的自有资产撬动30亿的资金就是金融杠杆的典型事例。杠杆交易机制使得金融市场具有天然的不稳定性和脆弱性，金融杠杆率上升会削弱权益资本对风险资产损失的覆盖能力，进而弱化金融市场的稳定性，使得金融危机更易于发生。过分地加杠杆是一切坏账、风险和金融危机的来源。如何去掉游离在监管之外的、未计提资本的、风险不明的“影子杠杆”，防范因杠杠滥用而引起的金融风险是当前工作的重中之重。

与非金融机构的债务杠杆不同，当前国内金融体系中的杠杆不仅仅是针对单一产品或机构的微观杠杆，更多的是发生在金融交易链条中的系统性和结构性杠杆，主要表现为金融体系资产负债表的系统性膨胀和银行间同业业务的结构性交易上升。上述金融体系的新变化，会促成新一轮强大的货币信用创造机制，甚至游离于现有金融监管体系之外，改变社会整体资金流动的规模和方式，加剧经济金融体系的脆弱性。

近年来，金融监管部门也出台了多项政策敦促金融体系去杠杆，防控金融风险，将“防范和化解金融风险，维护金融安全和金融稳定”提升到了国家安全和国家战略的新高度。为应对金融市场风险，一方面金融机构通过建立具有长期市场预期的规则体系来实现内生性风险防控；另一方面，金融监管机构则注重防范短期风险，持续跟进市场上金融业务的新种类、金融交易新动向。

从实际情况看，金融体系作为信用运行的平台，长期风险和短期风险都是广泛存在的，有效控制金融风险需要综合考量当前我国金融市场的阶段性特点和风险的生成机理，从而出台适当的监管政策，更好地引

导金融机构的行为，通过市场和监管双向合力，共同维护金融市场的稳健运行。

2. 系统性风险在金融领域几乎等价于金融系统的不稳定性和脆弱性

系统性金融风险中的“系统性”主要有两方面含义：一方面，“系统性”是指一个事件影响了整个金融体系的功能；另一方面，“系统性”还包含一个事件让看似不相干的第三方也付出了一定的代价。

系统性风险具有复杂性、突发性、传染快、波及广、危害大五个基本特征。从危害范围角度看，系统性风险将威胁整个金融体系以及宏观经济而非一两个金融机构稳定性；从风险传染的角度看，系统性风险通过单个事件影响一连串的机构和市场，继而引发多米诺骨牌效应损失扩散；从金融功能的角度看，系统性风险将由突发事件引发金融市场信息中断，从而导致金融功能丧失；从对实体经济影响的角度看，系统性风险将由单个冲击事件导致部分金融体系信心崩溃、经济损失增加，甚至对实体经济造成严重危害。

总体而言，系统性风险可以定义为：整个金融体系崩溃或丧失功能的或然性。2008 年国际金融危机就是典型的系统性金融风险爆发的事件。与单个金融机构风险或个体风险相比，系统性风险蛰伏在繁荣中，一步步从看似不起眼的微小病灶，悄悄地演绎为惊涛骇浪般的金融危机。因此，如何防范系统性风险，也将是当代金融监管一场持续的攻坚战。

（二）金融监管的八大趋势

1. 更加注重金融机构的商业模式和战略

前瞻性是金融监管的必备要素之一。这意味着监管在战略性和定性要素上要花更多的精力，力图防患于未然，将问题扼杀在摇篮中。金融监管需要更加注重商业模式和商业战略的可持续性，而这些要素关系紧密。例如，一家金融机构今天在国外市场实行的激进扩张战略将会对这家机构未来的商业模式产生实质性影响，未来的商业模式将影响机构经营的稳健性。监管者对金融机构的商业模式和商业战略深刻把握，能更好地发挥前瞻性优势。

2. 更加关注金融机构的商业行为与文化

一家金融机构内部治理和文化要素，可能会深刻地影响到审慎要求和道德要求。企业的文化往往暗含金融机构内部的种种风险。通过关注行为与文化方面的问题，监管者可以及时识别高风险因素，敦促金融机构改进行为缺陷，有效化解审慎风险和诚信风险。将行为与文化因素纳入监管（例如机构内部管理结构，高管层和监事会的构成质量、领导风格和效率，以及薪酬政策等），丰富了监管机构工具箱，这些难以直接观察的软性因素，往往是企业的良好运作的要素。

3. 更加强化金融行业的专题分析与总结

金融危机赋予了风险相关性新的含义，金融风险跨机构、跨行业、跨地区性显著增强，“超机构分析”成为新时代的特点。监管应聚焦于风险领域和功能领域，并拥有更强的宏观导向性，专题与行业分析是与之相适应的有效监管手段。通过对常规经济状况、行业发展趋势以及相关专题对比总括，为寻找整个行业的脆弱性提供一个清晰的视角。

4. 更加注重金融体系整体视角分析问题

监管的最终目的是维护金融系统的稳定，而不应是单个金融机构的稳健。良好的审慎监管很重要，因为一个稳定的金融体系离不开稳健的金融机构。然而，要实现整个金融体系的稳健，宏观审慎监管，这是我们2008

年用“天价”换来的教训之一。宏观审慎监管从金融体系整体视角分析问题，并且考虑了失衡不断积累的动态过程。宏观审慎分析和微观审慎监管双管齐下，可以加强对整个金融行业产生威胁的风险因子的监控。

5. 更加明细金融国际与国内问题的本质

经济全球化趋势不可逆转，随着金融机构日益变得国际化，对跨境机构的钩稽监管进行完善的需求也日益强烈。英格兰银行的前行长默·金阐明了危机问题的本质：“国际性银行在破产前是全球的，破产后是国家的。”

6. 更加认识到挑战性、侵入性和全面性

监管者要时刻保持对风险的敬畏，在必要时刻要雷厉风行。危机过后就应该意识到，在现代金融世界中，软弱的道义劝告已然失效，并导致监管长期以来的边缘化趋势。因此，不仅要在公司层面建立全面风险管理框架，而且这个框架必须能够包含并加总该机构所面对的不同类型的市场风险和信用风险。监管方法要更具挑战性、侵入性和全面性。

7. 更加清楚监管的独立性和问责性问题

挑战性的监管方式要有从监管者的角度出发来行动的能力和意愿，而这两者都与监管实践的独立性密切相关。稳固的独立性和问责制是监管治理的必要基础，后者反过来将促进金融系统的稳健。

8. 更加认识到监管科技的意义和作用

金融是国家重要的核心竞争力，金融安全是国家安全的重要组成部分。党中央、国务院高度重视防范化解金融风险，党的十九大、中央经济工作会议、全国金融工作会议均对新时代金融监管工作提出了新的、更高要求。同时近年来信息技术蓬勃发展，在此背景下监管科技

（RegTech）应运而生，旨在利用现代科技成果优化金融监管模式，提升金融监管效率，降低机构合规成本。重视监管科技是应对金融风险新形势的需要，是解决金融监管瓶颈的需要，是降低机构合规成本的需要，更是顺应大数据时代变革的需要。

二、金融监管的形与型

所谓形，是指形状、形态、形式；所谓型，是指类别、结构、性质。不执着于形而在意于型，注重根据形的变化用心塑型，是推动金融监管发展转型的成功之道。深刻认识金融监管的发展，既要注意看形，又要注重看型。

形是金融监管的外在表现。看形，应把握金融监管发展的速度、规模、态势，把握金融监管的变化，把握金融监管发展的投入产出和质量效益。型反映金融监管的内在规律。看型，应看到我国金融监管正向形态更高级、分工更复杂、结构更合理阶段演化的大转型。

（一）金融监管的“成形”问题

所谓金融监管“成形”，是指金融监管是否成熟；包含两层含义，金融监管理论是否成熟，金融监管手段是否成熟。目前而言，无论从哪个角度来看，金融监管似乎都未成形。

首先，金融监管理论缺失。金融监管领域并无独到的理论，所倚重的无非是现代经济学关于公共选择理论、博弈论、成本收益的分析手段，再加上制定规定和实施监督，其中的逻辑和知识大多属于常识的范畴，不似天体物理或者导弹科学那样有着高深莫测的理论支持。正因为如此，金融监管领域的研究者鱼龙混杂，对问题的讨论大多庸俗而琐碎，使得这个领域充斥着似是而非的议论。

其次，金融监管工具箱需要更新换代。金融行业日新月异，传统的金融监管手段落后于金融市场的创新。金融监管需要随之不断学习、思考，探索应对之道。即使金融监管成形，也要不断地随时代变形，完美的“微整形”反而会弥补缺陷，使形象更佳。

（二）金融监管的“成型”问题

所谓金融监管要“成型”，是指金融监管要具有稳定的框架。只有具备稳定的金融监管框架，才能挡住来势汹汹的金融危机。金融监管框架如同身体的骨骼，完整成熟的骨骼才能支撑住我们身体的诉求，否则就会体弱多病，风吹必倒。金融监管框架包含两个层面：

一是金融监管机构层面，涉及监管职能框架的重置和职能调整，每次危机过后金融监管机构都将大刀阔斧地变动组织架构，致力于机构的分分合合。这恰恰说明目前金融监管仍不成熟，金融监管框架比较脆弱，适应性比较差。

二是金融监管的流程和监管信息的传递，打造一支专业、高效、协作充分的监管团队。金融监管资源是有效的，监管流程和监管信息通畅共享能够有效地节约监管成本，同时能够提高危机应对的及时性。尽管持续地改进和调整有助于强化监管体系，但随之而来的转变仍可能引发新的挑战和风险，我们并不能保证此次改革的效果远超从前，因为行动方案就意味着随之而来的成本和风险。

（三）不仅要“成形”，更要“成型”

2008 年，我国之所以能够维持金融体系的基本稳定，并不是因为监管水平足够高，更多的是因为宏观经济总体稳健、金融复杂度还比较低。随着我国成为全球第二大经济体，我国金融监管的显性问题以及隐形问题逐渐暴露在视野中。例如，重规则制定，轻监管执行；重合规监管，轻前瞻判断；重单个机构风险，轻跨机构跨部门风险；重监管指标，轻数据建设；重组织构架，轻监管流程等。这都倒逼我国金融监管尽快“成形”，向更专业化、标准化、流程化的方向迈进。党的十八届五中全会明确提出，“加强统筹协调，改革并完善适应现代金融市场发展的金融监管框架”，说明稳定的现代金融监管框架建设关乎国家大计。约翰·肯尼迪说：“行动方案必然有成本和风险，但是它们也远比温水煮青蛙的渐进式所引发的长期风险成本要少得多”，金融监管要尽快“成形”和“成型”，才能有效节约监管资源，才能给市场信心。才能让我们无所畏惧下一场经济风暴的到来。

三、金融监管的近与远

所谓近，是指眼前、近期、现在；所谓远，是指今后、长远、未来。立足当前、着眼长远，把远近结合起来，是推动金融监管科学发展的重要经验。深刻认识金融监管的发展，既要注意看近，又要注重看远。

正视金融监管“最痛处”、解决“最难处”、争取“最好处”。看近，应正确对待金融监管风险加剧的暂时困难、结构调整的“阵痛”，积极化危为机，着力金融稳定、金融创新、金融改革，实现即期金融监管的目标。

（一）回顾历史，教训中吸取经验

历史对一个人，一个国家，一个民族，乃至整个社会都具有重要的意义。唐太宗说，“以铜为镜，可以正衣冠；以人为镜，可以明得失；以史为镜，可以知兴替”。习近平主席也强调，“我们回顾历史，不是为了成功寻求慰藉，更不是为了躺在功劳簿上，为回避今天面临的困难和问题寻找借口，而是为了总结历史经验、把握历史规律，增强开拓前进的勇气和力量”。再试想，如果有天早上起床后你突然失忆了，忘记了自己是谁，在哪里，做什么，那么想想看你今后的生活会不会一片慌乱。因为你忘掉了自己的历史，不仅未来未知，过去也空白。

金融危机是否无法预测，更无法预防？回顾金融发展史，金融危机并不是想象中的小概率事件，金融发展很可能沿着“危机—管制—金融抑制—放松管制—过度创新—新的危机”路径来演进，金融危机也许是一个永恒的现象。从中可以发现，金融监管贯穿金融发展的整个过程，也沿着“自由—管制—放松管制—管制收紧—再放松”的路径来演进。回顾金融发展史可以为金融监管提供方向。虽然“历史不会简单地重复自己”，但是可以从“押着相同的韵脚中”提前预见发展态势，及早准备，尽可能减轻危机带来的损失。

（二）把握现在，变革现在进行时

金融危机给人们带来损失是惨痛的，化悲愤为力量，现在我们要做的是利用“天价”换来的教训审视自身的缺陷，及时进行变革。金融危机带给我们的启示至少有三条：

首先，金融监管必须具备前瞻性。前瞻性把握着风险管理和金融监管的命脉。事后补救无异于亡羊补牢，带给我们的经验无非是如何防范下一次羊再逃出羊圈。我们要始终对风险怀有敬畏之心，坚决杜绝监管自满，提高风险警觉性。从某种意义上说，监管应具有内生反周期性，经济发展越繁荣，越要加强对风险的前瞻性的监管。

其次，金融监管体系要动态地适应金融市场的发展。要根据我国金融体系的发展水平、结构变化和风险变迁动态演进。不能一味照搬国外经验，容易产生水土不服；也不能闭门造车，容易脱离实际。监管能力的建设要与金融创新性适应，要与中国模式相吻合。

此外，金融监管要“长牙齿”。一直以来我国的金融监管始终是个跛子，规章制度定了很多，实践应用反而有限，金融监管必须提高行动力。

我们必须明白道义劝告已经失效，该出手时就出手，在关键时刻做出不同于市场的独立判断，不被市场的意志所左右是对金融监管提出的新要求。

四、金融监管的破与立

“破与立”的关系，即“破字当头”和“立字当头”作为一个命题，是相依互促，密不可分的。不去“破”，就不能去“立”，因此“破字当头”是“立字当头”的前提和基础；但不能真正“立”起来，也就不能真正实现“破”，所以，“立字当头”是“破字当头”的继续与升华。若没有“破字当头”，“立字当头”就是空中楼阁；但若没有“立字当头”，“破字当头”便是无果之花。若“破字当头”是劈石取玉，那“立字当头”就是合璧连珠，二者不可互代，双方不能分离，是一个辩证的统一体。

（一）打破传统监管模式，建立新的监管框架

金融危机对传统监管模式发起了挑战，事实证明传统监管模式已无法适应现代风险监管的需要。党的十八大五中全会明确提出，要改革并完善金融市场发展的金融监管框架。打破传统本身就需要勇气和成本，好比一双损坏的旧鞋，你总是想着“缝缝补补又三年”，事实上没过多久旧洞复破又添新洞不得不忍痛扔掉。与其这样反而不如一开始就拥有壮士断腕，刮骨疗毒的勇气，一鼓作气地建立一个稳定的新的监管框架。

金融监管应该打破过去只关注微观或宏观单一层面式监管，金融监管应注重宏、微观层面的相互配合。微观层面的监管主要关注单个金融机构稳定运营，宏观层面则聚焦整个金融系统的稳定。在传统的金融监管框架下，监管当局注重自身监管权限内单个金融机构的稳健运行，并认为所有单个金融机构的稳健运行可以合成为整个金融体系的稳定；而这种监管理念会带来“合成谬误”，单个机构的理性行为，在总体上可

能导致问题，整体风险并不等于部分的简单相加。事实证明，专注于单个机构的微观审慎监管，往往会忽视系统性风险的蔓延。因此，抑制系统性的金融风险还需要专门设计的宏观审慎政策，实施宏观审慎监管。

金融监管应打破过去的审计式监管模式，更加注重分析式监管模式的实施。审计式监管又可称作合规监管或打对勾式监管，是一种以合规为基础的监管方式，由于其监管方式类似于审计师使用的方式，因此被称为审计式监管。审计式监管主要关注形式合规和细节化的财务和风险报告，但是审计式监管并不触及公司战略、探讨风险文化、批评风险决策或者讨论经营是否具有前瞻性，并不足以阻止发生严重的金融危机。

分析式监管模式则更加注重以一种怀疑的态度去识别金融机构风险管理的缺陷及其原因，深刻了解金融机构行为背后的动机。例如分析式监管方式会探究公司某笔交易背后的动机，尽管这笔交易是合规的，但有可能从风险角度而言是不合理的；分析式监管方式在评估模型时更多地聚焦于模型根本的缺陷，而不是仅仅验证其在理论上是否成立、统计上是否显著以及技术上是否准确。分析式监管模式包含四个方面的重要因素：鼓励判断、促进原则导向监管、增强透明度、树立底线思维。这就使得分析式监管模式能够全面、前瞻性地判断机构的商业模式、治理结构和风险轮廓的基础上实施早期干预，更好地阻止危机的爆发。

（二）摒弃旧的监管手段，引进新的监管科技

随着新技术的不断出现，传统监管手段难以应对金融行业的快速发展。一方面，近年来金融行业的数字化程度越来越高，以往采用的事后、手动、基于传统结构性数据的监管范式已不能满足金融科技新业态的监管需求。另一方面，在金融市场和产品快速创新、日益复杂的今

天，金融监管也需要配备一流的系统和设备。监管官员也需要健康安全的工作环境和条件，使他们能够在各种复杂的环境下有效地开展工作。监管机构对利用科技手段履行监管职责的内在需求不断攀升。借助新的监管科技手段，监管机构能采用基于风险的监管方式，充分利用直接获取的金融数据，更有效地监管各类金融市场参与者。直接获取被监管者的数据，避免了以往监管者完全依赖被监管机构提供数据的局限，极大地降低了“监管俘获”的风险。

监管机构运用监管科技可有效解决：如何高效地执行微观监管、宏观审慎政策以及货币政策；如何根据金融市场的变化确定新的监管规则，提高监管水平和效率。不断完善监管手段和扩充工具箱，打造现代监管队伍，着力提高监管的专业性。

（三）拒绝父爱主义监管，提高监管的执行力

提高监管的执行力有两方面的含义，一方面，监管机构应该更加注重监管的实践。金融监管中什么是最重要的？是监管规则还是监管机构？然而，金融监管中最重要的应当是监管的实践，也就是监管机构如何实施日常监管、如何开展日常工作。任何机构与规则方面的改革，如果没有从技术层面、执行层面改进金融监管的实施，这个改革就是沙滩上的城堡，注定是无效的。因为，监管法规就如同食谱，监管机构如同做菜的厨房，在落实为监管行动之前是毫无意义的，因此金融监管需要更加注重执行力。另一方面，金融监管要保持清醒的头脑，强化行动的意愿。在危机发生之前，各国金融监管都奉行“轻触式监管”，认为“最少的监管就是最好的监管”。在虚假的经济繁荣面前，金融监管者为追求本国金融机构的相对竞争优势，制定一些刺激金融发展的条例，即使一些风险已经被察觉，遗憾的是，监管机构并没有继续跟进的勇气

和毅力。美国国会对2008年金融危机调查得出的结论为：这场金融危机本可以避免，危机既非天灾也非计算模型的失效，而是源于人类对风险的无动于衷和错误判断。因此，监管者要敢于质疑，勇敢说不，提高依法监管的执行力。

金融危机充分体现了金融机构自我约束和市场约束的局限性。除加强金融机构自身的风险抵御能力外，危机后新的监管规制还强调要加强监管执行，并赋予监管者新的权力。但需要考虑新的问题是，在危机前的非理性繁荣期被监管惯坏了的金融机构会不会出现矫枉过正，从而僵化金融市场。监管者需要把控与金融机构的距离，不可过远，也不可过近。监管机构与金融机构的距离越远，信息不对称现象就会越严重，有效的监督就越少。监管机构与金融机构的距离过近，则可能出现“监管俘获”现象。

五、金融监管的变与不变

辩证唯物主义认为，事物的运动发展是变与不变的统一。变与不变两者相互区别、相互对立。当不变居于主导地位时，事物处于相对的稳定、平衡、静止状态；当变居于主导地位时，事物则处于运动、量变到质变乃至发展状态。变与不变两者又相互依赖、相互包含，并在一定条件下相互转化。要把变与不变有机统一起来，认识与把握不变中有变，变中有不变。

（一）与时俱进，跑在金融创新的前端

金融监管是否有效，在很大程度上取决于监管者的理念、眼界、知识、经验、领导力、分析能力和判断力。在很多情况下可以说，成也监管者，败也监管者。即使是再好的监管者也很难在具体的金融业务领域超于优秀的从业人员；正如金融机构无法在商业创新上超越优

质的金融机构一样。这也是人们普遍认为金融监管落后于市场发展的原因。

然而，真正优秀的金融监管者必然善于学习，可以凭借监管独一无二的优势，在监管过程中快速掌握金融机构运作的激励，并且由于其独特又全面的视角，使其能够在风险的判断上，比被监管者更胜一筹。这样的金融监管者，能够赢得金融机构和市场的尊重，建立起信心，并且让被监管者既感到如沐春风般的舒服，又保持必要的、健康的威慑力。这是金融监管的“变”。

良好的监管应该成为一个移动的靶子。金融业及其所处的环境是不断变化的，监管机构不能也不应该去阻止这种改变，而应尽可能地去适应。监管者对金融业的变化趋势应当具有快速的反应能力，并对监管变化可能引起以规避监管为目的的金融创新保持高度敏感。

（二）牢记使命，做金融市场的守护者

监管者既应保持高度的警惕性，又应谦卑，不断认识到监管自身的局限。必须不断提醒自己，监管能够做到什么，不能做到什么。监管旨在提升金融系统的稳定性，但是这一目标决不能被引申为消除一切风险，这也是不可能做到的。

承担风险是市场经济中不可或缺的一部分。承担风险是金融机构赖以生存的基础，监管者不能也不应该消除全部的风险。监管应做到的是努力确保金融机构了解并降低他们自己所承担的风险，尤其当这些风险存在外部性和系统性影响时。理论上，监管当局的目标不应是保护单个金融机构，他们的目标应该是确保单个金融机构发生问题并不会导致金融体系的崩溃，也不会损害纳税人、存款人、投保人的利益。

监管并非是越紧越好。超过了临界点，监管带来的额外成本（行政

管理成本、管理费用）将超过其带来的额外好处。

要时刻牢记，金融监管的最终目的是维护金融系统的稳定性、信任度和公众信心，这是所有金融市场参与者赖以生存的基础，也是金融监管始终不变的初心。

第二篇

脉络与关系

第四章　金融科技与金融创新

创新不是由逻辑思维带来的，尽管最后的产物有赖于一个符合逻辑的结构。

——阿尔伯特·爱因斯坦

金融科技与金融创新之间是一种怎样的关系，一直被当代的金融学家津津乐道，从本质上而言，金融科技与金融创新之间是一种相辅相成的关系，金融科技是推动金融创新的动力，而金融创新则是金融科技实时发展的重要方向。

金融创新的核心在于“创新”，只要出现在金融领域的新事物、新现象、新活动，都可以认为是金融创新。金融创新的出现并非偶然现象，从本质上说，它是经济发展的客观要求，是金融市场发展到一定阶段的产物。

当今时代，随着金融科技的发展，金融创新给我们的生活带来了诸多变化。金融不再是一种单一的金融概念，金融科技也不仅仅是作为一种服务于金融的工具。金融与科技结合，给我们带来的更是一种全新的融合体验。但在金融创新的背后，其实也反映出我国金融市场发展不平衡、不充分与不均衡三大问题。

如果科技奇点是真实存在的，那么金融科技的发展也将会出现一个奇点，在一定的时间内有些金融科技一定会产生，并且在某个时间内会加速爆发。也就是说，人类或早或晚都会通过科技发现一个关于金融的基本定理，然后开始有足够的实力去改变金融这个原有的定理，它的技术形态绝不仅仅是到了利用大数据、云计算去进行用户画像、智能投顾这种弱人工智能的形式为止，而到最后，金融科技的形态有可能已经超出我们所能预测的范围之内，突破到三维空间以外的地方以其他的形式来表达金融的存在。

第一节　金融创新的现象与本质

一、不一样的金融

进入 21 世纪，我国经济步入发展的快车道。经济结构转型升级持续推进，新旧动能转换不断加速，以新技术、新产业、新业态和新商业模式为代表的新经济让我们进入了一个“新社会”。金融是现代经济的核心，因此“新金融”也成为“新社会”发展的中流砥柱。何谓“新金融”？何谓“老金融”？何谓“传统金融机构”？何谓“现代金融机构”？这一系列的问题此时一定蜂拥在你的脑海中，先不要急着给这些问题下定论，我们先带着这些疑问回顾一下有关金融的一些基本内容，这些基本概念有助于我们理解问题的答案。

（一）什么是金融

金融是货币流通和信用活动以及与之相联系的经济活动的总称，狭义的金融专指信用货币的融通，广义的金融则泛指一切与信用货币的发行、保管、兑换、结算、融通有关的经济活动。金融的核心要素是跨时间、跨空间的价值交换，所有涉及价值或者收入在不同时间、不同空间之间进行配置的交易都是金融交易，其本质就是价值流通。总之，金融就是人们在不确定环境中进行资源跨期的最优配置决策的行为。金融涉及很多领域，其中主要包括银行、证券、保险、信托等。提供金融服务的金融机构，规范金融市场的监管体系，接受金融服务的金融消费者共同构成了一个完整的金融系统。

（二）“老金融”与“传统金融”

首先我们要明确“老金融”不等同于“传统金融”。传统金融主要是指存款、贷款和结算三大传统业务以及与之相关的一系列金融活动。银行、证券和保险被称为传统金融业的“三驾马车”。随着金融市场的发展，有些金融业务渐渐受到局限，与现代金融市场的发展不相适应，这些不得不被割掉的业务我们将之定义为“老金融”。如果将金融比作文化，“老金融”就是“传统金融”中糟粕的部分，必须被剔除。在学习传统文化的基础上，剔除糟粕，吸取精华才能使文化与时俱进。

传统金融机构也很容易被等同于“老金融”，从而造成一种误解，认为这些金融机构与科技、创新之间是对立的，和新金融创业公司之间也是对立的，正在逐渐被金融市场所淘汰。实际上，传统金融机构指的是以经营传统金融活动为主的金融公司，随着竞争格局和制胜要素的改变，传统金融业的竞争战略劣势渐显，过去企业赖以生存和竞争的规模优势、价格优势、渠道优势和传统的战略规划方法似乎已远远不够，市场参与者们需要以更灵活、更前瞻的适应型战略来应对新的竞争，并通过试错优势、触角优势、组织优势、系统优势、社会优势来真正建立和执行适应性战略。

然而，无论金融如何变迁发展，金融的本质并不会随之变化，会被淘汰的是那些固守与时代不相容的经营模式的传统金融机构，而非他们所经营的业务。因此主动卸掉“传统”枷锁的传统金融机构，融合入新科技的元素，未必不能赶超后来者，重新成为金融行业的中流砥柱。

（三）什么是“新金融”

新金融是在金融要素市场化、金融主体的多元化、金融产品快速迭代过程中产生的一种金融业态。在互联网、大数据、人工智能等新技术推动下，金融业架构中的“底层物质”正在发生深刻变化。移动化、云计算、大数据、人工智能等大趋势引发金融业的“基因突变”。这些变化使得传统金融业版图日益模糊，促使传统金融业务与互联网技术融合，通过优化资源配置与技术创新，产生出新的金融生态、金融服务模式和金融产品。大致来说，新金融主要包含普惠金融、互联网金融、金融科技、智能金融等几个板块。

1. 普惠金融

普惠金融是指立足机会平等要求和商业可持续原则，以可负担的成本为有金融服务需求的社会各阶层和群体提供适当、有效的金融服务。普惠金融就是包容金融，本质上等同于现实中国语境下的小微金融、草根底层、大众金融和城乡基层金融。

普惠金融强调的是不排斥、包容的理念，即人人应有平等的享受金融服务机会的权利。普惠金融是金融的一种类型，本质上属于市场而非财政范畴，它不是馈赠、恩惠，不是慈善。普惠金融，是为所有有劳动能力和生产能力、有获得金融服务愿望、信誉良好的小微经济体提供方便、快捷、公平且价格合理的金融服务。普惠金融是政府引导、市场化运作、商业或财务可持续的金融，是借贷双方、投融资双方互信、互助、合作、共赢的大众性、普遍性金融。

普惠金融是“五位一体”的完整体系，它是由机构、技术（产品）、监管、基础服务和政策支持五个部分组成的市场体系。具体而言，包括众多、分层、全覆盖的普惠金融机构体系；创新、多样、适用的普惠金融技术产品体系；中央与地方统分结合的双层金融监管体系；配套、健全、社会化的普惠金融基础设施公共服务体系；多元、梯次、协调配合的普惠金融政策支持体系。普惠金融是国家多层次、多类型整体金融体系中重要的、基础性的组成部分。建设中国特色分层次、多类型“五位一体”的普惠金融体系是全社会的共同责任，需要社会各方共同参与。

2. 互联网金融

互联网金融又称“新金融”，就是互联网技术和金融功能的有机结合，依托大数据和云计算在开放的互联网平台上形成的功能化金融业态及其服务体系，包括基于网络平台的金融市场体系、金融服务体系、金融组织体系、金融产品体系以及互联网金融监管体系等，并具有普惠金融、平台金融、信息金融和碎片金融等相异于传统金融的金融模式。

中国现有互联网金融业态，是从传统金融机构各项业务中衍生出来，逐渐发展形成的。说到底传统金融是本质上的东西，互联网金融是其形式、技术和制度上的衍变。

互联网金融只是改变了金融运用的工具，并没有影响金融的本质，互联网金融冲击的是金融机构的传统运行方式，而不是金融的本质。金融的本质在于提高社会资金配置效率，纵观我国金融机构发展的历史，这一基本特质无论发生任何变革，却始终未变过。其次，互联网金融的内涵不仅仅是简单的“互联网技术的金融”，而是基于“互联网思想的金融”。也就是说，每个人作为社会经济的一分子，都有充分的权利和手段参与到金融活动之中，在信息相对对称中平等、自由地获取金融服务，借助低成本的自动化决策技术和更加高效便捷的交易技术，逐步接近金融上的充分有效性和民主化。也就是说互联网金融很有可能表现出自下而上、去中心化、契约重构的特点。

互联网金融活动是点对点、网络化的互相共联，形成信息交互、资源共享、优势互补和新型契约。互联网金融之所以在这个时代仍然是我们要讨论的“新金融”范畴，就是因为其内涵更加贴合金融创新的时代要求。

3. 金融科技

早在20世纪90年代初期，花旗银行集团为了推动和加强金融行业内外的技术合作，发起了名为“金融服务技术联盟”（Financial Services Technology Consortium）的项目，该项目简称采用了合成词汇“Fin-Tech”，这是“金融科技”一词最早出现的情境。目前的金融科技已不再是花旗的一个项目名称，如前所述，金融科技是通过技术实现的金融服务创新，它能带来新的业务模式、应用、流程或产品，从而对金融服务的提供方式产生重大影响。2015年前后，互联网金融领域风险事件频发，金融科技的提法开始进入我国市场视野并迅速发展。巴塞尔银行监管委员会（BCBS）将金融科技创新服务分为市场基础设施、存贷款和资本筹集、支付清结算、投资管理四大类。

目前，对于到底什么是金融科技，还没有形成普遍共识的初步定义，无论是内涵还是外延，还处于不断发展变化之中。但有一点可以肯定的是，金融科技强调了科技对金融创新、金融服务和效率带来显著的影响，两者紧密结合并形成众多新的金融业态。

科技类初创企业及金融行业新进入者利用各类科技手段对传统金融行业所提供的产品及服务进行革新，提升金融服务效率，因此可以认为FinTech的路径是从外向内升级金融服务行业。

和互联网金融相比，FinTech 是范围更大的概念，FinTech 不是简单地在“互联网上做金融”，更准确地来说，他是在互联网平台下，通过新的底层技术、新的路径思维对传统金融领域的各项业务、流程进行的“破坏性”创新。当然，它应用的技术也不仅仅是互联网，大数据、智能数据分析、人工智能、区块链的前沿技术也都是 FinTech 的应用基础。

4. 智能金融

根据亿欧智库发布的《2017 中国智能金融产业研究报告》，智能金融，是指人工智能技术与金融服务和产品的动态融合。通过利用人工智能技术，创新金融产品和服务模式、改善客户体验、提高服务效率等；其参与者不仅包括为金融机构提供人工智能技术服务的公司，也包括传统金融机构、新兴金融业态以及金融业不可或缺的监管机构等；这些参与者共同组成智能金融生态系统。

在金融基础设施全面信息化、电子化的基础上，用户对通过远程渠道获取金融服务的模式适应性不断提高，各类金融交易数据的收集、处理、分析、共享得以实现线上化，信息数据的规模不断增长、多样性不断丰富，在物联网、大数据、机器学习等技术应用日益成熟的助推下，一个需求更多元、供给更精准、风险防控更高效、协同效应更明显的智能金融时代正在悄然来临。金融领域对金融信息的挖掘更加及时、深入，金融业开始从单纯技术层面融合的金融科技阶段走向更新金融思维与业态的智能金融阶段发展。

在智能金融阶段，有了大数据、云计算及人工智能等先进技术的辅助，金融服务将做到“千人千面”，更透彻地感知客户需求和识别客户行为模式，实现“个性化”定制；并将更及时地预测金融市场价格变化，洞察金融市场的风险，提供更加便捷的支付结算、更加综合的金融服务、更加安全的财富管理，打造一个开放透明、充盈着丰富信息资源的金融世界。

（四）“传统金融”与“新金融”

在工业时代，包括金融业在内的商业活动围绕少量的核心数据展开，规模化大生产与大协作的工业体系使得生产者在生产关系中居主导地位，这种从生产端单向推送到消费端的B2C式的产销模式使得各类企业所面对的外部商业环境相对稳定，其搜集、处理、利用的商业信息所表现出的数据特征多为因果的、静态的、延迟的，故而企业内部管理和外部协作就是单向的、线性的、链条的，企业的内部运作与管理自然就是机械化、标准化、同步化、集中化，服务于这种经济形式的金融机构就需要更加严密、全面、有效的内部管控措施以确保获得更多的风险收益。

随着我国经济发展进入新常态，从消费需求、投资需求到生产能力和产业组织等都将向形态更高级、分工更复杂、结构更合理的阶段演化，社会经济、个人企业都正在迎来全面的信息时代。我国现有的新兴业态是从传统金融机构各项业务中衍生而出，逐渐发展出来形成的。说到底传统金融是本质上的东西，新金融是其形式、技术和制度上的衍变。传统金融与新金融的主要区别如表4－1所示。

表4－1　传统金融与新金融的区别

项目	传统金融	新金融
数据处理方式	传统金融服务一般采用集中交易处理模式，其庞大集中数据交易系统成为数字化业务创新的瓶颈，导致传统金融服务业数据使用效率低下，数据管理成本高昂。传统金融服务业只有3%的数据做过标记，不到0.5%的数据被分析过	用云计算架构取代传统集中式数据中心，以API取代传统中间层，改变金融服务的产业链，快速整合金融服务优质资源，加速从应用到产品的周期

续表

项目	传统金融	新金融
服务模式	传统金融机构应用开发部署率较低，其线下模式和人工服务模式为用户带来诸多不便，在数字化时代，不能通过移动应用为用户提供更好的前端体验，无疑会阻碍其业务创新发展	新金融通过区块链技术，不仅能够经济高效地保证点到点业务的安全性，降低业务风控开支，还能进一步挑战传统金融服务对市场的响应速度
竞争力	网点服务的覆盖率高：传统金融业受地域和时间的限制，通常是在固定网点固定时间开展业务，无法满足用户随时随地办理金融业务的需求，不利于用户满意度和服务水平的提高	以App取代传统金融客户端服务，外延金融产业链，提高价值凝聚力，将竞争外延到产品生产的最前端

我们现在处在万物节点、万物感知、万物智能、万物互联的时代，智能化大数据采集、智慧化分析判断，以及智能式的响应，推动信息应用呈现出全新的智慧形态，它所形成的力量是不可比拟与想象的。随着金融市场的发展，新金融正在借助科技的手段，悄无声息地改变着传统金融的服务模式。目前的新金融主要包括以下三种：

（1）传统金融的包装者。这类金融科技公司并不会试图替代或者改革传统金融体系，而是对传统金融机构进行再包装，以满足用户对时效性等方面的简单需求。

（2）传统金融的替代者。这类金融科技公司致力于利用软件和服务器完全替代传统金融机构的核心业务，从形式到手段全方位改变传统金融业务，从而达到替代传统金融机构的目的。

（3）传统金融的改革者。这类金融科技公司利用手机和数字货币技术，推动互联网金融的快速发展，给传统金融机构带来了巨大的挑战，使即时、点对点交易成为现实，数字货币大大降低了金融交易的成本。

二、不仅仅是工具

全球技术潮流奔腾向前，从蒸汽机、电气化，到半导体、中央处理器、个人电脑、互联网、智能设备、移动通信。在技术形态的演进历程中，技术发展从取代人的手、脚等体力活动，发展到取代人的眼睛、耳朵的识别感知。而现在，随着基于大数据、深度学习、神经网络等人工智能的发展，技术发展已经逐步进入了取代人的大脑的智能时代，机器成为我们的生活、经济和工作的伙伴，而不仅仅只是工具。

金融是现代经济的核心。金融服务行业一直是技术创新的积极实践者和受益者，并高度依赖信息和数据价值，与技术发展特性高度贴合。相比于其他行业，我国金融服务行业在全面信息化建设浪潮中始终处于前列。金融基础设施步入全面电子化阶段，金融服务全面进入互联网时代。特别是作为基础服务的电子支付实现了对发达国家的弯道超车，我国移动支付无论是业务规模，还是技术、模式和服务效率都已经走在世界前列。在中国广阔的市场中，金融与技术的相互穿插、聚合、激荡和动态发展，形成了互联网金融、金融科技等新业态和新模式，使金融生态和技术领域之间的集合区域更具生命力和成长力，深刻改变了现代金融服务的供需两侧的结构和关系。金融市场环境更加友好，无论是金融服务方还是金融消费方，对于新的服务方式、新的性价比程度以及新的产品业态等都更加适应、期待更高。

如果说互联网金融更多强调的是互联网相关技术与金融业务的叠加，金融科技侧重于金融服务机构利用技术所实现的金融创新，那么在人工智能、大数据、云计算、物联网、区块链和分布式账本等新一代技术日趋成熟、高度融合之下，未来的金融服务将呈现出何种形态呢？

（一）传统金融模型面临严峻挑战

现代金融学是建立在数理基础上的学科，现代金融学的五大支柱（M－M理论、投资组合理论、资本资产定价理论、APT理论和期权定价理论）形成了当前金融理论最主要的基础，这些模型已经在金融行业普遍使用，但这些模型以及以这些模型为基础的其他模型是否能够被人工智能或机器学习所取代或改进呢？

现在看来，这个问题的回答有极大的可能性是肯定的。以保险业的数理基础精算为例，无论是保险精算中的定价模型，还是数理金融中的产品定价和风险度量，都可能在大数据的背景下被改变、增强或者调整（如图4－1所示）。从本质上来说，这些模型是从数据中统计规律，并进行集成或者抽象的提升，那么对大规模数据使用一些机器学习或深度学习的方法，就一样可以完成目标的获取和模式的识别。尽管我们尚不能够做到完全使用人工智能技术完成整个建模与修正的过程，但至少新一代人工智能技术在上述收集与识别的过程中是可以发挥作用的。

图4－1　模型正在被深度学习取代的方向

除模型外，值得我们思考的还有很多。金融学诸多推理和应用是基于“有效市场”理论，经济学的许多理论来源于“理性人假设”，并在这些“假设”上利用数学推理构建了宏伟大厦。但这些预定的假设并不是数学的公理，对于经济和金融来说，检验“真理”的标准是“实践”，也就是说，真实的情况如果不符合假设，那么后续建立的大厦可能要进行调整和变化，至少用一个不同的假设推理出来的结果不能直接地应用到新的情况中。

大数据和人工智能则可以在新情况的应用中发挥作用。当新的情况发生，大数据中的信息可以对该情况进行捕捉，基于机器学习和深度学习的方法可以提炼特征，这在一定程度上可以弥补由于“假设”偏差导致的“风险”。

（二）人性或者理性被更好地度量

如前所述，理性人假设是经济学（包括金融学）的基础，但越来越多的研究表明，理性人假设存在很多问题，相应地诞生了金融物理学、分形市场理论、行为金融学等，这些学科都在试图“偏离理性人假设”，前两者是从数学推理中获得的新的理论结果，后者是通过经验推理来解释的。

与这些新的学科对应的，大数据和新一代人工智能可能从最基础的层面挑战传统金融学（甚至是经济学），这种挑战具体表现为：人的情感、偏好以及情绪波动甚至心理，存在被度量的可能，也就是所谓的“看穿心理”。一旦人的非理性能够被捕捉，其对经济学和金融学影响是深远的，在足够强的深度网络支撑下，日本科学家已经可以对人脑所想的形象进行大体分类，而基于人脸表情识别的技术已经越来越成熟。我们研究团队已经能够根据个体给出准确率不低于70%的动态风险偏好判断。这些研究逐渐积累发展，势必对金融学产生难以想象的变革。

这些变革，类似于深度学习，已经在图像处理、语音识别等领域展示的威力，对于金融业产生深刻影响只需等待随着时间而变得成熟的技术水平与核心障碍的清除。

（三）金融业务模式被智能化替代

就目前的发展趋势来看，金融业务模式被智能化替代的（计算以外的能力被替代）进程正在飞速加快，这是因为智能化服务模式已经从技术成熟转向了现实中的成功应用。以人脸识别与文字识别为例，在技术成熟后被投入众多领域进行实践应用，而十分喜人的结果证明了应用这些技术的可行性。因此，金融业如果考虑使用这类已经过实践检验的技术来替代人工服务的一些步骤，其进展将是毋庸置疑的迅速。

可以想象，会有其他成熟的智能化解决方案快速地融入金融领域当中，使得金融业务的许多环节发生变化，这种变化主要是取代传统的人力劳动。在历史上，计算机技术更主要替代“人所并不特别擅长的计算”，但当前的趋势是人所擅长的“其他的能力”也正在被取代，这是金融业务模式被挑战的根本原因。

（四）金融监管存在更多智能可能

从某种程度来说，金融监管也是一个“反馈—调整—反馈”的过程。在这个过程中，机器学习可以被用来进行更有效的监管，这些监管也是基于大规模数据的，同样会大幅度降低人力的使用率。监管过程中会有许多数据的交流以及大量历史数据的存储，这些通过使用机器学习技术可以进行特征的抽取、模式的鉴别以及风险的预判。这些信息不必再经过人为获取和人工整合，就可以直接用来进行监管，同时，还能够进行市场的监测。

可以想象，在这种模式下，监管某种程度上会变得更加自动化、更加智能化、更加以数据化为导向。宏观审慎监管、微观监管，以及行为监管，都可以在不同层面上互相支持；甚至在一些特定的人工智能的支撑下，政策可以被先行检验，压力可以被先行确定，极端风险可以被先行预测和控制。

（五）金融数据价值存在巨大空间

尽管金融行业有大量的数据，且数据格式非常规范，但是，金融行业利用数据的能力仍然欠缺，这是人工智能或者机器学习所能够施展才华的地方。

受到传统业务模式的限制，大量金融数据在企业中的应用只是为了支撑这些业务中的既定模式，而没有被考虑衍生新的价值，这个过程在当前是可以被改变的。实际上，随着金融市场竞争越来越充分，以及随着中国市场逐步开放，金融企业必然要开拓传统业务以外的新业务，衍生新的价值，以保持其强大的竞争力。就像许多成熟的行业一样，这些新的价值大部分来源于数据，或者需要数据的支持，而该过程中新一代人工智能技术的介入是必不可少的。

（六）信用评价面临大数据的冲击

传统的信用评价体系正在被挑战——尽管这些信用评价体系已经在过去产生了巨大的作用，也对市场产生了巨大影响。信用评价本身是一个高维度的转换。从数学角度来说，是一个高维度的数据信息转化为单一的数字的过程，也就是说，是将财务、资产等多重信息通过整合分析最终转化成一个象征着信用等级的数字的降维过程。无论是传统的信用评价体系，还是当前基于大数据的模式，都是在这个降维过程中尽量捕捉到有用的信息。

很明显，基于更多维度数据来获得信用评价结果，能够更加细微地发现敏感信息。而市场中大量的风险元素可以被捕捉或者逐渐可以被捕捉，那些在传统模式下很难发现的一些风险特征、预警指标都可以在大数据的支撑下真实地反映出来。

（七）从金融的具体行业来看应用

以保险业为例，保险定价、保险理赔保险新产品的设计，以及相应的客户关系的维护、客户价值的挖掘，以及特定产品的智能推荐，都离不开人工智能技术的应用。这也是当前很多互联网巨头依赖于其所擅长的用户黏性，快速进入保险领域并获得承认的一个重要原因，众安保险的成功便是一个典型的例子。本质上来说，“流量+数据+人工智能”的新模式可以挑战任何既存的业务模式。

保险以外的银行领域，网上业务以及相应的理财智能推送，相应的金融助理、信贷审核，以及信贷申请人的信用分析等，都可以大量使用机器学习技术。银行的一些客户服务，如客户鉴别、欺诈识别、关键语音记录分析等，也都可以用人工智能技术来替代。

此外，保险领域也会涉及投资。投资领域中，在基金的投研报告、投资顾问系统、特定股票期权期货的数据分析、特定投资企业或者投资目标的量化和评价中，机器学习或者深度学习都可以发挥作用，而且企业内部深度学习所带来的“黑箱”问题在投资领域中并不突出，至少可以作为一个并行的、可对比的方案来提供参考。

三、全新融合体验

经济的发展与金融创新紧密相连，而金融创新又与科技进步息息相关。以计算机和互联网技术为代表的信息革命，创造出由科技驱动的金融创新——金融科技（FinTech）。如前所述，伴随着数字经济的发展脉络，中国从以数字化为主要特征的金融科技1.0阶段逐渐迈入平台化运营的金融科技2.0阶段，随着技术的发展融合，全新的金融将逐步形成，即金融科技3.0阶段。

金融与科技的真正融合会使金融不再是金融，科技不再是科技。互联网金融之所以会面临诸多的痛点和问题，其中一个重要的原因就在于两者在经历了融合之后，互联网依然是互联网，金融依然是金融，两者之间没有真正结合在一起形成一个新的金融物种。在互联网金融破局的关键阶段，金融与科技的融合结果必然是“金融不再是金融，科技不再是科技”，这样才能算是真正意义上的改变。

金融不再是金融，是指金融脱离了当下我们对于它的既定印象，转而以一种新的方式表现出来。比如，传统上我们对于众筹的理解可能仅仅是一个另类的募集资金的渠道而已，而通过其与科技的融合之后，众筹或许以众筹科技的形式出现，借助它我们不仅能够募集资金，甚至还能获得其他类型的资源。对于科技来讲，它们在与金融行业融合之后，不再仅仅是金融的一种支撑方式，而是产生了一种新的物种，这种新的物种可能是“大科技”，这种科技有金融属性，又以科技的形式表现了出来。

因此，金融与科技融合的结果就是“金融不再是金融，科技不再是科技”。只有这样，金融科技才不会仅仅是一种互联网金融形式的改变，而是有新事物产生的改变，这种改变才能给行业注入新的活力，给用户带来新的体验。

第二节　金融创新的原因与结果

一、不平衡问题

2017 年 10 月 18 日，党的十九大报告指出，我国社会主要矛盾已经转化为人民日益增长的美好生活需要和不平衡不充分的发展之间的矛盾。金融是现代经济的核心，人民日益增长的美好生活需要也包括对高质量金融服务的需要。由于传统金融供给已经难以满足人民日益增长的金融需求，由此产生了金融发展不平衡的问题，这就要求我们必须深化金融市场供给侧结构性改革，通过加快金融创新，从而不断满足人民对更高层次金融产品和服务的需求。

（一）认知金融发展不平衡问题

当前，我国经济正处于由高速增长转向高质量发展的关键阶段，正处在转变发展方式、优化经济结构、转换增长动力的攻关期，金融业发展中也还存在不少矛盾和问题，面临不少风险和挑战。

一是金融投资需求与优质金融产品和服务供给不平衡。我国已总体上实现小康，到2020年将全面建成小康社会。人民富裕起来后，对投资、理财、资管、保险等金融产品和服务有了更多需求，而不是仅仅满足于银行储蓄。但目前我国金融市场能够提供的金融产品和服务种类偏少、结构不合理、质量良莠不齐，还不能满足人民对多元化、高质量金融产品和服务的需求。这也导致非法集资等现象频发，不仅扰乱金融秩序，而且弱化金融服务实体经济的能力和效率。

二是直接融资与间接融资不平衡。近年来，我国融资结构有所优化，但直接融资占比仍然偏低，以银行信贷为主的间接融资占主导地位。间接融资要通过银行等媒介，存在信息不对称及交易成本高等问题。以间接融资为主的融资结构难以满足经济动能转换对金融服务的需求，还是造成实体经济高杠杆的原因之一。

三是金融市场开放与实体经济开放不平衡。我国金融市场开放明显滞后于实体经济开放，难以满足实体经济发展的需要。近年来，我国主动参与和推动经济全球化进程，发展更高层次的开放型经济，越来越多的中国企业走出去，在全球市场配置和整合资源。只有不断提高金融开放水平，才能为企业在海外进行并购重组、投融资等活动提供有力支撑。

四是各类金融市场发展不平衡。例如，债券市场内的银行间市场和交易所市场存在分割，前者的规模和影响力远大于后者；股票市场的场内市场和场外市场发展不平衡，场外市场发展较慢。

解决这些金融发展不平衡的问题，不仅需要充分发挥市场的决定性作用，提供更加多元、更加规范、更高质量的金融产品和服务，也需要金融市场在发展中注重与科技创新融合，充分利用大数据、云计算、人工智能等先进技术，从而改善金融服务的结构和效率。

（二）消费者需求与行为的变化

金融需求是人们在金融市场上获得所需要的金融产品并具有购买能力的欲望。在我国实行改革开放的 40 多年里，特别是进入 21 世纪以来，金融消费者的需求特点与行为模式显示出三大变化趋势：一是消费者的金融服务需求更加多样化和复杂化，二是消费者的自我权益保护意识开始觉醒并不断强化，三是消费者的“金融选择权”显著扩大。来自消费者的这三大变化趋势，对金融的客户服务模式形成了显著的冲击和挑战，同时也为金融服务业的转型发展提供了最重要的外部动力。

在消费者的金融服务需求更趋复杂化和多样化、消费者自我权益保护意识增强、消费者“金融选择权”显著扩大等三大趋势的驱动下，以银行业为代表的中国传统金融服务业，正从打造服务理念和文化、加强消费者权益保护、构建大服务格局、优化服务渠道、加快产品创新、解决服务短板、拓展服务功能等七大方面做出了根本性调整和变革。

伴随着信息技术的飞速发展，中国金融业以科技为引领，进行了一场从内部到外部、从客户到金融服务的全方位电子化革命，金融服务突破了时空限制，3A 式金融服务（Anytime，Anywhere，Anyhow）极大地便利了客户金融服务的完成。可以说这是一场“以客户为中心”的金融变革，它在惠及金融消费者的同时，也给金融服务业自身注入了可持续发展的动力。

加强金融科技建设，从微观层面来看有利于金融机构建立起良好的客户关系、提升金融服务功能；从中观层面看，有利于促进金融业的稳健经营、实现可持续发展；从宏观层面看，有利于防范系统性风险、提升金融体系稳定性。

（三）警惕金融创新的负面影响

近年来，金融创新从根本上改变了整个金融业的面貌。但是随着新市场和新技术的不断开发，许多传统风险和新增加的风险往往被各种现象所掩盖，给金融体系的安全稳定带来了一系列的问题。金融创新实际上是掩盖了日益增长的金融需求模糊，是一种金融上的围堵政策，最终激励了基于难以实现的未来收入流和资产价格预期之上的金融需求模糊。因此，金融创新在整体上有增加金融体系脆弱性的倾向。

金融市场和金融体系天生具有脆弱性和传导性的特点，市场风云瞬息万变，“蝴蝶效应”尤其明显，外力或内在偶然事件的影响往往会激化成金融危机。近来 A 股市场随着海外股市的大跌而震荡，2017 年高调组建的 QDII 基金产品如今面临资产严重缩水的窘境，无不证明了金融市场的变幻莫测。此外，因为互联网金融领域出现了多例“跑路事件”，从表现形式上看 P2P 是金融创新，但许多 P2P 平台的运营模式很像传统的金融模式，能对客户资金任意操作，即先吸储后放贷。这就迫切需要金融监管部门防患于未然，尤其需要加强对金融创新的风险监控，坚持“审慎经营、持续发展”的原则。

可以说，我国基本矛盾的变化导致经济对金融业的需求结构在发生转型，原有的金融服务供给与新经济环境、新经济结构之间出现了一定程度的错位。这意味着，金融业必须进行供给侧结构性改革，加强适用于新经济环境和新经济结构的金融能力建设，但同时监管部门也需要对金融创新辅以支持与引导，如此才能更好地将金融创新服务于实体经济，从根本上解决金融发展不平衡的问题。

二、不充分问题

金融系统通过把资金从富余者手中转移到稀缺者手中，可以起到资源优化配置的作用。金融体系的有效供给意味着投资者（或投资代理人）对市场信息能够进行正确识别，从而发现投资项目的真实价值；而投资者能够以合理的价格为资金需求者提供融资服务，从而使那些具备创业精神与创新才能的企业家得到所急需资金；借贷双方能够以适当的方式分摊项目风险，从而形成有效的激励与约束。

然而，金融体系在信息的传播、合理价格的形成、风险分摊等方面总会遇到一定障碍，导致金融供给无法实现对企业的正确选择和资金运用的合理引导，由此带来了不充分的问题。金融体系的发展效率和效益不高带来了不充分的问题。

因此，金融供给的模糊与金融需要的模糊之间存在一种非均衡状态，这种非均衡状态需要一种新技术、新思维、新方略、新路径。从供给来看，“不平衡”和“不充分”分别对应于供给的结构性问题和水平不够高的问题，二者本质上都属于供求不契合、不对应的问题。从原来的供不应求到现在的供求不匹配，具体表现为三个方面：一是总体性的需求与供给矛盾被结构性的需求与供给矛盾所取代；二是短缺社会中的生存型矛盾被丰裕社会中的发展型矛盾所取代；三是因物质匮乏而导致的单一矛盾被因经济社会文化环境不同步发展而导致的多元矛盾所取代。供不应求使得社会需求总体上得不到充分满足，可能产生发展动力不足的问题，而供求不匹配，社会需求满足的群体性、区域性和类别性差异可能直接产生激化群体矛盾、区域矛盾等各类社会矛盾和冲突。

三、不均衡问题

不均衡主要指金融产品服务的发展与消费者保护和金融能力的不平衡。较高的消费者金融素养和金融能力是普惠金融的重要支撑。鉴于金融的数字特性日益增加，消费者若要成功发现、接受、使用合适的金融产品和服务，需要更多的能力，这一点尤其重要。

《G20 数字普惠金融高级原则》强调，需要“根据数字金融服务和渠道的特性、优势及风险，鼓励开展提升消费者数字技术基础知识和金融素养的项目并对项目开展评估”。2017 年，中国人民银行的调查显示，中国消费者的金融素养在一些方面表现良好。例如，中国消费者对金融消费者教育的态度较为积极，对消费、储蓄和信用的态度趋于理性；家庭对未来支出具有一定的计划性，申请贷款和信用卡还款的行为较为合理；消费者对金融知识获取和金融消费纠纷投诉渠道有一定的了解。但是，2017 年的调查也发现一些不尽理想的方面，包括：消费者风险意识需要加强，家庭支出规划的执行力有待提升，未能充分理解和使用金融产品的合同和对账单，金融知识整体水平有待提高，知识水平在城乡间和区域间具有不平衡特征。与之相关的是，在一些地区的企业、个人甚至地方政府中，信用文化较为落后，一些市场主体漠视自身信用或还债义务的情况仍然存在。

此外，金融消费者缺乏数字技术知识，导致他们无法使用数字金融服务，或是使他们处于不当金融产品和服务的威胁之下，自身的利益受到侵害，同时也产生与数字金融相关的问题和风险。有效的金融消费者教育可以促进普惠金融发展。为了实现这个目标，要长期、定期开展消费者金融素养调查，这有助于掌握和监测消费者金融知识水平以及他们行为特点的变化。调查可以找出消费者金融知识和行为的缺陷，从而帮助设计金融消费者教育活动，并提高其有效性。这些活动要以日常生产生活中所必需的金融基础知识为侧重点，针对不同消费者的实际情况，使消费者掌握符合其消费需求、消费行为特点和既有知识水平的金融知识。开展金融教育，引导消费者正确运用金融知识，进行风险自我评估，并根据自身的风险承受能力和相关产品的风险特征选择合适的金融产品。

针对以上不平衡、不充分、不均衡的问题，金融机构需要不断创新。在创新与发展的过程中，最大特征是界限在模糊，边界越来越不清晰。这种特征具体表现在五个方面：一是传统金融过去更多着眼于大客户，未来关注点可能向“二八现象”里的 80% 转移；二是融合混业的趋势在加速，新金融为混业的新发展带来一个非常好的契机；三是基于科技金融的效率在提升；四是资源集聚速度明显加快，可能通过跨界购并、跨界合作、跨界交融实现；五是在新金融趋势下，传统金融和新金融的融合必然会带来风险管控的新特征。

第三节　金融与科技的交互融合

一、交互的基础

借鉴《金融与科技的交互—科技金融与金融科技之辨》一文，鉴于增长源于创新的结论性共识，近十年来，尤其是 2008 年金融危机之后，宏观经济学的研究者开始全面评价并愈加重视金融创新与经济增长的关系。如何把握并塑造良好的金融创新与科技创新的耦合机制，已经成为发达国家和新兴市场国家共同面对的促进长期增长、抑制负面效应的热点问题。

在约瑟夫·熊彼特的“双轮驱动”模型中，金融与科技呈现出交互的双向因果关系。而后来的金融发展理论只是重点解释了金融与增长的相关性，没有深入研究两者的因果联系，同时忽视了两者的互动关系。卡罗塔·佩蕾丝则系统地发展了约瑟夫·熊彼特关于技术创新与金融创新的互动理论，对技术扩散过程中的金融创新进行了体系化的深入研究。

这种“技术——经济范式”强调金融与技术、社会制度的多重交互关系，在宏观层面，技术革命与金融危机之间存在因果机制，这些机制源于：第一，成批出现的技术变革催生技术革命，使得全社会生产结构得以现代化；第二，金融资本和产业资本在职能上是分离的，二者通过不同手段谋求利润；第三，相对于在竞争压力下比较有活力的技术经济领域，社会制度框架更有惰性，可能成为变革阻力。这些动因及其导致的机制性效应，意味着金融与科技的耦合具有无限复杂性和不可预期，创新的结果并不绝对是正面的。为此，卡罗塔·佩蕾丝建立了一个动态非均衡模型，用以表述和揭示从技术创新扩散的微观基础到科技与金融互动的宏观现象。通过近 200 年的四次工业革命中重复出现的技术扩散和金融危机，以及大量技术变迁与金融创新协同的事例，发现每一次技术革命的发展和传播均倾向于刺激金融领域的创新，同时也得益于金融创新产生的动力，技术革命中要求最苛刻的先行领域恰恰也正是金融行业。

二、交互的核心

科技进步影响产业结构与消费者生活方式，也影响了金融服务的对象与金融服务的效率。从结绳记账、易贝买卖，到金本位、纸币制度，货币形态与支付手段的革新，直接映射的是金融业的演变。除此以外，纵观金融业的发展，几乎全程都伴随着对新技术的吸纳并成为科技发展和技术应用的重要推动力。从这个角度讲，金融科技早已有之。金融业面临的最基本问题是信息不完全与信息不对称，随着计算机、互联网，进而云计算、大数据的发展，金融科技取得了比以往更具革命性的变化。建立在云计算、大数据基础上的创新成就了当今蓬勃发展的金融科技的技术基础。依据金融稳定理事会（FSB）于 2016 年 3 月发布的金融科技（FinTech）专题报告，金融科技是指技术带来的金融创新，能创造新的模式、业务、流程与产品，既可以包括前端产业，也包含后台技术，对金融市场、金融机构或金融服务的提供方式均可能产生重大影响。金融科技以数据和技术为核心驱动力，基于大数据、云计算、人工智能、区块链等一系列技术创新，全面应用于支付清算、借贷融资、财富管理、零售银行、保险、交易结算等六大金融领域，是金融业未来的主流趋势。

关注金融与科技的交互关系，其核心不应停留在技术和产品层面，而是要深入探察这种与创新共生的交互对经济增长的作用机理及规律性经验。获取并利用这种最接近事实的规律性经验，可以用来施加影响有益于金融与科技交互协同的制度性安排，借以催化金融创新与科技创新在交互中焕发的长期增长动力，实现不断积蓄与良性循环。如同经济学研究在面对“哪些因素决定了一国的金融市场体系的选择”时，在结论无法达成共识的困境中，很多经济学家不得不回到逻辑起点，从有关联的要素构成开始，逐一研究这些要素之间的因果关系和作用机理。显然，这些有益的方法改进和视角上的转换，对后来能够应对和回答“为什么在一些国家形成了有利于经济增长和技术创新的金融市场体系，而有的国家则不然”这样的问题同样起到了重要作用。

三、交互的效应

从长期来看，增长的动力主要来自于金融创新与科技创新的耦合效率。相对于一般化的金融工具、组织和制度，我们更强调专注于科技创新的金融服务及应用于科技创新的金融创新，即科技金融与金融科技。

按照演化经济学的结论，创新意味着要素调整及产业结构的变化，要通过产业变迁、效率优化及协同发展来实现经济赶超，就应当重点研究宏观经济结构的动态规律及其对制度性供给的条件诉求。分工导致产业形态的异质性，是进行结构性分析及逻辑推演的现实基础。在这种分析和推演的进程中，制度是不可或缺的关键因素，制度创新是科技创新与金融创新交互进而协同的必备条件和直接结果。因为，二者的交互并不总是以正向发生的，与之并行的制度性供给所发挥的约束、矫正、引导和激励效用是十分必要的。例如，一个效率低下的金融市场体系对实体经济乃至科技创新的支持性服务显然是欠缺的，甚至是阻碍其发展的。同样，滞后于交易、支付、风险识别及控制等诸多金融需求的科技发展也无法为金融创新提供及时到位的技术支持。从科技金融到金融科技的产品化阶段，囿于阶段性的市场领先和存货出清考虑，后者的创新优势反倒会在一定时期内形成新一轮创新的反向阻力。只有在趋向协同的演进中，金融在支持科技创新的同时，本身的组织形式、业务模式、风险管理等也因科技创新而改变，实现金融创新与科技创新的正向交互。在制度逻辑上，形成了科技金融与金融科技的“推力”与“拉力”

共生的螺旋式循环，在这种循环演进中，金融与科技以最大可能趋向动态平衡的协同发展。

四、交互的监管

（一）监管的内涵

金融与科技的协同与制度化供给是紧密关联的，因此，金融科技监管体系的建设非常重要。国家创新驱动发展战略和科技计划分类改革为金融科技提供了难得的历史机遇和制度空间，应充分利用科技部门自身的资金和政策支持，最大限度地呼吁和争取国家层面和相关部委的各类基金和财税倾斜，积极调动各种市场力量，以共享经济的理念精髓和互联网技术的特有优势，构造政府与市场、各种社会力量的协同共享平台。

基于不同资金属性的产品定价和风控机制，有效协同科技财政、科技信贷和科技投资的积极作用，形成政策性金融、商业性金融、开发性金融与合作性金融有机结合的资源一体化平台。建立并完善以银行、证券、保险、信托、担保及融资租赁、保理等金融、类金融机构为主导，以社会中介服务机构和各类金融科技公司主辅助的金融科技监管平台。以政府资金示范引导、社会资本为主力，兼顾地方经济发展和市场选择规律，逐步构建来源广泛、进出及组合自由、充分体现市场意志的体系化资源聚合及分享平台。

（二）监管的方向

就金融科技而言，金融监管部门的制度性供给在目前的阶段显得更加重要，需要在适应包容发展和识别缓释潜在风险之间努力做好平衡。金融科技对金融体系的影响是全方位的，既改善了金融效率，也带来了潜在风险，为了趋利避害，需要纳入金融监管框架。

在监管的准入条件上，一方面要防止市场主体的贸然进入所导致的过度风险，另一方面也要避免过度的监管压力形成市场进入障碍。监管过度会造成大部分新设的金融科技企业疲于应付而难以维系，最后可能出现被少数几个机构垄断的市场格局。

在监管框架的设计上，监管当局应根据金融科技的行业禀赋进行适应性调整，而非简单地依靠施加限制来缓释风险。根据金融科技行业的发展演进、影响范围和风险变化进行持续的监测分析，据此不断调整优化不同阶段的监管策略。

在监管方式上，对影响范围和潜在风险均比较显著的金融科技业务或企业，需要转换为“牌照管理”，明确企业业务边界和责任要求。在这方面，很多先行国家和地区的“创新友好性”授权监管理念及“监管沙盒”模式均已取得了很多值得借鉴的经验。

第五章　金融创新与监管科技

灵感并不是在逻辑的延长线上产生，而是在破除逻辑或常识的地方才有灵感。

——阿尔伯特·爱因斯坦

2008 年金融危机以后，世界各国的金融监管趋严。面对不断上升的合规成本，以英国、美国为代表的许多金融大国开始借助监管科技（RegTech）以降低合规成本。目前全球已有 6000 多家企业提供风险管理，合规控制等服务。据 2018 年联邦金融（FCF）预测，全球对监管、合规等的金融科技需求还将继续扩大；对于中国而言，监管科技更是一片仍待开发的蓝海市场。

近年来，中国互联网金融、金融科技发展迅速，也暴露了越来越多的风险问题。金融业要实现稳定繁荣发展，必然需要使用更快捷、更合理的监管手段。目前只有部分金融科技公司和金融机构开始涉足监管科技领域，大多数的金融机构仍采用传统合规的方式应对不断修改完善的金融监管条例。

监管科技，是指使用技术解决监管面临的挑战，推动各类机构符合监管要求。其本质上是采用技术手段，在被监管机构与监管机构之间建立一个可信、可持续、可执行的“监管协议和合规性评估、评价和评审机制”。

监管科技在具体表现形态上有两大分支——运用于监管端的监管科技（SupTech）和运用于金融机构合规端的监管科技（CompTech）。换句话说，RegTech = SupTech + CompTech。

具体来看，在监管层面（监管端）应用监管科技，主要是利用新兴技术通过自动化化繁为简，高效执行审慎监管及货币政策，以提高监管水平和效率；在市场层面（合规端）应用监管科技，主要是帮助企业管理风险，满足反洗钱（AML）和了解你的客户（KYC）等合规要求，减少人工操作失误，降低企业受监管处罚的风险，实现纸质报告流程的数字化，节约合规成本。

第一节 监管科技的兴起

一、监管科技基本概念

从字面上看，监管科技是行政监管和科技的结合，也在各个行政监管领域普遍运用，比如海关监管、食品药品监管、土地监管等。但近两年来，在没有具体语境的情况下，监管科技（Regulatory Technology，RegTech）主要指的是金融领域的监管科技。这一方面是由于金融领域向来是强监管的领域，和科技的结合也最为紧密；另一方面则与近年来热门的金融科技（FinTech）的英文文义衍生有关。

国际金融协会（IIF）将监管科技定义为“能够高效和有效解决监管和合规性要求的新技术”，这些新技术主要包括机器学习、人工智能、区块链、生物识别技术、数字加密技术以及云计算等。

2016年，英国金融行为监管局（FCA）将监管科技定义为金融科技的子集，即采用新型技术手段，帮助金融机构更有效、更高效地满足多样化的金融监管合规要求的技术及其应用。

但有些学者认为，将监管科技看作金融科技的一个分支可能低估了监管科技的真实潜力。监管科技不应仅被看作一种满足监管要求的工具，它有可能引发监管范式和理念的转变。如中国人民银行金融研究所所长孙国峰认为：监管科技是基于大数据、云计算、人工智能、区块链等技术为代表的新兴科技，主要用于维护金融体系的安全稳定、实现金融机构的稳健经营以及保护金融消费者权利。

德勤2015年发布的《监管科技是新的金融科技吗?》报告中总结了监管科技的四个核心特点：①敏捷性，能对错综复杂的数据组进行快速分解和组合；②速度，能及时生成报告与解决方案；③集成，即共享多个监管的数据结构，并对多项监管规定的众多要求形成统一的合规标准；④分析，监管科技使用分析工具以智能方式对现有“大数据”的数据组进行挖掘，释放其潜力，例如同一数据可以实现多种用途。

参考亿欧智库发布的《2018年监管科技发展研究报告》、京东金融研究院发布的《CompTech：监管科技在合规端的应用》和《SupTech：监管科技在监管端的运用》等，我们认为，监管科技是在金融与科技更加紧密结合的背景下，以数据为核心驱动，以云计算、人工智能、区块链等新技术为依托，以更高效的合规和更有效的监管为价值导向的解决方案。在具体表现形态上，监管科技有两大分支：运用于监管端的监管科技（Supervise Technology，SupTech）和运用于金融机构（包括金融科技公司、互联网金融公司等）合规端的监管科技（Compliance Technology，CompTech）。换句话说，RegTech = SupTech + CompTech。

从监管端（SupTech）来看，面对金融科技背景下更加复杂多变的金融市场环境，监管部门有运用监管科技的充足动力。一方面，由于2008年金融危机后，金融监管上升到前所未有的高度，监管机构渴望获取更加全面、更加精准的数据；另一方面，监管部门面对金融机构报送的海量数据，需要借助科技提高处理效率和监管效能。金融科技带来了新的风险场景和风险特征，也需要监管机构“以科技对科技”去积极应对。

从合规端（CompTech）来看，2008年金融危机以来，金融监管不断升级，各类监管处罚不断加码，全球金融机构的合规成本节节攀高。美国经济发展资源中心（Good Jobs First）在2016年发布报告称，2010年以来，24家来自不同国家的银行向联邦政府支付的罚款与和解的金额累计超过1600亿美元。其中，仅美国银行（Bank of America）和摩根大通（JPMorgan Chase & Co）两家就分别支付了560亿美元和280亿美元。最近的例子是，2018年4月20日，美国富国银行（Wells Fargo）因违反《消费者金融保护法》《联邦贸易委员会法案》等规定，延长抵押贷款利息锁定期的收费、强制消费者购买不必要的汽车保险，被美国消费者金融保护局（CFPB）和货币监理局（OCC）处以10亿美元罚款。

虽然目前关于监管科技的定义尚未明确统一，但是不同机构对于监管科技的定义基本达成共识：运用科技手段，服务监管需求，提高监管效率。总体来看，监管科技生态有四大参与者：监管机构、金融机构、金融科技公司、监管科技公司。

（1）监管机构。监管科技的需求方，监管机构利用监管科技提升监管效率。

（2）金融机构。监管科技的需求方，金融机构利用监管科技更有效、更高效地满足监管需求。

（3）金融科技公司（包括互联网金融公司等）。监管科技的需求方和供给方，金融科技公司一方面需要利用监管科技更有效、更高效地满足监管需求，更好地为金融机构提供相关的金融科技服务；另一方面，金融科技公司也是监管科技的供给方，推动金融与科技的融合。

（4）监管科技公司。监管科技的供给方，通过挖掘监管机构与金融机构需求，建设算法等技术能力以及通用技术平台，为监管机构及金融机构提供满足监管合规的技术服务。

二、监管端的监管科技

监管科技在监管端的运用（SupTech）可以分为数据收集和数据分析等两大方面（如图 5－1 所示）。数据收集过程中可以形成报告（自动化报告、实时检测报告），进行数据管理（数据整合、数据确认、数据可视化、云计算大数据），以及通过虚拟助手采集消费者、被监管机构相关信息并进行交流。数据分析具体运用于四个方面，包括市场监管、不端行为检测分析、微观审慎监管和宏观审慎监管。

下面我们参考京东金融研究院发布的《SupTech：监管科技在监管端的运用》等报告，简单介绍一下运用于数据收集的监管科技和运用于数据分析的监管科技。

（一）自动形成报告

1. 自动化报告（Automated Reporting）

在自动化报告中，SupTech 解决的一个关键是数据推送方式。例如，奥地利中央银行（OeNB）搭建起了一个报告平台，成为连通被监管单位 IT 系统与监管机构之间的桥梁。目前，几乎所有统计和财务稳定性报告以及一些监管报告都是根据这一数据模型运行的。这种方法不仅可以提供经济规模，还可以实现金融业的风险分担。

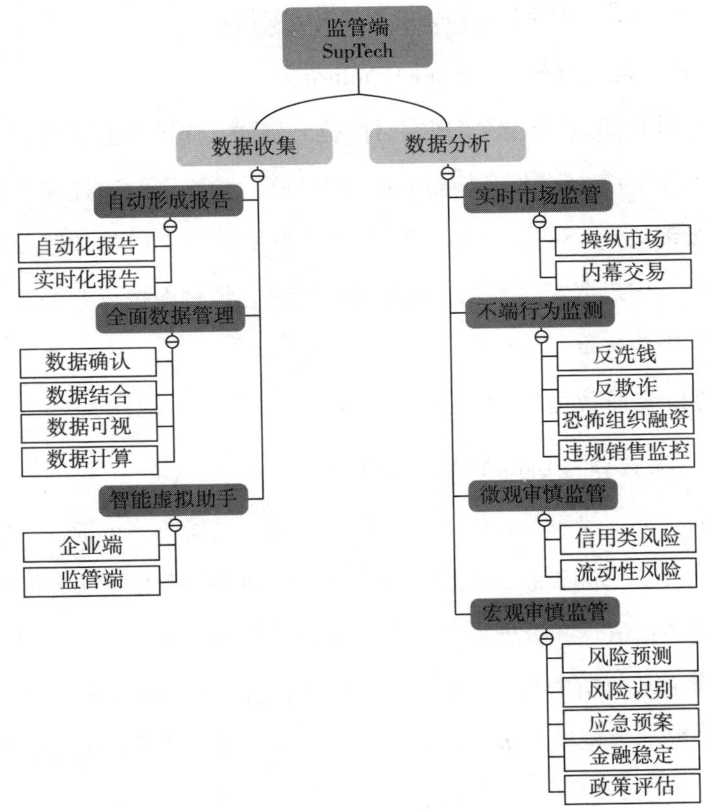

图5-1 监管科技在监管端的运用

注：图片参照京东金融研究院发布的《SupTech：监管科技在监管端的运用》整理。

自动化报告的另一项重要方法是“数据进栈”。例如，卢旺达国家银行（BNR）是最早运用“数据进栈”方法的监管机构之一，通过电子数据仓库（EDW）直接从被监管金融机构的IT系统中抓取数据，其范围涵盖商业银行、保险公司、小微金融企业、养老基金、外汇机构、电信运营商等。“数据进栈”每24小时自动完成一次，或者在某些情况下每15分钟自动完成一次，还有一些数据是每月完成一次。结合着 BNR 的内部数据系统，报告能够流线性地生成，为监管者和决策者提供重要信息。

2. 实时监控（Real – time Monitoring）

监管科技的运用能够实现实时监控。例如，澳大利亚证券投资委员会（ASIC）的市场分析和情报系统（MAI），能够实时监控澳大利亚一级和二级市场（ASX and Chi – X）。MAI 系统从所有股权和股权衍生的产品和交易中提取实时数据，提供实时警报，识别在执行时调查或检测到的市场中的异常。

（二）全面数据管理

1. 数据验证（Data Validation）

数据验证主要包括：检查数据接收，数据完整性、正确性、合理性以及一致性。例如，新加坡金融管理局（MAS）运用科技进行数据验证，包括数据清理和数据质量检查。这能够提升效率、节省时间，使监管机构将更多的精力集中于调查。数据质量的重要性强调再多也不过分，一个好的数据模型也会被劣质数据毁掉，因此优质数据比海量数据更重要。机器学习（ML）可以自动标记异常数据，为统计者或数据源指出潜在错误来提高数据质量。奥地利中央银行（OeNB）也基于机器学习和非监督学习建立了数据验证模型。

2. 数据整合（Data Consolidation）

SupTech 能够通过汇集微观零散数据来形成宏观庞大数据，最终形成报告。SupTech 应用程序能够组合多个数据源以支持分析工作，通常包括结构化数据和非结构化数据。例如，意大利银行（BoI）将可疑交易举报（结构化数据）与新闻评论（非结构化数据）整合起来进行反洗钱调查。卢旺达国家银行（BNR）将监管数据与内部系统数据整合起来为监管者和决策者提供更有意义的信息。

3. 数据可视化（Data Visualization）

数据并不直接等同于信息，因此运用数据可视化工具将大量的、密集的、复杂的数据以容易理解的方式呈现给监管者意义重大。例如，荷兰银行（DNB）致力于将数据传输转化为逻辑指引，开发了类似交通信号灯和仪表板的数据展示系统。新加坡金融管理局（MAS）使用交互式仪表板和网络图来呈现成像化数据。

4. 云计算（Cloud Computing）

云计算能够实现更大、更灵活的存储、移动容量和计算能力。例如，英国金融行为监管局（FCA）拥有用于收集、存储和处理市场数据的云解决方案。在每天的高峰时段，自动扩展云设施可以灵活地处理上亿条的市场数据。

（三）智能虚拟助手

1. 监管机构使用聊天机器人（ChatBots）自动答复消费者投诉

例如，菲律宾中央银行（BSP）开发了一个聊天机器人来答复消费者投诉。该系统能够对所收到的问题进行分类，回答简单的问题，并适当地指导那些需要首先向监督机构提出的问题。

2. 监管机构使用聊天机器人向被监管机构提供帮助

例如，英国金融行为监管局（FCA）正在进行概念验证，以便使用聊天机器人与被监管机构进行交流，从而有效地回答简单的日常问题。

3. 通过机器解读法规以促进合规性建设

例如，英国金融行为监管局（FCA）正在探索使用机器解读法规的可能性。使用自然语言处理（NLP）将规范文本转换为机器可读格式可以提高一致性并提高合规性。它可以帮助缩小监管目的和法条释义之间的差距。机器解读还可以帮助监管机构有效评估监管变化带来的影响，审视监管改革，降低监管复杂性。

（四）实时市场监管

通过 SupTech 分析大量数据，可以进行市场监管和检测可疑交易。金融市场每个交易日都会产生大量数据，因此，证券监管机构通常在处理巨大的交易数据量方面经验丰富。ASIC、FCA 和美国证券交易委员会（SEC）都采用创新技术将大量数据集转换为市场监管和可疑交易检测的可用模式。例如，SEC 使用分析技术，利用大数据的力量来推动其监控计划，并促进市场风险评估计划的创新。

内幕交易和操纵市场等可疑交易行为都可以通过 SupTech 检测到。为发现内幕交易，FCA 每天接收超过 2000 万笔市场交易的详细信息。监督学习工具 ML 分析这些数据并发出市场操纵信号。FCA 市场监督团队可以监控交易者的正常行为，并监测、标记任何可能形成内部交易的偏差。ASIC 的市场分析和情报系统（MAI）通过历史浏览可以提供量化的指标来表示内幕交易活动的规模，这是通过损益分析或市场操纵影响等危害市场的评估措施来完成的。

（五）不端行为监测

1. 监测分析反洗钱（AML）/恐怖主义融资（CFT）

智能技术可以检测到人工监测不易发现的异常交易、关系和网络。诸多监管机构例如意大利银行（BoI）、卢旺达国家银行（BNR）、菲律宾中央银行（BSP）、新加坡金融管理局（MAS）及墨西哥国家银行和证券委员会（CNBV）等都正在或计划运用创新技术来监控反洗钱

（AML）/恐怖主义融资（CFT）行为。MAS 用自然语言处理（NLP）和机器学习（ML）来分析可疑交易报告，以便发现潜在的洗钱网。FCA 正在试验图像学习，以根据订单和执行数据识别市场参与者潜在的或正在进行的网络共谋行为。

2. 反欺诈/潜在欺诈识别（Antifraud/Identify Possible Fraud）

机器学习算法能够帮助识别潜在的欺诈行为。SEC 就运用了一种序列方式来监测违法行为。首先，它采用非监督学习来检测数据中的模式和异常，例如通过该技术识别 SEC 文件，生成“类似”文档组，以识别市场参与者之间的共同和异常行为；其次，它引入人工指引和判断，以帮助解释机器学习输出。

3. 预测违规销售（Predicting Sales Malpractice）

FCA 正在试验使用监督学习和“随机森林”技术来预测顾问违规销售金融产品的可能性。这种算法能够创建数百、数千个不同的“树”，并且将这些预测结合给出一个整体、综合的预测，使整体预测对特定变量的敏感性降低。为了阻止违规销售金融产品，FCA 尤其关注这些行为最常出现的情形。例如，监督机构可以使用可视分析来识别可能具有误导性的广告。

（六）微观审慎监管

1. ML 运用于信用风险评估

BoI 开始探索如何将 ML 算法运用于贷款违约预测，通过汇合不同的数据来源来实现此目的（例如，中央信用登记册、非金融企业的资产负债数据表以及其他公司级数据）。通过这样的混合后将数据交到 ML 工具，该工具生成贷款违约的预测。

2. 运用神经网络分析流动性风险

荷兰银行（DNB）正在研究一种自动编码器，以检测来自实时结算系统支付数据中的异常，即流动性流量异常。自动编码器是一种神经网络，是从数据中抓取主要特征的无监督学习方法。实时支付数据的实验结果表明，自动编码器可以检测银行的流动性问题，以应对银行挤兑。

（七）宏观审慎监管

1. 识别宏观金融风险

BoI 研究人员运用多样化的技术来预测房价和通货膨胀。首先，在常用的房地产服务在线门户网站上，研究人员通过 ML 技术监测针对同一房产的广告数量；之后，通过网络反映的对某个地区的兴趣度来预测未来房价走势。此外，BoI 从即时推送消息中提取的信息为预测通货膨胀也提供了重要信号。DNB 的研究人员利用日常数据来定义 TARGET210 与其他金融市场基础设施（FMI）之间的网络指标、运营指标和流动性流量，以此来识别宏观金融风险。

2. 识别金融市场中新出现的风险信号

结合技术，可以运用来自 FMI 的大量数据（例如支付系统）来识别风险信号。为了实现这一目的，DNB 研究人员将 TARGET210 中处理的大量交易转换为风险指标。他们通过将传统的计量经济学方法运用于处理数据、开发算法获取相关的交易类型来实现这一目标（例如银行间无担保货币市场贷款）。

3. 运用自然语言处理（NLP）进行情感分析

例如，BoI 研究即时推文中的情绪表达来短时预测小额零星存款，一般负面情绪多时零星存款增长率也较低。此外，BoI 还根据同一条信息中两家银行的出现来衡量银行之间的相互关联性。

4. 维护金融稳定和进行政策评估

美联储、欧洲中央银行、英格兰银行都使用热图（Heat Maps）来突出潜在的金融稳定性问题。热图形成于对被监督机构日常数据和其他数据（如压力测试）的自动分析。

三、合规端的监管科技

监管科技在合规端的运用可以分为数字化、数据识别与分析应用、数据加密和传输技术等三个方面（如图5－2所示）。CompTech的基本路径是，金融机构端与监管端以数字化的方式互相连通；机构端可以从监管端获取数字化的监管要求并准确转化为内部约束，确保机构和业务实时合规；机构端能够实时向监管端传输数据，动态形成各种合规报告，减少人工干预，提高准确度。要实现上述意图，合规科技的主要着力点包括数字化、数据的识别与分析应用和数据加密与传输技术。

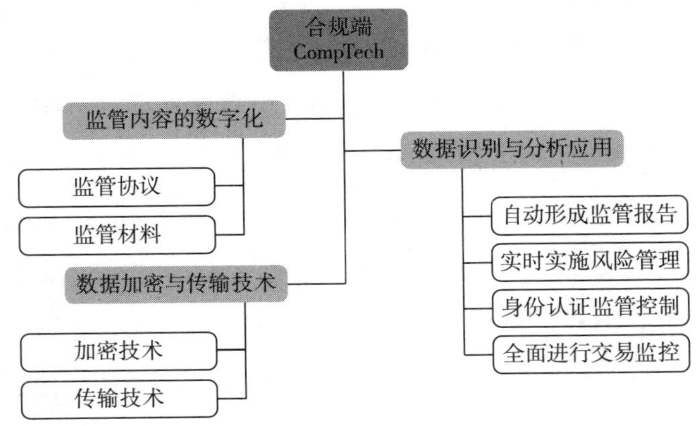

图5－2　监管科技在合规端的应用

注：图片参照京东金融研究院发布的《CompTech：监管科技在合规端的应用》整理。

下面我们参考京东金融研究院发布的《CompTech：监管科技在合规端的应用》等报告，简单介绍一下运用于数字化的监管科技和运用于数字识别与分析应用的监管科技。

（一）数字化的监管协议

CompTech 的数字化运用，首先是对监管规则进行数字化的解读，并能嵌入机构和各类业务中，根据监管规则变化保持更新。随着市场愈加复杂、变化多端，监管规则也不断更新和更加周密，这使得金融机构被监管压力持续增长，合规成本激增，商业风险扩大，同时也对公司创新造成一定阻碍。通过 CompTech 对监管规则进行数字化解读并嵌入机构和各类业务中能够使监管规则更及时、充分地被理解，有效提升合规效率、降低合规成本。

（二）数字化的监管材料

CompTech 的数字化运用能够将所有与监管相关的资料，包括数据、文件、图像、音视频等都进行数字化处理，并以数字格式存储。例如卢森堡的监管科技公司 AssetLogic，建立了投资数据、文档在线中央存储库，它能够使所有有权查看特定数据的成员看到相同的数据，减少错误，并且所有的数据文档都是可审核并追踪的，可以确切地看到谁在何时输入了什么信息以及任何后续更改。美国 Verint Verba 公司通过安全记录、存档多种 UC 模式，包括语音、视频、IM、文档等，来帮助企业满足合规要求。Verba 提供了一个复杂的存储策略框架，允许企业制定数据保留规则。这些策略可自动进行存储管理并控制系统中记录的数据生命周期。该框架允许管理员根据各种过滤条件（如电话号码、姓名、扩展名、用户、组、日期和时间值等）制定保留规则，从而提供灵活的选项来管理系统中的数据。

（三）自动形成监管报告

CompTech 可以通过识别和分析数据形成监管报告。具体而言是通过大数据分析、即时报告、云计算等技术实现数据自动分布并形成监管报告。例如，英国监管科技公司 NEX Regulatory Reporting 就定位于为企业提供监管报告，主要包括 EMIR（欧洲市场基础设施监管）、MiFIDII/MiFIR（金融工具市场指令/金融工具市场监管）、SFTR（证券融资交易规则）、REMIT（批发能源市场诚信和透明度监管）的相关报告。其基于 Hub 技术的云端，能够实现对海量数据的连续处理，灵活形成跨部门、跨资产类别的报告，使其最终能够为银行、经纪公司、对冲基金和资产管理公司提供解决方案。

除了立足于为企业提供监管报告，也有监管科技公司致力于为监管机构提供报告。例如，爱尔兰监管科技公司 Vizor 主要业务为向监管机构提供监管报告，英国兰银行就通过 Vizor 关于《偿付能力监管标准Ⅱ》（Solvency Ⅱ）的数据搜集模板和 XBRL 分类标准配置，来检测银行是否满足《偿付能力监管标准Ⅱ》（Solvency Ⅱ）关于数据搜集、业务数据验证和真实性检查的要求。

（四）实时实施风险管理

CompTech 可以检测合规性和监管风险并预测未来的风险。近几年来，新的、复杂的监管规则在金融行业激增，造成了一系列问题，如“创新银行”能否获得银行牌照或者传统银行是否能够保持优势等。这也使得各方成本不断增加，资源竞争更加严峻。大量的新法规也使得银行的风险管理和融资管理比以往任何时候都更加复杂。例如在“严监管”下银行需要重新定义风险表现，信贷风险和预期信贷损失（ECL）以及其他资本比率成为一线业务的有价值的决策辅助工具。此时合规科技可以发挥作用，通过风险管理决定必要的投资，将风险转化为竞争优势。

（五）身份认证管理控制

CompTech 的另一重要运用是帮助服务对象完成尽职调查和“了解你的客户”（KYC）程序，进行反洗钱、反欺诈的筛查和检测。金融机构违反 KYC 程序，未尽到反洗钱、反恐融资义务将使公司声誉遭到损害，或是遭到重大罚款甚至面临刑事惩罚。公司内部的反洗钱、反恐融资政策将会直接影响公司的收益和利润。而人工 KYC 认证程序将耗费大量的时间和费用，且准确性难以得到保证。

运用监管科技能够有效节省认证时间，降低合规成本，提高认证效率。因此，越来越多的监管科技公司专门投入该领域的业务。

（六）全面进行交易监控

CompTech 还能够提供实时交易监控和审查的解决方案。例如，加拿大监管科技公司 Allagma Technologies 提供的 eTaxMan 解决方案，能够帮助税务机关通过交易监控打击销售税欺诈。eTaxMan 是一种多模块产品，可用于（VAT/GST/RST）系统经济中的销售税合规和欺诈检测。美国监管科技公司 Feedzai 致力于通过大数据、机器学习、人工智能来监控风险并提供反欺诈的解决方案，服务于银行、收购方、商人，可以保护客户的用户体验，同时通过交易监控来发现存在滥用的行为，以阻止欺诈的发生。

（七）数据加密传输技术

CompTech 在数据加密和数据传输中的运用，主要是基于区块链和云计算等先进技术，确保数据的安全性、完整性、有效性，防止数据被篡改。例如，德国监管科技公司 Drooms 致力于改变管理和共享机密业务文档数据的方式，其产品 Drooms NXG 是一个可视化的数据室，具有方便、快捷、自动化的特征。Drooms NXG 可以设置高级权限，为用户提供不同类型的访问权限，例如“查看”“下载”“打印”的权限；可以通过自动化工具分析大量的文档，自动过滤信息；可以启动审核日志监视数据室的使用情况。数据室还能为企业提供安全的服务器位置以防止黑客入侵。此外，所有管理员都能够直接访问到数据仪表板，创建重要数据分析，通过 SSL 技术使用 256 位密码长度加密 AES（高级加密标准）。

第二节　监管科技的场景

一、五大应用场景

根据亿欧智库发布的《2018 年监管科技发展研究报告》，并参考德勤 2017 年发布的《监管科技的宇宙正在崛起》（The RegTech Universe On The Rise）等报告，监管科技五大应用领域为：在金融机构与客户的交易活动方面，监管科技可以应用于 KYC 场景和交易行为监控场景。而作为银行等相关金融机构经常使用的模拟技术，金融压力测试（Stress Test）也是监管科技落地的一大场景。在金融机构与监管机构的合规方面，金融法律法规的跟踪和合规数据报送也是监管科技的两大应用场景。五大应用领域之间的关系如图 5 – 3 所示。

（1）交易行为监控。面对纷繁复杂的互联网数字金融时代，为维护消费者利益和维持金融体系稳定，需要在交易过程中进行反洗钱、内部交易等可疑交易行为的监控。监管机构和金融机构可以借助大数据，云计算等技术进行实时监控，完整覆盖交易前中后全过程，最后以可视化的呈现方式提供指导意见。

（2）合规数据报送。金融机构由于监管法律法规的合规性要求，

图 5-3 监管科技五大应用场景关系

注：图片来源于亿欧智库发布的《2018 年监管科技发展研究报告》。

导致金融数据统计的维度和口径不一致，合规数据的标准化和数字化成本较高。监管科技可以应用在合规数据的标准化流程中，利用多种新技术帮助金融机构清洗加工数据，自动生成合规报告。

（3）法律法规跟踪。随着监管法规条文增加，监管形势趋严，传统应用专业合规人员的成本上升。通过人工智能和大数据技术对海量的法律法规实现自然语言处理，帮助金融机构进行法律法规跟踪，改变传统的人工合规方式，降低合规成本，提高合规效率。

（4）客户身份识别。客户身份识别是金融监管中识别风险、防控风险工作中重要的环节。传统的客户身份识别主要靠人工，借助机器学习、自然语言处理、生物识别技术等技术，可以提高客户识别效率，预警一切可疑客户与可疑交易行为。

（5）金融压力测试。跨界金融增加了金融风险，为了及时发现潜在风险并采用相应的应对措施，金融机构可以借助人工智能、大数据等手段，更加精准地模拟真实情境下的金融状况，对金融机构进行极端条件情况下的压力测试，在多元化的模拟环境中进行金融新模式、新产品的创新实验。

二、交易行为监控

近年来，互联网金融快速发展，移动支付随处可见，技术进步改变了我们的日常消费生活。但在发展的同时，金融机构和广大消费者也面临金融诈骗高发的威胁。反欺诈、反洗钱是交易行为监控的重要内容，运用大数据和人工智能技术，可以更好地防范潜在风险。

交易行为监控系统覆盖交易前、交易中、交易后三个阶段，实时反馈跟进（如图5-4所示）。通过利用大数据、云计算等新兴技术，可以简化监管业务流程，降低成本，提高金融机构的运营效益。

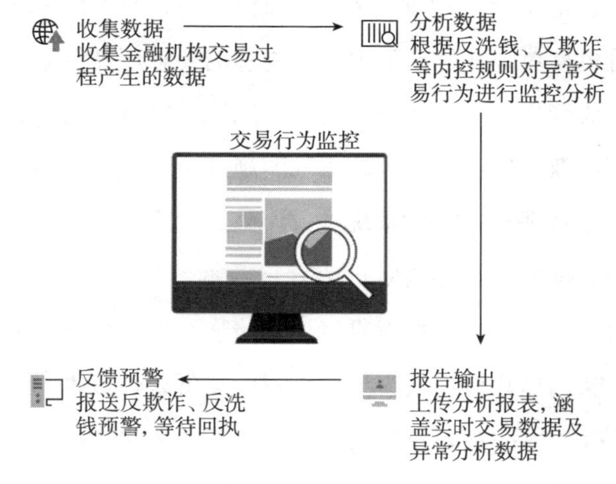

图5-4　交易行为监管示意图

注：图片来源于亿欧智库发布的《2018年监管科技发展研究报告》。

（1）交易前。金融机构将合规条文和风险评估工具嵌入实时监测系统，采用大数据技术和软件集成工具，建立数据仓库。

（2）交易中。金融机构进行交易数据的挖掘、分析，自动生成合规报告并上传至实时监测平台，由此简化了传统的数据搜集、整理过程，降低人力成本。而且可以从中获得常规统计手段难以获取的数据，对金融犯罪风险、客户行为风险进行监测分析，有效提高了监管报告的准确性和及时性。

（3）交易后。通过可视化工具对多维度数据图表化处理，简明有效地呈现数据，改善了人机交互体验。同时，基于实时传送的风险监测分析，金融机构可获得更加有效、快捷的监管建议和指导，更好地了解监管法规和合规责任，在后续经营活动中不断改进自身工作。

三、合规数据报送

合规报告是监管机构进行非现场监管的重要手段。2008 年金融危机后，监管机构对金融机构数据报送内容的要求逐渐提高，金融机构需要面向多个监管机构报送不同结构、不同统计维度的数据，合规成本不断上升。随着新一轮监管合规政策的实施，金融机构和金融科技企业需要借助新技术对现行的操作系统进行调整、改进，以满足合规要求。

统一的数据报送口径制定，使合规数据的处理与报送流程标准化。金融机构可以对自有交易数据进行加工清洗，提高内部数据整合效率及数据质量，从而简化合规报告生成流程，降低合规成本。

监管 API（RegAPI）是监管机构向金融机构提供的监管科技接口，将各种监管政策、规定和合规性要求进行数字化（工具化和标准化），使其具备“机器可读”或者“可编程”的要求，方便金融机构对其内部流程和数据进行编程，并通过统一协议交换数据和生成报告。监管机构可以针对不同的监管业务定制 API，API 包括各种需要输入的数据和计算函数，以及输出的数据等，金融机构通过调用这个 API 对其内部流程、数据编程，并通过统一的协议交换数据，自动完成计算和报告等事项（如图 5－5 所示）。

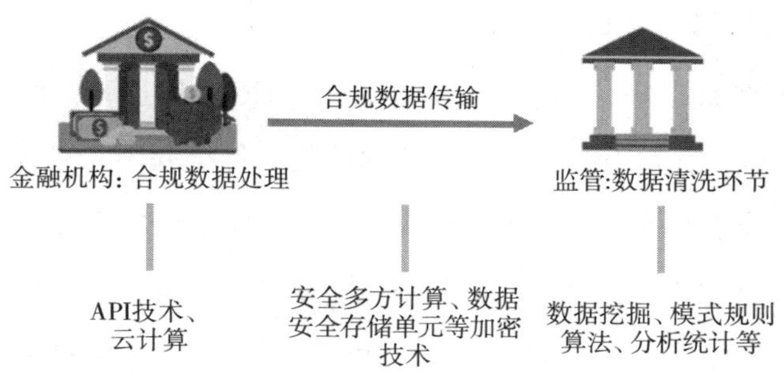

图 5－5 合规数据报送流程示意图

注：图片来源于亿欧智库发布的《2018 年监管科技发展研究报告》。

（1）在合规数据处理阶段，金融监管部门与金融机构利用 API 技术、系统嵌入、云计算等方式，完成实时数据交互，减少人工干预，提高金融机构报送数据的能力，降低金融机构合规成本。在数据标准化方面，云计算能对不同维度、不同类型和不同形态的数据进行集中处理分析，实现金融机构之间数据的通用性。同时，平台各方基于云计算技术可以制定统一的金融数据统计口径（API）、数据交互标准，加强数据综合利用实现监管合规要求的自动化处理。

（2）在合规数据传输过程中，可以利用安全多方计算、数据安全存储单元等加密技术保证数据传输过程中不被窃取、篡改、破坏等，通过属性、对象和访问类型标记元数据，增强监管数据采集过程的安全性和可靠性。

（3）在数据清洗环节，针对海量异构金融数据，特别是由于数据来源广、关联系统多等原因而产生的低质量数据，综合运用数据挖掘、模式规则算法、分析统计等手段进行多层清洗，使获得的数据具有高精度、低重复、高可用优势，为风险态势分析等提供更为科学合理的数据支持。

四、法律法规跟踪

2018年3月以来，银监会在政策上的力度明显加强，政策集中发布期再次来临。面对众多金融监管法律法规，传统利用人工合规的方式已经难以适应现在的监管需求。运用基于人工智能、大数据、云计算等新兴技术的监管科技，进行法律法规追踪是必然趋势。

人工智能是近年来的热点话题，也是发展最为迅速的新兴技术之一。通过自然语言处理和机器学习技术，可以快速处理和学习最新的法律法规和监管案例，进行案例分析推理，比较不同案例差异，进行全局化计算，评估金融风险，及时提醒金融机构调整合规操作。除此之外，人工智能和大数据技术分析还可以比较不同国家监管文件之间的关联性和差异性，帮助金融机构合法地开展跨境业务。由此可见，人工智能基础上的法律法规跟踪具有很强的实用性（如图5－6所示）。

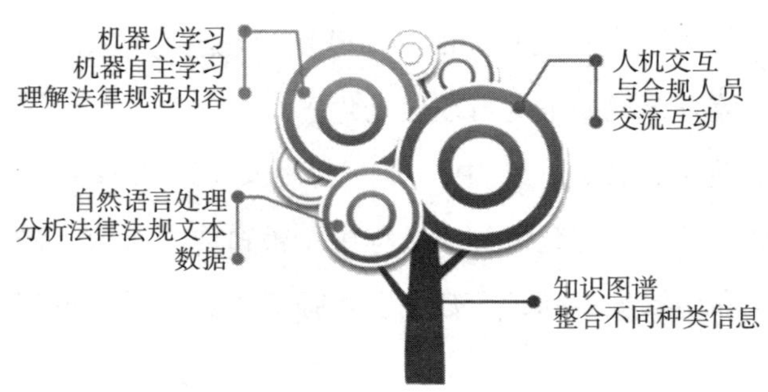

图5－6　人工智能法律法规跟踪示意

注：图片来源于亿欧智库发布的《2018年监管科技发展研究报告》。

目前应用最广泛的技术有：机器学习、自然语言处理、人机交互和知识图谱，这四项技术在法律法规跟踪中都有应用。

（1）人工智能可以基于数据进行机器学习，从观测数据（样本）的法律法规出发寻找内在规律，利用这些规律对未来数据或无法观测的数据进行预测；

（2）对于金融相关法律法规条文，可以通过自然语言处理，根据语境进行机器翻译，语义理解等操作；

（3）人机交互主要包括人与计算机之间的信息交换，对法律法规的跟踪必须及时跟进反馈，监测其准确程度；

（4）通过知识图谱的建构，可以整合不同种类的信息，搭建内部结构网络，更加全面、精准。

五、客户身份识别

客户身份识别（Know Your Customer，KYC）是金融监管中识别风险、防控风险工作中的重要环节。同时，客户身份识别也是我国反洗钱法律制度的强制性要求，是金融机构及其工作人员必须履行的法律义务。随着金融科技的发展，越来越多的金融业务向线上转移，这一变化使客户身份识别在金融监管中的作用越发重要。

金融机构和监管机构可以成立基于区块链联盟的监管平台（如图5－7所示），金融机构平台通过区块链技术实现KYC分布式存储和认证共享，任何一个加入监管平台的金融机构只要将经过认证的KYC信息存储到区块链，其他节点上的金融机构和监管机构即可同步得到一致的信息，监管机构可以对交易行为进行事中或事后监管。入链的KYC信息在每次被写入或修改时，需要被执行机构签名确认，实现安全可控的KYC信息共享，避免重复的客户身份认证，降低监管合规成本。

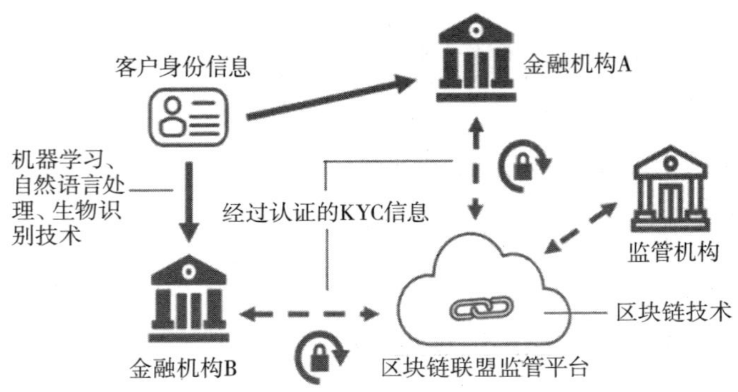

图5－7　区块链联盟平台示意

注：图片来源于亿欧智库发布的《2018年监管科技发展研究报告》。

金融机构可以通过机器学习实现KYC合规过程。金融机构在审查和评估客户申请资料时，可以通过机器学习预判客户行为。传统的KYC合规主要靠问卷调查，现在可以基于大数据分析客户的客观、主观数据，基于自然语言处理技术，洞察客户需求，牢牢把握实际和潜在需求，实现精准客户画像，匹配所需要的产品和服务。而且金融机构可以根据风险得分对客户进行分级，确定哪类用户或产品需要进行额外的监督，从而对风险进行精确控制。

将指纹识别、虹膜识别、人脸识别等生物识别技术应用于KYC合规过程，可准确验明与识别客户身份，提高客户身份识别效率，满足“了解你的客户”的法规要求，预警一切可疑客户与可疑行为。

六、金融压力测试

良好的金融发展离不开严格的监管，同时也离不开自身不断地创新。从英国到新加坡，越来越多国家已经开始了“沙盒模式”的探索推行，如何利用一个虚拟的环境减少探索实践的风险，如何通过技术手段提前检测金融压力，寻找更好的发展道路，正成为一个越来越热门的话题。

20 世纪 90 年代以来，金融压力测试已经逐渐被国际银行和各种金融机构所采用，进行风险管理。测试人员将金融机构或资产组合置于某一特定的极端情景条件下（如经济增长骤减，股价暴跌等），观察其压力下的表现，测试其承受能力。经过多年的实践，目前的金融压力测试已经形成一套较为系统科学的测试流程（如图 5 -8 所示）。

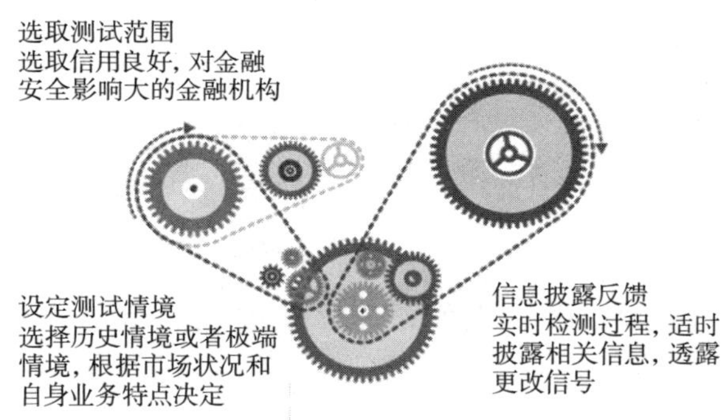

图 5 -8 金融压力测试过程示意

注：图片来源于亿欧智库发布的《2018 年监管科技发展研究报告》。

总的来说，一个金融压力测试分为三个阶段，包括选取测试范围、设定测试情境、信息披露反馈。以欧美常见的压力测试为例，通常选取信用较为良好，影响力大的金融机构进行测试；设定测试情境时一般选择历史情境或者极端情境，即已发生过的情况或者专家预想的极端金融状况，根据市场的状况和自身业务特点决定；最后是信息披露与反馈，测试机构会对整个测试过程实时监控，实时检测，适时披露相关信息，透露给金融机构更改的信号。

新技术下的金融压力测试将借助人工智能、大数据等手段，更加精准地模拟虚拟情境下的金融状况，反馈监督过程也会更加透明。“沙盒模式”“金融风洞”的探索实践是在一个力求风险最低的前提下进行策略创新的良方，目前也已经在很多国家得到推行。

第三节　监管科技的发展

一、监管科技变模糊为清晰

根据前面第一节梳理的“监管科技”概念的发展脉络，不难看出其内涵和外延均在发生微妙的变化，表现出从“合规科技”到“监管科技”的发展路径，其内涵和外延越来越清晰。

英国金融市场行为监管局（FCA）是当前全球范围内对金融监管最完善、法律执行力最强的金融监管机构，是各国金融监管机构学习的典范，早在 2015 年就提出了“监管科技”的概念，即“采用新型技术手段，以满足多样化的监管要求，简化监管与合规流程的技术及其应用；主要应用对象为金融机构”。同理，监管科技类机构主要指利用云计算、大数据、人工智能等新兴数字技术，帮助金融机构核查其业务等是否符合新旧监管政策和制度，避免不满足监管合规要求的公司。

以上对监管科技的内容解释归属于狭义范畴，也可称为“合规科技”或“科技应对监管”，很容易被理解为金融科技框架下的一个分支或子集。

随着金融科技的不断发展，特别是大数据、云计算、区块链及人工智能等技术在金融领域的落地及应用，泛化了监管科技的范围，深化了监管科技的内涵，在狭义范畴的监管科技概念的基础上，进一步生成了与金融科技平行的广义范畴。相较狭义范畴来说，广义范畴的监管科技内容增加了监管机构的角度，即监管机构可以主动应用适当的新技术开展有效监管工作，包括对金融科技企业甚至全部金融机构进行有效监管。

与狭义的“科技应对监管”相对照，广义的监管科技概念可以理解为“科技执行监管”，是当前被普遍接受和使用的概念。此外，还有在更广义范畴上的“监管科技”概念，是将监管科技技术延伸到了非金融领域，并在政府管理、医疗健康、环保监测等领域有着广泛的应用前景。

二、监管科技变被动为主动

随着新技术的不断出现，传统监管手段难以应对金融科技的快速发展。一方面，金融机构希望采用监管科技降低合规成本；另一方面，监管机构也有利用科技手段履行监管职责的内在需求。虽然监管科技仍处于发展初期，但是其已经被广泛关注并快速发展。

（一）金融科技驱动

随着金融科技的发展，其对传统金融业态的尝试性调整突出表现为跨界化、去中介化和去中心化、自伺服四大特征，对金融监管产生了深远的冲击和影响。面对金融科技给传统监管体系带来的冲击和挑战，迫切需要监管机构改变现有的监管方式、方法，甚至进行流程再造。

（1）跨界化。主要体现在两个层面，第一个层面是金融科技跨越了技术和金融两个部门，第二个层面是金融科技中的金融业务跨越了多个金融子部门。在第一个层面上，金融科技公司的技术属性使得监管很难具备同等水平的能力与之匹配，存在人力、物力和财力的严重失衡，令监管有效性无法得到保证；在第二个层面上，业务的跨界化发展很难准确对应某类监管，多头监管的结果是无人监管，很容易被监管机构采取弱监管态度，尤其是易诱发监管漠视，低估金融科技企业的系统重要性。

（2）去中介化和去中心化。随着近年计算机学科的快速发展，以人工智能为支撑的创新服务模式可能导致金融机构中介功能的弱化，进一步强化机构监管与功能监管的分野。由于金融科技机构更多采取的是网络化平台模式甚至生态模式，呈现去中心化或分布式的特征，与当前普遍适用的集中化、中心化和机构化的监管框架存在明显错位。

（3）自伺服。金融科技可能具有自我强化的自伺服（Self Servo-Mechanism）功能，或具有一定的自学习能力，对监管来说容易导致相应的监管难题。首先，具有自伺服功能的模型和算法可能引发程序依赖自我强化，使得风险累积甚至出现其他风险。其次，任何算法、模型都与现实存在一定偏差，或者在运行一段时间后出现与新的现实的偏差，使得相关运行无法收敛。再次，在人工智能领域，信息数据的安全性是一个潜在风险点，数据一旦泄露，在一个依赖自我强化的系统里会极速扩散，甚至导致更加严重的数据篡改等问题。最后，在没有或缺少道德约束的情况下，人工智能的自我学习功能可能使得机器变成“坏小子”，甚至演变为智能欺诈、智能违约等风。为应对以上挑战，金融监管必须“以其人之道，还治其人之身”，通过与科技的结合，弥补、修正自身存在的问题。

（二）合规成本趋高

金融监管态势趋严提高了机构的合规成本，亟须通过技术手段解决。2008 年金融危机爆发以来，全球金融监管步入趋严态势，在此背景下，金融机构的合规成本被大幅提升，包括对合规人员及合规技术的投入、监管要求的软硬件迭代以及违规处罚费用等方面。

监管科技的最大优势是能实现纸质报告流程的数字化、减少监管的人力支出及集中化满足监管要求，从而降低合规成本。同时，监管科技能帮助金融机构无缝对接监管政策，及时自测与核查经营行为，完成风险的主动识别与控制。

在保持合规和控制风险的前提下，金融机构势必通过各种手段谋求最大限度地控制合规成本飙升。金融科技的兴起运用，为金融机构提供了“用最少的钱实现最大的效果”的必然选择。利用RegTech技术，金融机构能够有效降低合规复杂性，增强合规能力，加快合规审核时间，并减少劳动力支持，从而提升盈利、提高运行效率。

三、监管科技变制度为技术

金融科技思维与传统金融业的结合，将助力金融业的转型升级，也将助力金融科技的进阶，并会产生一些金融新物种，这些新物种携技术与理念的双重优势，将持续侵蚀乃至颠覆传统金融业，并将在很大程度上改变全球经济的风貌。

让金融从“制度”向“技术”转变，这将成为未来金融“演变革命”的开始。金融是现代社会的制度安排，“制度”是金融的当然属性。但随着社会的发展，特别是科技的进步，将赋予金融越来越多的科技内涵，并改变金融的属性。具体而言，新技术主要在以下方面发挥了难以替代的优势：

一是云计算等技术的应用。便于整理、搜集、归纳更加准确、详尽的监管信息和动态，能够提高监管信息的可得性和及时性，通过应用程序接口（API）实现内外部监管数据和信息的及时、准确传输。

二是嵌入式的监管系统。在调整和更改监管规则和标准时能够极大地发挥软件系统的迭代优势，明显降低规则的“菜单成本”，提高合规、监管以及风险管理的灵活性。

三是机器学习（ML）和人工智能（AI）技术的应用。一方面，能够有效降低人员的干预成本，减少人为主观因素影响，同时直接减少参与人数；另一方面，机器学习的不断叠进则能够极大地简化和优化内部流程。

四是大数据挖掘、精准化分析以及可视化数据报告展示。一方面，能够加快分析速度，提高展示效率，节省了沟通时间和空间成本；另一方面，利用大数据分析技术，海量的异构数据及文本数据将被挖掘出更多价值，并能够被转化到具体的产品、流程和工作中。

五是数据加密和安全的传输渠道。不仅加快了内外部数据传输速度，提高了传输安全性，同时降低了发生道德风险的可能性，从而变相降低了合规成本。

六是技术上的预测、预警、应急及模拟机制。可以更好地控制风险影响范围，隔离风险边界，减少不必要的试错成本。

四、监管科技变偏离为回归

金融的本质属性决定了 FinTech 的最终落脚点是为了通过提高金融资源的配置效率来支持实体经济的发展。FinTech 需要在监管的引导下，通过真正意义上的金融创新，来弥补传统金融的不足，以提高落后地区金融的可达性来促进金融的普惠性，以提高资金的配置效率来促进实体经济的发展。只有在监管的引导下，才能使区块链、大数据、云计算和人工智能等技术真正用于服务实体经济，而不是进行监管套利。

金融创新的目的在于使金融更好地服务于实体经济的发展，并以此可以进一步改善消费者体验。与 FinTech 发展相关的金融消费，将涉及金融消费者保护的问题。比如，金融大数据中可能依据客户过去的消费习惯和金融活动来计算其消费偏好，这些都属于消费者的个人信息，因此 FinTech 还可能涉及消费者隐私保护的问题。FinTech 的创新，必须是负责任的创新，这需要监管当局牢固树立金融消费者保护的监管原则，探索多种监管方式与手段保护金融消费者。

监管科技作为金融监管的新范式，并没有改变监管的本质，而是传统金融监管方式的有益补充，并借助科技的力量助力金融回归本质。

因此，要在坚持依法合规、保持政策连续性的基础上，着力加强监管可以与现有金融监管体系的有效衔接。在法律层面，坚持立法与监管科技应用相适应，加强完善监管科技相关法律法规，通过立法明确监管科技应用基本原则，完善监管数据安全管理要求，为做好数据自动化采集、风险智能化分析等工作提供法律保障。在制度层面，围绕科技与监管深度融合的新特点，优化金融统计指标体系，分业态、分市场细化监管数据，进一步完善金融监管框架。

五、监管科技变区域为全球

以英国为主要代表的欧洲地区一直是创业型监管科技企业成长的热土，这与欧洲监管部门具有相对灵活的监管框架密切相关。2017 年，德勤研究发现，80 家重点监管科技类企业中，欧洲占了 58 家，美国占了 16 家。在这些企业中，多数公司主要研发和提供通用型的解决方案和服务，模式灵活且涉及范围很广，可以覆盖金融业的大多数领域。由于传统银行集团和大型保险公司在技术投入方面起步早、力度大，只有很少一部分监管科技企业能够分羹，因此多数监管科技企业主要分布于银行和保险的垂直领域。目前，这些企业的监管科技技术主要应用在身份管理与控制、交易监控与检测、风险防控与管理、报告生成与提交、合规检查和法律合同等方面，尤其在前两项服务内容和技术上，已经发展得较为成熟。

除欧美外，亚洲正成为监管科技发展的后起之秀，如印度、新加坡、日本等，借助互联网人才众多、互联网技术发展较为成熟的优势，其相关企业已开始崭露头角。相比这些国家和地区，我国的监管科技类企业发展可以说才刚刚起步。

六、监管科技变监管为合作

监管科技是具有双向特征的框架体系，其内涵是金融监管与科技技术的结合，其发展诱因包含金融机构和监管机构的双向推动，其应用路径和应用范围涵盖了传统金融领域和新金融领域。因此，要加强监管科技建设，就必须彻底打破原先监管机构和金融机构间如“猫鼠游戏”的微妙关系，在各个维度推进合作，从而实现耦合共赢。

监管机构应加强与新科技企业的合作，应加强与金融机构的合作，应加强与各方数据信息的合作，应加强与国际组织和国际间的合作；监管机构要紧密关注创新型金融科技公司的发展动态，及时调整具体规则，对新技术吸收、采纳和应用。

第六章　监管科技与金融科技

同一层面的问题，不可能在同一个层面解决，只有在高于它的层面才能解决。

——阿尔伯特·爱因斯坦

大数据、云计算、人工智能、区块链等创新金融科技的发展，加速了金融与科技的融合，推动金融功能创新，并冲击着金融生态。但金融科技本身存在的技术风险和推动金融生态变化带来的系统性风险也给现行监管带来了挑战。

金融科技的监管，在某种程度上，也是人与技术的关系这一经典命题的再现。越智能化、越技术化，越需要治理和配套机制，以确保“技术”“互联网”等这些中性概念与“金融”这一具有很强“正外部性”的概念融合在一起，能产生提升金融服务效率的“正外部性”，而不是“负外部性”。这是每一个国家金融科技领域需要解决的重大问题。

金融科技本身的金融属性决定了其有很强的风险特征，其在大数据运用、信息安全、金融消费者权益保护等方面还存在风险隐患，并加速了风险外溢，给现行监管带来挑战。在微观层面，可能会增加信息科技风险、操作风险、信用风险和流动性风险，对现有金融机构盈利模式形成挑战；在系统层面，可能会增加机构之间的关联性和金融体系的复杂性，强化“羊群效应”和市场共振，增强风险波动和顺周期性。

金融科技可能带来新的风险，但金融科技同样可以应用于风险监管。监管科技正是科技与监管的有机结合，使技术用于金融机构满足监管合规要求。引入科技创新手段，采用监管科技，可以对金融风险进行实时的甄别，改变过去被动式应对金融风险的方式，为防范和化解金融风险提供一个非常好的基础。监管层可以通过监管科技的技术手段，去主动解决数据获取、收集、分析、存档问题，并能够实时、有效地发送指令，监管由被动变主动，监管者与被监管者处在一个平等获取信息的地位，通过数据共享形成一个有机交互系统，降低监管成本，真正实现实时、可预测、自上而下的，以技术支撑为核心的监管体系。

第一节　金融监管科技具体应用

一、应用路径

监管科技的解决方案旨在提升速度，最大限度降低风险及合规成本。尽管监管机构仿佛在不断地与尽管科技融合，但是，真实的情况更加复杂。

监管科技可能更像一个刺猬，在金融机构端，越来越多的金融科技得以应用，并发挥出效率优势。但是对于监管端言，仿佛只能给传统监管模式辅助，也就是说，金融监管的核心内容与监管科技还有相当的距离。

可以预计，监管与科技的融合将分三个阶段进行：

第一个阶段——科技赋能阶段（流程自动化），这个阶段主要是利用合规软件促成前后一致的工作流，强调的是监管科技的场景应用，是其他领域成熟的金融科技技术，平行地应用在金融监管里面，来提升业务某些环节的效率。

第二个阶段——科技增能阶段（持续性监控），这个阶段主要是利用数据科学推动后台自动化，强调的是监管科技的模型应用，但由于这些模型直接应用会带来合规风险，所以，我们预计这个阶段会产生大量为金融监管服务的第三方专业服务。这个阶段是主动的，监管部门认识到监管亏的特点以及优势，主动在业务环节中应用监管科技，获得效率提升，甚至改变业务方式。

第三个阶段——科技产能阶段（预测性分析），这个阶段主要是利用人工智能和机器学主动识别和预测风险，强调的是监管科技的价值应用，这一类的监管核心业务将进行监管科技化，监管科技将成为金融监管的核心手段之一，甚至成为主要的监管手段，这个阶段也要求监管科技化。

对于监管科技的广义界定决定了监管科技的构成元素众多，覆盖的企业范围广泛。前面我们介绍了运用于监管端的监管科技（SupTech）和运用于金融机构（包含金融科技公司、互联网金融公司等）合规端的监管科技（CompTech），并介绍了监管科技五大应用场景，下面我们简单介绍一些当前监管科技应用的案例。

二、监管报告

监管报告是监管科技的一个关键应用，目前有大量的监管报告解决方案，如 Cappitech、OSIS、IPC 和 Suade 等。

（一）Cappitech

巴西 Cappitech 公司，专注于监管科技，帮助金融机构更容易和更有效地遵守欧盟金融工具市场指导（MiFID Ⅱ）、欧洲市场基础设施监管规则（EMIR）、澳大利亚证券投资委员会（ASIC）、最佳执行和其他合规义务。利用 Cappitech 的技术，经纪人、银行、资产管理公司等金融机构每天在 Capptivate 交叉监管平台（SaaS 服务平台）上报告数百万笔交易，该平台对错误信息进行验证，并利用相关数据对其加以丰富，并重新编排其格式以满足管理规范。随后报告被提交给监管机构数据库或交易存储库，以便与监管机构共享。

Captivate 平台具有灵活的架构，可以自由地调节规模从而处理多个监管报告和数以百万计的日常交易。此外，该平台还对所有报告进行分析，并结合来自行业领先市场数据提供商的市场数据，计算符合 MiFID Ⅱ合规报告解决方案 RTS 27 和 RTS 28 的最佳执行策略。

（二）OSIS

荷兰 OSIS 公司，是专门为医疗中心提供合规等相关服务的监管科技公司。由于医疗中心除了需要面临与私人医生相同的挑战，其还有额外的拨款机会申请（Grant Opportunities）、合规问题、联邦报告等方面的需求，传统的技术供应商很少能够应对。

OSIS 通过集成 NextGen EPM、HER、ICS 等应用技术，结合专业的医学健康方面的知识设计模型，根据用户的需求和整体目标，为每个健康中心提供独一无二的合规帮助，还有相关申请报告的撰写，是一种“自助餐”式的服务。

（三）IPC

美国 IPC 公司，是全球金融市场的技术和服务领导者，帮助客户预见变化和解决问题。通过将各个不同领域的超过 6000 个市场参与者汇集在一起，IPC 构建了全球最大、最多样化的金融生态网络之一。作为这个生态系统的推动者，IPC 赋予社区互动、交易和应对市场变化和挑战的能力，并为客户提供安全运作、信息互通和合规等服务，以满足监管要求。

IPC 的独特之处正是它的金融生态网络，极大地保证了信息的互通，有利于该监管科技公司除为企业提供合规服务以外，还能够对企业业务运营模式提供咨询服务。

（四）Suade

英国 Suade 公司，创建于 2014 年，旨在研发解读监管框架的工具，然后提供管理工具和合规解决方案。Suade 设计了一款监管即服务软件（Regulation – as – a – Service，RaaS）。每次监管要求发生改变时，可以自动将数据输出为满足监管要求的数据格式，并且使转换成本最小化。RaaS 平台允许金融机构处理大量粒状数据，并通过必要的控制和治理输出所需的监管数据、计算结果、风险分析和报告。

三、欺诈预防

金融欺诈，是指以非法占有为目的，采用虚构事实或者隐瞒事实真相的方法，骗取公私财物或者金融机构信用，破坏金融管理秩序的行为。近年来，随着金融业的发展，发生在金融领域的犯罪活动也急剧增加，其中金融欺诈犯罪活动已成为危害最大的经济犯罪活动之一，严重破坏了国家的金融秩序和社会秩序，直接危害到金融业的健康发展，因此，为了维护金融秩序，欺诈预防显得尤为重要。

金融欺诈的预防可实时监控，以便对其进行分析并识别和预防欺诈。如爱尔兰反欺诈公司 TrustevT 就可以对交易进行实时扫描交易以确定其真实性。此外，还有反欺诈公司 Identity Mind Global、比特币交易监控平台 Elliptic 等。

（一）Identity Mind Global

美国 Identity Mind Global 公司，提供了一个用于识别和减少欺诈的分析平台，为商家、金融服务公司和支付服务提供商提供更好的防欺诈措施。Identity Mind Global 力图在最好的经营和最少的欺诈之间找到一个平衡，因为二者经常是鱼和熊掌的关系。太多的安全性意味着更少的客户和更不满意的客户；太多的风险意味着会损害客户的底线。

通过使用基因组 DNA 混合技术（eDNA），Identity Mind Global 设计了科学的算法，能够自动进行权衡并得出一个最优的风险等级，使更多的好客户选择接受。利用机器学习，还能够利用客户识别技术建立身份标签，进行准确的声誉水平分析。

（二）Elliptic

英国 Elliptic 公司，专注于识别非法的比特币活动，为比特币用户提供身份证明，为加密货币公司、金融机构和政府机构提供可操作的情报。

Elliptic 的专有数据库，为数千个真实世界实体中的数百万比特币地址提供可审计的身份证明，并允许通过区块链，即时、智能地跟踪实体的交易活动。此外，Elliptic 的内部调查和培训团队与金融犯罪调查人员一起工作，帮助客户解决加密货币犯罪问题。

四、身份验证

作为反欺诈的一部分，人们将众多技术用于完善 KYC 检查和确认个人信息的准确。例如，美国 Tradle 公司利用区块链技术来加速 KYC 流程；英国 Check Recipient 公司利用人工智能来鉴别非正常接受者和敏感内容，以此为邮箱安全提供保障；加拿大 Trulioo 公司则是一家提供在线身份认证和识别解决方案的公司。

（一）Tradle

因区块链进行交易的匿名性，监管机构很难进行 KYC 检查，因此反洗钱成为一个重要的技术难题。比特币也被用于犯罪活动，甚至用于资助恐怖袭击而臭名昭著，因为这些交易无法追踪到任何实体。监管机构没有办法进行资金追踪，使得罪犯可以利用比特币支付的方式在不被发现的情况下转移资金。Tradle 公司，专门寻求利用区块链技术简化和确保 KYC 要求，类似于比特币交易的公开账簿。Tradle 公司创建了一个简单易用的智能手机界面，可以直接向银行发送文档。

（二）Check Recipient

近年来大量引人注目的案件证明，一个重大的数据泄露事件很可能是因为一些简单的事情所导致，比如一封地址错误的电子邮件。Check Recipient 正是旨在保障电子邮件的安全问题。通过使用机器学习来帮助防止邮件发送到错误收件人，通过扫描历史电子邮件数据来了解公司电子邮件系统中的常规使用模式和行为，利用机器学习技术识别异常，并给用户在发送前纠正的机会。与现有的基于规则的系统或加密平台不同，该系统不需要任何管理或最终用户行为更改。举例来说，有了 Check Recipient 公司提供的技术支持，艾滋病毒诊所就不会因不小心发送了错误的电子邮件而泄露艾滋病患者名单。

（三）Trulioo

Trulioo 是一家金融技术公司，Global Gateway 是其推出的一款旗舰产品，利用政府和私人数据库，旨在帮助企业遵守反洗钱规定，了解电子商务、支付、汇款、金融服务和在线市场等行业的客户规定，为 40 多个国家的 40 多亿消费者提供身份验证服务。

五、网络安全

金融机构面临的最大威胁之一就是网络攻击。所以有大量为金融机构提供网络安全服务的公司就不足为奇了，如 DarkTrace 和 Passfort。

（一）DarkTrace

英国 Dark Trace 公司，是一家提供全球网络防御服务的人工智能公司，识别和响应正在进行中的网络威胁。Dark Trace 通过对企业免疫系统（Enterprise Immune System）的识别，利用自学习型 AI 为组织中的每个网络、设备和用户构建所谓的“生活模式”（Pattern of Life），使用强大的网络技术对这些模型进行分类和交叉引用，建立对特定环境中“正常活动”的高度准确理解。通过对“正常”不断深入的理解，它可以实时发现潜在的威胁。Darktrace 的企业免疫系统采用了自主响应技术 Antigena，该技术允许网络对正在进行的网络攻击采取即时和自主的行动，例如减慢或停止损坏的连接或设备，以便在不影响正常业务操作的情况下消除威胁。

（二）Passfort

英国 Passfort 公司，专注于密码和信息安全存储的安全装置，设计开发了钥匙链，可以随身携带。Passfort 完全脱机管理用户的密码，支持所有设备、移动设备或计算机，可以自动发送到用户想要使用的任何设备上，并结合多种机制，在丢失或盗窃时保护数据安全。

六、风险分析

随着金融企业创新的不断深入，其产品在创新，其经营工具、管理、制度在不断创新。金融行业正生机勃勃地活跃在市场中，与此同时，金融企业的风险也与日俱增，做好在创新条件下的风险管理是监管机构的重要使命，与此同时，产生了众多金融风险分析与管理的新兴市场主体，包括英国 Algo Dynamix 公司、美国 Corlytics 公司、英国 Credit Benchmark 公司、英国 AQ Metrics 公司等。

Algo Dynamix 是一家风险分析公司，它通过算法来扫描实时来源，分析市场行为，然后预测价格以管理风险。风险评估也用于合规性方面，Corlytics、Credit Benchmark 就提供相关的解决方案，针对来自全球银行的信用风险估算进行整理和匿名处理。AQ Metrics 是提供风险管理解决方案的公司，通过自动风险登记为另类投资基金管理公司、资产管理公司和基金管理公司实现了风险态势的完全可见性。

2017 年，CBInsights 发布了《全球监管科技发展趋势报告》，德勤发布了《监管科技的宇宙正在崛起》，数据研究公司（FinTech Global）发布了《全球监管科技评论与监管科技 100 强》等，这些报告都显示了近年来监管科技的发展形势良好，其投融资交易量连续攀升，投资额也不容小觑。在监管科技领域，美国和英国独占鳌头，美国在监管科技投融资交易量方面遥遥领先，英国则是全球范围内优质监管科技公司数量最多的国家。爱尔兰、澳大利亚、卢森堡、以色列、荷兰、瑞士等国则纷纷进军监管科技领域，均从不同程度上发展监管科技。相对而言，中国的监管科技发展稍逊一筹，仍处起步阶段。

第二节　金融科技助力监管科技

一、鸡和蛋的问题

（一）金融与监管孰先孰后

一般来说，金融监管总是滞后于金融创新。金融业是不断创新的行业，监管者只能保证尽量别太落伍。首先，各金融部门在运行过程中所出现的违规或高风险行为，只有在具体的工作中才能显现，监管机构也只有在这些行为造成一定后果后，才有所知晓并制定相应监管措施。即使问题发现得足够及时，监管者也很可能因为自身没有具体的专业知识和操作经验而无法采取精准的应对和遏制手段。这些都是监管滞后于金融的弊端。

正如我们前面所介绍的金融监管的发展一样，每一次的金融危机都会带来监管的不断完善。2008 年金融危机发生后，监管环境发生了巨大的变化，各国监管机构和国际组织发布了一系列的监管措施，涵盖市场、基础设施、投资机构，微观和宏观风险等。

前瞻性监管是非常有必要的。监管者不应该将注意力局限于传统的如核查金融机构是否符合清偿力、流动性及经营控制等监管指标的要求上，尽管这是目前监管的重点。除此之外，要实现良好的金融监管，监管机构必须进行更深入的探索，即在潜在风险引发清偿能力恶化和流动性比率降低之前，对其根源进行追踪和应对，比如分析金融机构的业务模式、战略、行为和内部文化等。

（二）金融科技与监管科技

随着金融科技的不断发展，特别是大数据、云计算、区块链及人工智能等技术在金融领域的落地及应用，金融科技的发展对传统金融业务和监管体系带来了巨大的冲击，监管科技应运而生，其内涵和外延得以逐渐丰满。

从本质上分析，监管科技和金融科技之间并不具有直接关系，两者分别是科技与金融监管、科技与金融相互融合的产物。监管科技是用于监管整个金融行业的，包括传统金融和金融科技等，而非局限于监管金融科技行业；金融科技行业的异军突起，科技在金融领域的有效运用以及金融科技本身暴露出的风险，让金融监管机构和金融机构意识到了科技的重要驱动作用，从而加速了监管科技的产生和发展。

（三）狭义的“监管科技”

英国金融市场行为监管局（FCA）是当前全球范围内对金融监管最完善、法律执行力最强的金融监管机构，是各国金融监管机构学习的典范，早在2015年就提出了“监管科技”的概念，即“采用新型技术手段，以满足多样化的监管要求，简化监管与合规流程的技术及其应用；主要应用对象为金融机构”。同理，监管科技类机构主要指利用云计算、大数据、人工智能等新兴数字技术，帮助金融机构核查其业务等是否符合新旧监管政策和制度，避免不满足监管合规要求的公司。

很显然，这是从金融机构的角度而言的，是只涉及金融机构合规的需求，其对监管科技的内容解释归属于狭义范畴，也可称为“合规科技”或“科技应对监管”，很容易被理解为金融科技框架下的一个分支或子集。

（四）广义的“监管科技”

随着金融科技的不断发展，特别是大数据、云计算、区块链及人工智能等技术在金融领域的落地及应用，泛化了监管科技的范围，深化了监管科技的内涵，在狭义范畴的监管科技概念的基础上，进一步生成了与金融科技平行的广义范畴。相较狭义范畴来说，广义范畴的监管科技内容增加了监管机构的角度，即监管机构可以主动应用适当的新技术开展有效监管工作，包括对金融科技企业甚至全部金融机构进行有效监管。

与狭义的“科技应对监管”相对照，广义的监管科技概念可以理解为"科技执行监管"，这是当前被普遍接受和使用的概念。此外，还有在更广义范畴上的"监管科技"概念，是将监管科技技术延伸到了非金融领域，并在政府管理、医疗健康、环保监测等领域有着广泛的应用前景。

由此可见，监管科技由金融科技孕育而生，而又逐渐向平行，甚至高于金融科技的方向发展。但是监管科技与金融科技的关系应当是一种动态博弈，即监管科技的完善将改变金融科技的发展路径，而新的发展路径上将具有新的监管难题需要监管机构进一步完善监管科技进行解决，而后循环往复。若将前瞻性预期加入进去，游戏将更加有趣。

在未来，监管科技势必不会仅仅被应用于金融领域。我们应从广义监管科技的释义出发，以更广阔的视角探索监管科技更一般的内涵，把握其核心技术元素，掌握其精髓，从而可以自由地将其推广，令监管科技为我所用。

二、摸着石头过河

（一）金融科技助力监管科技的产生

金融科技发展大大促进了金融创新，加速业务风险外溢，同时还带来如数据资源被滥用、侵犯个人隐私、网络安全隐患等大量问题。金融机构和监管机构运用监管科技的出发点不同，但都异曲同工地为监管科技的兴起提供了内在驱动力。

金融机构运用监管科技，首先是解决如何高效、低成本地满足监管规定；其次是持续合规过程。日趋严格的监管新规带来了一系列挑战，金融机构需要借助科技手段理解新规、拟订适应新规的战略与实施计划。

监管机构运用监管科技，首先是解决如何高效地执行微观监管、宏观审慎政策以及货币政策；其次是如何根据金融市场的变化确定新的监管规则，提高监管水平和效率。

1. 金融机构具有对监管科技的需求

从金融机构的视角看，监管科技于近期迅速崛起，是应对新一轮金融监管改革的理性反应。2008 年金融危机之后，监管环境发生了巨大的变化，各国监管机构和国际组织发布了一系列的监管措施，涵盖市场、基础设施、投资机构，微观和宏观风险等。金融机构只得通过不断增加合规开支、增加合规人员来应对监管压力，使得金融机构遵守监管法令的成本增加。摩根大通集团（JP Morgan Chase & Co）指出，2012—2014 年，为了对应政府制定的规范，增添了 1.3 万名员工，比重高达全体员工数量的 6%，每年成本支出增加 20 亿美元，约占全年营业利率的 10%。德意志银行表示，2014 年为了应对法令，追加支出的成本金额高达 13 亿欧元。汇丰银行 2013 年追加聘用 3000 名法定程序人员（Compliance Staff）。

监管科技可以提高金融机构的合规效率。随着机器学习（ML）与人工智能（AI）的发展，监管科技可以利用 ML 和 AI 技术为金融机构的决策、降低成本以及合规问题等方面，提供更好的解决方案。AI 将替代目前由人工手动执行的昂贵功能，帮助银行开展对反洗钱或员工不当行为的检测。监管科技已在多个领域得到应用，如数据聚合、风险建模、情景分析、身份验证和实时监控。监管科技公司通过对海量的公开和私有数据进行过自动化分析，帮助金融机构核查其是否符合反洗钱等监管政策，利用云计算、大数据等新兴数字技术帮助金融机构遵守相关监管制度，避免由不满足监管合规要求而带来的巨额罚款。

另外，金融机构需向监管部门提供数据的种类和数量急剧增长，金融机构也需要借助新技术整合合规程序，从而提高合规效率和降低合规成本。同时，各国金融监管框架的差异也增加了跨国经营金融机构的合规成本。尽管危机后国际组织和标准制定机构推动了许多统一和标准化的金融监管改革，但不同经济体的监管政策差异仍然存在，特别是某些相互冲突的监管措施推动金融机构借助监管科技优化合规管理。

2. 监管机构具有对监管科技的需求

从监管层的视角看，金融市场参与者和市场结构在金融科技的影响下不断演化，监管机构也有利用科技手段履行监管职责的内在需求。借助新的监管科技手段，监管机构能采用基于风险的监管方式，充分利用直接获取的金融数据，更有效地监管各类金融市场参与者。直接获取被监管者数据，避免了以往监管者完全依赖被监管机构提供数据的局限，极大地降低了“监管捕获”的风险。但更为根本的原因在于，近年来金融行业的数字化程度越来越高，以往那种事后的、手动的、基于传统结构性数据的监管范式已不能满足金融科技新业态的监管需求。

当金融机构更大范围、更大程度地采用监管科技时，如果监管机构不采用监管科技，将面临以下问题：一是更严重的信息不对称问题。当金融机构通过 ML 和 AI 来处理和分析金融大数据产生的信息与风险时，监管者将知之甚少。随着监管机构与金融机构之间的信息不对称问题加剧，监管机构对金融风险的识别与应对将变得更加迟缓，不利于金融的稳定。二是更高级的监管套利。当金融机构通过 ML 和 AI 用来规避不满足监管合规要求带来的罚款时，也能用于寻找监管体系的漏洞，并以此谋取监管套利，这将使人工监管的有效性将降低。三是更严重的系统性风险。金融机构的决策对数据更敏感，经济不好时“跑”得更快，忙于追逐经济利益，顺周期性行为将可能进一步强化。

（二）金融科技助力监管科技的完善

客观上，金融科技的动态发展决定了监管科技的运用不可能是一成不变的。一方面，科技的创新为监管科技带来更加完备的技术手段，为其注入新鲜血液；另一方面，金融科技发展经验少、平台宽、区域广的特点意味着各类已知或未知的潜在风险元素将层出不穷，监管科技需要应对的问题接连存在，只有不断完善自身，才能从容应对。

（1）在监管理念方面。传统“栅栏”监管方式在隔离商业银行和网络借贷之间的风险传播途径方面有着很好的运用，然而，金融科技跨市场跨行业发展迅猛，金融服务供给侧日益多元化，未来恐怕难以简单使用隔离的方式来防范风险，跨行业的监管势在必行，如何实现和升级任重道远。

（2）在监管能力方面。随着互联网等技术在金融领域的应用，监管难度加大，对监管能力提出了更高的要求。金融科技可以通过改进数据处理、客户身份识别、压力测试、市场行为监控和法律法规跟踪等环节，能够提升监管机构的监管能力和降低金融机构的合规成本。大数据分析工具的发展和完善，可以提高风险数据的精确性、完整性、实时性和适合性，从而提高金融机构和监管机构数据处理能力；生物识别技术的完善，将提高客户身份识别的效率，有效地发现、报告和阻止可疑交易行为，实现反欺诈和反洗钱。

（3）在监管路径方面。目前监管体系中所采取的自上而下的监管路径，应对当前具有金融加杠杆、规模和关联性，以及垄断租金等深层特征的金融体系是能够适用的，然而对于未来具有技术进步的金融体系，有必要增加新的监管路径，更加关注新的金融企业和新的体系，更好发挥市场和技术的创新动力，实现提升效率和保持稳定等监管目标。

（4）在监管规则方面。市场出现众多帮助传统金融机构流程外部化的金融科技公司，使用架在云端的平台帮助金融机构提高中后台流程的效率和绩效，而区域公共云中心正在为区内多个国家提供数据服务。数据本地化长期要求如何坚持，有无新的实现方式，核心业务不得外包是否需要调整，这些都是监管科技需要探索解决的问题。

（5）在监管框架方面。当前国际和各国的法律和监管框架并不完全适用于区块链网络，甚至两者间存在冲突。例如，当前法律监管旨在提供交易对手间的信任基础，但区块链并不需要这种信任的背书或支持，区块链“代码即法律”的主张集中体现了这一冲突；但另一方面，区块链未来的运用和发展却又非常依赖于国际和国家层面法律的确定性。

（6）在监管权力方面。区块链对主权法律提出了一系列的问题，未来如何在去中心化的区块链网络中履行监管职责；监管者对于网络应有多大的进入权限；一国当局如何在区块链这一国际化的网络中执法；在出现争议诉诸现实法律的情况下，法律管辖权如何确定；对于这些问题尚无答案，但有一点是肯定的，即区块链尤其需要国际层面的治理与法规框架层面的思考。

（三）金融科技助力监管科技的创新

全球金融机构纷纷加大监管科技应用探索。根据联邦金融分析公司（Federal Financial Analystic）预测，全球对监管、合规等金融科技需求在 2020 年将达到 1187 亿美元，监管科技有望成为金融科技创新的新蓝海。

2015 年 11 月，国际保险监督官协会（IAIS）发布《普惠保险业务准则》，指出消费者保护、数据保护和反欺诈是 IAIS 对金融科技的三大核心关注。

2016年3月，金融稳定理事会（FSB）正式将金融科技纳入其议程之后，下属银、证和保等行业委员会纷纷加速推进在这一领域的工作进程。

2016年8月，巴塞尔银行监管委员会（BCBS）成立金融科技特别工作组，研究金融技术对商业银行的影响以及未来的监管应对，正在对金融科技的基本态度、监管框架、具体监管以及鼓励创新的具体做法进行调研；2018年2月发布了《关于金融科技发展对银行和监管机构影响的良好实践文件》。

2017年3月，国际证监会组织（IOSCO）发布《IOSCO金融科技研究报告》，这是继2014年和2016年两次发布众筹业发展报告后，将更加全面地评估包括区块链、云技术、机器人投顾等金融科技在证券和资本市场的运用及其影响。

2017年4月，加拿大金融市场管理局（AMF）成立金融科技（FinTech）实验室，成员由内部监管人员和外部专家组成，旨在探索帮助AMF利用监管科技来改善监管业务流程，并对金融公司FinTech创新进行指引。

2017年5月，中国人民银行成立金融科技（FinTech）委员会，旨在加强金融科技工作的研究规划和统筹协调，并首次明确提到强化监管科技（监管科技）应用实践。

2017年6月，中国人民银行发布的《中国金融业信息技术“十三五”发展规划》中提出要加强金融科技（Fintech）和监管科技（Regtech）研究与应用，研发基于云计算、应用程序编程接口（API）、分布式账本技术（DLT）、密码技术等的金融监管平台和工具，应用数字化监管协议与合规性评估手段，提升金融监管效能，降低从业机构合规成本。探索基于大数据、人工智能等技术的穿透式监管方法，加强跨行业、跨市场交叉性金融产品的监管，提升金融风险甄别、防范与化解能力。健全与监管科技发展相匹配的金融监管体系。深入云计算在研究数据中心“双活”“多活”模式中的应用，建立数据共享激励机制，促进数据互联共享。加强区块链基础技术研究，开展区块链技术在金融领域的应用研究。探索借助人工智能技术，推动金融监管模式创新，推进机器人安全值守应用。

未来，预计巴塞尔银行监管委员会、国际证监会组织以及国际保险监督官协会等行业监管国际委员会将会进一步发布金融科技的评估报告，同时，针对金融科技的发展，现行国际监管框架、指引和标准中是否存在不适应市场发展的内容需要修订，是否需要制订新的行动计划，各委员会都将做出专业权威判断。从各国金融发展的实践可以看出，监管机构对金融科技的出现均做出了应对措施，并加速推进监管科技领域的项目落地，无形中推进了监管科技的创新步伐。

（四）金融科技助力监管科技的合作

金融科技的发展方向是实现金融的跨行业与跨国际，实现资源的高速流动与最大化效用，这种跨界趋势在客观上要求监管科技的国际一体化，即金融科技无国界，新监管、新合作、新治理必然要跨越国界。全球性合作中的投资双方来自不同市场、不同的国家，这对能否建立信任带来了挑战。

面对国际化的合作趋势，新监管、新合作、新治理措施亟须出现，各国在信息共享、跨境检查、持续协调、处置计划等方面需加强沟通，建立合作机制化安排。在国家层面，各国新监管措施各异，需要新的统一标准和框架；在国际层面，国际组织已着手调研，并推出初步评估框架，对未来可能出现的“系统重要性”新金融科技企业联合评估。对超级庞大的新金融科技公司的全球化扩张，需借鉴金融稳定理事会的分析框架，需要在联合评估的基础上采取相应监管应对。

金融科技全球治理和双边合作需要加速推进，各国也将厘清监管职责范围，将 FinTech 的各种金融活动纳入现有监管框架，同时采取措施鼓励金融科技创新，培育良好的金融科技生态体系。需要全球化监管新金融产品和新模式，全球化金融科技业务和产品合规创新，全球化新金融准确分类，同时，需要全球各国对新股权和债权融资按各国办法进行磋商，减少监管套利空间。

三、借鉴他山之石

金融科技创造出了新的业务模式、应用、流程或产品，从而对金融市场、金融机构或金融服务的提供方式造成重大影响。随着 FinTech 对传统金融业务带来的冲击，其累积的风险将有可能是系统性的，这更需要监管机构谨小慎微、防患未然。

（一）四种主流监管科技模式

当前各国政府或监管当局已经或正在推出鼓励创新的一系列政策举措，大致可以分为四种模式：监管沙盒（Regulatory Sandboxes）、创新中心（Innovation Hubs）、创新加速器（Innovation Accelerator）和安全港协议（Safe Harbor）。四种模式可以独立运用，但也有国家将监管沙盒视为更广义的创新中心中的一个模块。

1. 监管沙盒模式

（1）监管沙盒的定义。

监管沙盒可以形象地描述为一个“安全空间”，在这个安全空间内，金融科技企业可以测试其创新的金融产品、服务、商业模式和营销方式，而不用在相关活动碰到问题时立即受到监管规则的约束。在限定的范围内，监管沙盒简化了市场准入标准和流程，豁免部分法规的适用，在确保消费者权益的前提下，允许新业务的快速落地运营，并可根据其在沙盒内的测试情况准予推广。

目前金融科技的运用存在两方面的困境：一方面，现行监管制度无法适应金融科技的发展，甚至一些监管规则会遏制金融创新；另一方面，监管部门对新生事物不甚了解，监管能力不足，难以准确把握金融科技的发展情况及影响。在此背景下，英国金融行为监管局（FCA）于2016 年 5 月正式启动监管沙盒项目，成为最早落地的国家。

（2）监管沙盒的内容。

监管沙盒可以解决金融监管当局面临的两难问题。它提供了一个“缩小版”的真实市场和“宽松版”的监管环境，在保障消费者权益的前提下，允许金融科技初创公司对创新的产品、服务、商业模式和交付机制进行大胆操作。如此，不仅金融科技初创公司可以在规定范围内进行大胆创新，监管部门也可以随时了解金融创新情况，为之后制定金融科技方面的政策法规积累经验。

就中国实施监管沙盒而言，在主体框架的构架方面，监管沙盒应由中国人民银行牵头，会同银保监会、证监会，以部门规章的形式制定沙盒监管制度。“一行两会”负责沙盒监管的具体实施，并监管测试企业。地方金融主管部门负责待测试企业的事前、事中及事后管理，并向中央汇报最新工作进展。

在测试前期，“一行两会”应针对不同类型的测试产品或服务分别制定具体测试时长、面向的消费者类型和数量、机构在测试期间的融资额度等，并严格建立具体的消费者权益保护措施，如保障消费者的知情权、自由选择权、财产安全权和依法求偿权等。在测试的过程中，测试公司应定期向“一行两会”汇报测试进程，提交测试项目的中期成果和书面报告，并随时接受“一行两会”的检查和测试。在测试后，测试机构需向“一行两会”提交测试反馈，其中测试失败情况下还需制定和实施具体的退出方案确保损失降至最低。

（3）监管沙盒的价值。

沙盒监管根据创新方案的实际需求和监管需要适当调整监管规则，给创新创造了明确、宽松的环境，避免了以往创新产品被一再延迟面世的状况，甚至让创新得到了监管者的鼓励。与传统监管方式相比，“监管沙盒”模式具有明显优势：

首先，监管沙盒有助于监管机构直接指导企业，减少企业创新的监管成本。沙盒监管创造的较低成本的试验模式使得金融科技企业可在试验中对创新的金融产品或服务进行检测、评估，使其符合现有的法律和监管要求。

其次，监管沙盒有助于减少金融创新产品和服务面世的经济成本：根据金融创新产品和服务的实际需求和监管，适当放宽法律和监管要求，给创新创造了明确、宽松的环境，避免了以往创新产品被一再延迟面世的状况，金融科技创新得到了监管层的鼓励。

再次，有助于降低企业未来应对风险和监管的成本。通过了沙盒测试，则意味着获得了未来监管的确定性。未来可能面临的监管风险，能够在沙盒测试中充分的显现，企业即可以预先设计应对监管风险的方案，也为受测企业及时调整金融产品和服务的设计以降低监管风险带来了可行性。

最后，在沙盒测试期间企业能够及时获得消费者的反馈。通过沙盒测试的数据充分了解消费者接受金融产品和服务时所反映出的偏好、行为、情绪等，为其完善产品架构、提升服务体验、更合理的定价，以及进行更有效的市场推广累积经验。

2. 创新中心模式

第二种鼓励创新的模式是“创新中心”模式，即支持和引导机构（含被监管机构和不受监管的机构）理解金融监管框架，识别创新中的监管、政策和法律事项。这一模式已在英国、新加坡、澳大利亚、日本和中国香港等多个国家和地区得以实施。其中，既有一对一的辅导支持，也有面向更广泛受众的支持引导。但这一模式一般不涉及创新产品和服务的真实或虚拟测试。这一模式因其可操作性更强，预计未来将有大量国家和地区推出类似的制度安排。

3. 创新加速器模式

第三种模式是“创新加速器”模式，即监管部门或政府部门与业界建立合作机制，通过提供资金扶持或政策扶持等方式，加快金融科技创新的发展和运用。一些国家的“孵化器”安排也属于这一模式。鉴于监管部门的职责所在，预计这一模式将更多地为政府部门而非监管部门所采用。

各国当局都希望在本国建立良好的金融科技生态系统（FinTech Ecosystem），通过政府、监管部门、传统金融机构以及金融科技业等相关主体的沟通合作，建立及培育金融科技产业，激发科技创新，吸引金融科技人才，提高金融市场与金融体系效率，并增进金融消费者的满意体验。

4. 安全港协议模式

第四种模式是“安全港协议”模式，2000 年 12 月美国商业部跟欧洲联盟建立的协议，它用于调整美国企业出口以及处理欧洲公民的个人数据（例如名字和住址）。该协议不同于美国跟欧洲之间的传统商业过程，是响应欧洲的意图而建立的折中政策。

安全港协议要求：收集个人数据的企业必须通知个人其数据被收集，并告知他们将对数据所进行的处理，企业必须得到允许才能把信息传递给第三方，必须允许个人访问被收集的数据，并保证数据的真实性和安全性以及采取措施保证这些条款得到遵从。

要达到“安全港”的要求并得到其保护，机构必须采取以下措施之一：①参加符合“安全港”原则的自律性隐私权保护项目；②制定符合“安全港”原则的自律政策；③遵守有关保护个人隐私权的法律规范。机构采取上述三项措施之一，并以“安全港”成员的身份从事电子商务，自愿做出承诺遵守“安全港”的七条隐私保护原则，这些机构就被假定达到了“充分保护”的要求，可以继续接受、传输来自欧盟的个人数据。

加入“安全港”的机构也必须承担一定的义务，即要保证遵守“安全港”的七条原则，包括：①通知原则；②选择原则；③向外移转原则；④安全原则；⑤资料完整原则；⑥获取原则；⑦执行原则。

（二）国际监管科技发展现状

监管科技领域的投资主要集中在英美两国。以英国为主要代表的欧洲地区一直是创业型监管科技企业成长的热土，这与欧洲监管部门具有相对灵活的监管框架密切相关。除欧美外，亚洲正成为监管科技发展的后起之秀，如印度、新加坡、日本等，借助互联网人才众多、互联网技术发展较为成熟的优势，其相关企业已开始崭露头角。

1. 英国

金融科技咨询公司 FinTech Global 发布的一项调查显示，伦敦是全球在监管科技领域发展最为迅速的城市，2012—2016 年，伦敦共有 39 家监管科技公司获得融资，位居全球所有城市之首。

英国将 FinTech 作为当前金融发展的重要目标，监管模式主要特点是集中适度监管，最大的创新是监管沙箱模式。金融行为监管局（FCA）先后出台了对借贷类众筹等业务的监管政策，推出了项目革新计划与监管沙箱（Regulatory Sandbox）。监管沙箱由 FCA 于 2016 年 5 月 9 日正式启动，通过提供一个“缩小版”的真实市场和“宽松版”的监管环境，在保障消费者权益的前提下，允许 FinTech 初创企业对创新的产品、服务、商业模式和交付机制进行大胆操作。FCA 的监管沙箱包含大量企业数据和消费者的真实反馈，初创企业可充分利用沙箱反映的市场、行业和消费者情况，有针对性地完善创新产品和服务，减少创新产品、服务等投放市场的时间，降低监管风险，助力初创企业吸引更多投资。

2. 美国

美国市场方面，虽然特朗普现任政府一直声称将推动金融去监管，降低金融机构监管负担，但美国的金融机构并未因此降低在监管科技领域的投资，根据赛讯（Celent）的统计，2015 年美国金融机构在合规监管科技方面的投资为 500 亿美元，预计 2019 年将增至 720 亿美元。

2016 年初，美国消费者金融保护局（CFPB）和货币监理署（OCC）发布了有关如何评估和应对金融科技和监管科技产品的指引，在鼓励金融科技创新的同时，也推动金融科技企业利用科技手段适应监管体系。

美国金融体系属于混业经营模式，对 FinTech 的监管主要是功能性监管，即不论 FinTech 以何种形态出现，都根据 FinTech 的金融本质，将 FinTech 所涉及的金融业务，按照其功能纳入现有金融监管体系。比如，涉及资产证券化的 P2P 业务，属于美国证监会监管；虚拟货币方面，要被美国国税局征税，并且纽约州金融服务管理局还要将其纳入到“虚拟货币活动商业许可证”的监管范围。另外，美国还有对 FinTech 监管的完整政策法律体系，并能适时动态地进行调整。比如，奥巴马在 2012 年签署了《创业企业融资法案》（Jumpstart Our Business Startups Act，JOBS），填补了美国在股权众筹方面的监管空白，随后白宫国家经济委员会发布了《美国 FinTech 框架》，详细阐述美国政府对 FinTech 的态度和展望；美国金融业监管局（FIRA）出台了《对数字化投顾使用的指导意见》；美国金融消费者权益保护局（CFPB）制定了《CFPB 创新细则》，来促进对消费者有利的创新。

3. 新加坡

新加坡由于金融市场相对较小、市场创新相对不足，因此也采用监管沙箱模式对 FinTech 进行监管，以此来推动 FinTech 的发展。2016 年 6 月 6 日，新加坡金管局发布了《FinTech 监管沙箱指南（征求意见稿）》。该意见稿对监管沙箱评估标准、退出机制和申请流程都有明确的阐述和提议，通过推出监管沙箱模式为 FinTech 的发展开辟出一个安全有益的环境，以试验性的方式向市场推出其产品和服务，让一些初创企业获得更大的发展空间，然后根据实际的市场影响来进行一些监管。与英国所不同的是，英国的监管沙箱适用于所有的科技类企业，而新加坡的监管沙箱仅适用于 FinTech 企业。另外，新加坡金融管理局还成立 FinTech 与创新组织（FTIG）来负责 FinTech 的政策、发展和监管，为企业提供一站式服务。新加坡还加强国际监管合作，与澳大利亚、英国和瑞士等国签署了双边合作条约，在 FinTech 的新兴趋势以及创新监管方面将与这些国家进行积极的共享。

4. 日本

日本对 FinTech 监管的政策主要体现在银行可持股科技公司。日本的 FinTech 公司一方面受到严格的法律和监管限制，吸引 FinTech 产业风险投资水平一直较低，金融集团受限于只能持有初创企业 5% ~15% 股权的规定；另一方面由于日本利率水平低，该国居民倾向于持有现金，金融服务创新需求偏弱，从而制约了 FinTech 的发展。面对 FinTech 发展落后其他国家的状况，日本决定放松对 FinTech 企业投资的限制，日本政府在 2016 年对相关法律进行了修改，允许银行持有 5% 以上的科技公司的股份，并允许银行收购非金融企业 100% 股权，前提是该公司将信息技术应用于金融领域。日本的银行从此可以与 FinTech 企业建立合作关系，以开发包括机器人投资咨询和区块链在内的服务和技术。

从各国对 FinTech 的监管模式来看，英国的监管沙箱服务于其追求建立金融科技国际金融中的目标；美国的功能性监管与其国内金融市场规模大、金融与科技创新动力强的市场环境相适应；新加坡的监管沙箱有利于克服国内金融市场较小、创新动力弱对 FinTech 发展的制约；日本放宽了金融机构持股科技企业股份的限制，有利于突破 FinTech 发展的资金支持瓶颈。

此外，瑞士、德国、荷兰、葡萄牙和丹麦等国的监管科技也已起步。瑞士金融市场监督管理局（FINMA）明确表态，期待借助监管科技手段降低被监管方与自身的监管合规成本；荷兰央行与荷兰金融市场管理局于 2016 年 6 月发布建立金融服务创新相关监管措施的工作计划，提出要运用技术手段监控金融创新的潜在风险。葡萄牙的 Feedzai 公司，利用机器学习帮助支付平台、银行及零售商等减少商业欺诈；丹麦的New Banking公司，主要为电子支付和游戏公司提供KYC及反洗钱服务。此外，为瑞士银行机构提供数字化合规性和风险管理解决方案的Quumrm公司、为银行机构提供反欺诈解决方案的德国Risk Ident公司以及提供信贷风险分析和合规报告解决方案的荷兰OSIS公司等，也是欧洲地区有一定知名度的监管科技公司。

另外，一些国际行业组织也开始重视监管科技发展。反洗钱金融行动特别工作组（FATF）于2017年5月组织的监管科技专题论坛，专门讨论了打击洗钱和恐怖融资方面智能监管创新的指导原则。

（三）国内监管科技发展现状

相比这些国家和地区，我国的监管科技类企业发展可以说才刚刚起步，尚在探索阶段，法律法规、流程标准、宗旨体系等方面的一系列挑战亟待攻克。自2005年以来，随着互联网技术的发展，我国金融业与互联网的融合逐步加深。2013—2015年，以P2P的爆发式增长为重要表现之一，是我国互联网金融飞速发展的时期。2015年至今，随着云计算、大数据、区块链地融入，金融科技产品日新月异，改变了原有的金融模式。

当前我国具有金融市场规模较大、金融创新动力强、防控系统性金融风险刻不容缓这三大特征，野蛮生长的金融科技给监管带来了巨大挑战：

一方面为资金管理带来了挑战，互联网金融的高速发展主要得益于技术带来的广覆盖、低成本、高效率等优势，但由于管理经验和相关制度的欠缺，不少互联网金融企业内控薄弱、消费者保护意识缺乏。从用户角度看，金融科技产业聚集了大量的长尾客户，这部分客户往往风险意识薄弱，只重收益，盲目跟风，加之一些网络借贷平台信息披露不透明，使资金投向更为复杂和隐蔽，增加了对资金流跟踪和监测的难度。针对互联网金融公司发展速度之快，中国互联网金融协会会长李东荣曾指出：要持续跟踪金融科技的发展演进和风险变化，避免一些新机构、新模式从“小而无视”发展至“大而不倒”再到“大而不能倒”。监管部门则需要避免“从看不起、看不懂到看不住”的尴尬局面。

另一方面，混业跨界式经营给行业监管带来的挑战。金融科技产品往往具有多种金融特性，可以同时提供多项服务。互联网金融企业的混业式经营打破了风险的时空限制，提升了金融风险的快速传播和跨界传染的可能性，容易利用监管空白和实现监管套利。另外，创新产品跨界嵌套，往往贯穿多层次的金融市场，使底层资产和最终投资者变得模糊，风险的隐蔽性增大，难以被识别和度量，即使要求产品主动申报其实质属性，对其真实性进行鉴别和确认的工作量也很繁重，这就对金融监管的技术手段和水平提出了更高的要求。

此外，监管方还面临着科技风险、道德风险等方面的挑战。金融业务越来越意中科技创新，一些不法分子可能乘虚而入，借用系统漏洞和系统故障对用户实施欺诈行为；一些道德缺失的公司打着“金融科技”的幌子，行使诈骗。

由此来看，有必要构建中国特色的 FinTech 监管体系。现任中国人民银行金融研究所所长孙国峰在 2018 年 6 月的“金融科技发展与法律前沿国际论坛”上所做的主题演讲指出，中国发展监管科技涉及以下六个方面：

第一，完善金融监管双支柱，涉及宏观审慎监管和微观功能监管两方面。

第二，金融数据标准化，监管机构应肩负整合 FinTech 行业金融数据的重任。

第三，制定相关规则和标准。监管机构应制定 FinTech 行业监管规则、行业技术标准，规范市场进入和退出，为金融科技行业提供有序、公平的竞争环境。

第四，根据发展主体不同，RegTech 有三种发展路径：由监管机构独立研究与开发 RegTech 系统；监管机构将 RegTech 系统的研究与开发外包；在金融机构开发的 RegTech 系统基础上，由监管机构进行选择和整合，形成适用于整个行业的 RegTech 系统。

第五，从 RegTech 可持续发展的角度来说，金融科技行业有必要分担部分监管当局发展 RegTech 的成本，将此视作维护公平竞争环境的必要支出，实现金融科技监管成本适度内部化。

第六，发展 RegTech，还要注重国际合作。在引导国际 RegTech 新技术落地我国并建立健全适合我国国情的 RegTech 发展机制的基础上，加强国际监管合作，防止跨国监管套利，防范金融风险。

为促进金融创新，防范金融科技带来的风险，金融科技监管有必要成为我国金融监管改革的重要组成部分。我们应当汲取他国经验，并加强 FinTech 监管的国际合作，与国际携手合作，一同开辟监管科技的发展之路。

（四）国际监管科技面临挑战

目前，RegTech 公司有很多种类型，其中一些与老牌的金融服务公司竞争，另一些则推动现有公司进行数字化转型。在帮助现有公司重新调整工具以适应大量新法规的同时，RegTech 公司也面临着更大的战略挑战，因为它们正稳步融入整个金融服务领域。在国际范围内，监管科技发展所面临的挑战主要有以下五个方面。

1. 加剧市场竞争

金融工具市场指令（MiFID Ⅱ）等新指令的实施无疑被视为许多顾问和数据提供者的机会。尽管许多大型管理咨询集团推销昂贵的解决方案，以帮助企业遵守这些规定，但一些大型数据提供商却迟迟不愿提供交易后透明数据的访问权并继续对发布这些数据收取高额费用。根据 MiFID Ⅱ的规定，这些数据现在应该是可以自由获取的。

来自大型咨询公司的竞争和数据提供商的不配合，给新兴的 RegTech 企业带来了挑战。然而，许多 RegTech 公司快速增长，以及它们更灵活、更符合成本效益、更容易适应并推动横扫整个行业的创新事实，也从侧面应证了它们有能力应对这一挑战。MiFID Ⅱ的实施还处于早期阶段，并且呈现出了监管机构将放弃最初的宽松态度，对大型数据提供商采取行动的趋势，这将帮助 RegTech 公司创建新的数据产品和解决方案，这些产品和解决方案将惠及整个市场的提供者和资本使用者。

2. 英国脱欧带来的不确定性

在英国退欧问题上缺乏明确的定义，使得 RegTech 公司就像各行各业的公司一样，在政策和监管科技标准方面都处于不确定状态，而这些标准将在过渡期间和之后实施。为了等待一个商定的结果，RegTech 公司和他们的客户都可能会推迟投资决策、新技术堆叠承诺、产品开发等。最终协议谈判将决定在伦敦和欧洲其他地区的商业监管差异如何，甚至可能要求公司改变他们的商业模式。

尤其是对英国来说，尽管已全面实施了 MiFID Ⅱ，但关键问题是，在英国退欧之后，英国和欧盟是否会按照所谓的“监管对等”（Regulatory Equivalent）规则进行金融服务监管。对英国来说，风险在于硬退欧，在监管科技标准上没有达成一致，这使得英国对这些监管规定的接受存在争议，RegTech 公司为客户提供正确解决方案的任务更加艰巨。这是大多数人都应该面对的挑战，因为 RegTech 公司通常具有灵活性的方法和基于云的服务，与一些规模较大的咨询公司相比，这些公司更容易适应和更新。

3. 网络安全和隐私

网络安全并不是 RegTech 行业面临的一个新挑战，但是，随着一些新规则的发布，对消费者数据的安全性要求不断提高，客户隐私的问题变得更加重要。

可以预见，监管机构将在网络安全监管方面大展拳脚，明确要求企业为应对网络攻击威胁需要优先进行的事项。包括 RegTech 领域的各个公司，必须调整他们如何管理客户数据，以及如何将其用于自己的商业目的，满足监管对数据要求的最佳实践。

4. 全球监管

2008 年全球金融危机之后，我们看到，在金融稳定委员会（FSB）的倡议下，不同国家金融监管部门正在实施协调的监管方式。《多德—弗兰克法案》为美国确立了标准，寻求提高透明度和问责制。如今，MiFID Ⅱ是嵌入类似原则的模板，影响在欧洲金融市场开展业务的任何主体。

然而，尽管目标是标准化，但毫无疑问，在解释和执行透明度和投资者保护的核心原则方面，不同国家和地区将存在区域性差异，正如我们已经在整个欧盟看到的 MiFID Ⅱ 的执行情况一样。因此，对于 RegTech 公司来说，挑战在于他们现在必须识别并驾驭这些细微差别，这样他们就不会与不同的国家监管机构发生冲突，同时也为他们的客户提供符合每个司法管辖区的解决方案。

5. 监管间冲突

2018 年，MiFID Ⅱ、欧盟支付服务修订法案第二版（PSD2）和通用数据保护条例（GDPR）都已经生效，并产生了重大的跨部门影响。这些监管规定带来了重大变化，并包含潜在的监管间冲突（Inter - regulatory Conflicts），这让 RegTech 公司在帮助客户实现合规时仍不清楚监管机构对它们的预期。在某些关键问题上缺乏清晰或指导。在这些法规内的问题，RegTech 公司为他们的客户提供的建议可能引起监管合规上的冲突。

同时，这些法规将创建改进的数据库，使公司不仅能够更好地理解自己的数据，而且能够获得有价值的见解。这将为以数据为主导的创新铺平道路，这种创新可以提高企业的数据安全性和恢复能力，提高企业创造活动的积极性，并最终创建新的竞争战略。

（五）国内监管科技发展建议

当前完善监管科技，总体来说就是构建微观功能监管与宏观审慎管理相结合的金融科技行业监管双支柱，建立金融统合监管体系与主动、精确的监管数据收集体系，加强国际金融科技与监管科技创新交流合作。

1 构建 FinTech 监管双支柱：微观功能监管 + 宏观审慎管理

（1）微观功能监管。

建立 FinTech 行业监管准则，一是建立行之有效的多层次监管机制，实现风险监管全覆盖，避免监管空白，确定各类 FinTech 公司监管主体，明确监管职责权限。二是建立适应金融发展与风险防范并存的长效监管机制。按照实质重于形式的原则，实行“穿透式”监管。把资金来源、中间环节与最终投向穿透连接起来，综合全链条信息判断业务属性和法律关系，执行相应的监管规则。如果是证券的就归证监部门，如果是银行业务和保险业务就归银保监部门管理，如果是第三方支付业务，就归央行管理。三是积极研究探索分类分级监管。针对经营规模、资本、技术和风控能力不同的机构，在各类业务准入、创新方面采取分类分级监管方式，提高监管效率。

（2）宏观审慎管理。

金融机构在采用机器学习和人工智能技术来处理金融大数据和管理风险时，将具有更强的风险识别能力，客观上强化了顺周期行为。依托大数据、人工智能等分析技术，金融机构能够在经济下行时更快地捕捉到经济形势的变化，于是收缩贷款，贷款的收缩又将导致经济加速下滑，坏账风险增加，结果导致了金融机构更审慎的贷款行为，呈现出恶性循环的态势，这就是加入金融科技之后的顺周期行为，因此更需要进行逆周期的调节。另外，一些 FinTech 公司收取客户备付金，可能造成流动性风险。当前已建立支付机构客户备付金集中存管制度，可以将其纳入到整个宏观审慎管理框架之中。

另外，监管沙盒可以作为双支柱的必要补充。在局部地区可以采用监管沙箱模式，推进 FinTech 创新。但由于监管沙盒更加适用于小型的开放经济体，特别是国际金融中心为主的经济体，对中国并不适用。整体上更重要的还是要采取微观功能监管加宏观审慎管理，以此防范系统性的金融风险。

2. 构建金融综合监管体系和主动、精确监管数据收集体系

金融统合监管体系需要构筑金融统一监管委员会，对银行、保险、债券等金融领域实施统一监管，构筑大监管格局。目前，我国在已经建

立的金融稳定委员会基础上，应实施金融统合立法，形成金融商品、金融市场、金融服务三位一体，互相呼应的统合立法格局。

建立主动、精确监管数据收集体系，明确相关规则，建立数据申报、分享、辩别规章制度，打通地方与中央、中央各部门之间的数据孤岛，实现数据的实时共享，在这一体系中积极运用区块链、人工智能等技术，提升监管数据的精确性与主动性。

3. 加强国际合作，尤其是与英美德日澳等国金融科技和监管科技的交流，以促进我国 FinTech 国际化发展

FinTech 企业全球化步伐的加快，需要全球统一标准化的监管措施以及国际间的监管合作，来促进 FinTech 国际业务的健康快速发展。对于 FinTech 发展程度较高的国家来说，主动加强跨国间的监管合作，有利于监管经验的相互学习和借鉴，有利于促进我国 FinTech 适应他国的监管政策，促进我国 FinTech 全球范围内的发展。

掌握 FinTech 全球监管规则与行业标准制定主动权。在跨国监管合作将成为趋势的背景下，加强跨国监管合作有利于争取制定全球 FinTech 监管规则与行业标准的主动权。当前，重视 FinTech 发展的国家（如英国、新加坡等）都主动与他国加强对 FinTech 的监管合作。我国 FinTech 的发展水平已位居世界前列，应该加快跨国间金融监管合作的步伐，逐步掌握全球金融监管规则制定的主动权，以及 FinTech 发展行业标准的制定权，从而进一步推动我国 FinTech 的全球化发展。

通过树立技术驱动监管思路，建立金融统合监管体系与主动、精确的监管数据收集体系，加强国际金融科技与监管科技创新交流合作，可以实现中国金融科技在产业发展、有效监管的平衡长效发展。

第三节　监管科技规范金融科技

一、监管科技：四种规范

（一）规范金融科技的风险属性

FinTech 本身的金融属性决定了其很强的风险特征，这主要包括：

一是 FinTech 使金融风险更具隐蔽性、传播速度更快、传播范围更广，增加了金融系统性风险；

二是 FinTech 使传统金融“脱媒风险”加大，FinTech 使资金供给能够绕开现有的商业银行体系，直接输送给资金需求方和融资者，完成资金体外循环，金融交易脱离现有金融管制的情况越发严重；

三是技术风险更加突出，FinTech 业务发展有赖于先进的技术和交易平台系统，技术和交易平台系统选择失误可能给 FinTech 机构带来较大风险；

四是数据风险与信息安全风险相互交织，由数据使用和保护不当将同时带来的数据风险与信息安全风险等；

五是监管套利，由于一些 FinTech 公司处于监管灰色地带，从事类似银行的业务，但却没有受到类似的监管。

当前 FinTech 的风险事件主要集中爆发在流动性风险、非法集资、黑客攻击和非法经营等方面，比如源于俄罗斯 MMM 金融互助社区的网络攻击，以及一些 FinTech 公司挪用、非法占用客户资金等违规经营问题引发的风险事件等。

（二）规范金融科技的合规运作

金融科技运用各种新技术手段提供、优化、创新金融服务，强调新技术对金融业务的辅助、支持和优化作用，其运用仍需遵循金融业务的内在规律、遵守现行法律和监管要求。在实践中，一些“互联网＋金融”模式注重运用互联网技术促进业务发展，推动产品创新，提高运营效率和改进客户体验，但也存在忽视金融本质、风险属性和必要监管约束的现象，出现了业务运作不规范、风险管理不到位、监管适用不恰当或不充分等问题。一些非持牌机构未经批准从事金融业务，一些持牌机构超范围经营或违反监管规定开展业务，甚至引发了风险事件。

（三）规范金融科技的服务对象

金融的本质属性决定了 FinTech 的最终落脚点是为了通过提高金融资源的配置效率来支持实体经济的发展。FinTech 需要在监管的引导下，通过真正意义上的金融创新，来弥补传统金融的不足，以提高落后地区金融的可达性来促进金融的普惠性，以提高资金的配置效率来促进实体经济的发展。只有在监管的引导下，才能使区块链、大数据、云计算和人工智能等技术真正用于服务实体经济，而不是进行监管套利。

（四）规范金融科技消费者保护

金融创新的目的在于使金融更好地服务于实体经济的发展，并以此可以进一步改善消费者体验。与 FinTech 发展相关的金融消费，将涉及金融消费者保护的问题。比如，金融大数据中可能依据客户过去的消费习惯和金融活动来计算其消费偏好，这些都属于消费者的个人信息，因此 FinTech 还可能涉及消费者隐私保护的问题。FinTech 的创新，必须是负责任的创新，这需要监管当局牢固树立金融消费者保护的监管原则，探索多种监管方式与手段保护金融消费者。

二、监管科技：五种方法

随着科学技术的发展，不同时代的金融监管在监管理念、监管机制、监管范围等方面均有着很大的差异，呈现出多元化和技术导向趋势。

（1）在监管理念方面，发生重心转移。注重加强监管者与被监管者之间的合作，变“猫鼠对立关系”为“脑与四肢的协同关系”。

（2）在监管机制方面，走向多元化。由偏重于国家监管机制向监管机制多元化转变——国家专门监管机制、银行内控机制及自律机制的齐头并举。多元化监管机制实现的关键在于引入市场约束，强化金融机构的信息披露，便于存款户、投保者、股东等多方市场主体及时掌握金融机构的风险状况。

（3）在监管模式方面，向功能型监管转变。功能型监管是在一个统一的监督机构内，由专业分工的管理专家和相应的管理程序对金融机构的不同业务进行监管。其优点主要是有效地解决混业经营条件下金融创新产品的监管归属问题，避免监管真空和多重监管现象；可使监管机构的注意力不仅限于各行业内部的金融风险；能更好地适应金融业在今后发展中可能出现的各种新情况。功能型监管的不足之处在于协调过多，程序复杂，对金融机构经营行为的风险确认速度比不上机构型监管模式。但随着电子计算机的广泛运用、金融信息网的建成完善，功能型监管的不足之处将会降到最小的程度。

（4）在监管范围方面，有所扩大。从单纯的表内业务，扩展到包括表外业务在内的所有业务，还通过并表监督来加强监管。主要包括以下五种方法：

①报告法（工业技术时代）。

在计算机技术尚不发达的工业技术时代，监管机构对金融机构的监管可以统称为报告法，即政府对金融业的经营不作直接监督，只规定各金融企业必须依照政府金融监管规定的格式及内容定期将营业结果呈报政府的主管机关并予以公告，至于金融业的组织形式、金融企业的规范、金融资金的运用，都由金融企业自我管理，政府不对其多加干预。

报告法监管的内容包括：公告财务报表、最低资本金与保证金规定、偿付能力标准规定。在报告法监管下金融企业经营的好坏由其自身及一般大众自行判断，这种将政府和大众结合起来的监管方式，有利于金融机构在较为宽松的市场环境中自由发展和早期金融市场的快速扩张。

但是这种监管方式过于宽松，无法发挥监管对于金融市场发展的重要规范作用，而且由于信息不对称，作为金融企业和公众很难评判金融企业经营的优劣，对金融企业的不正当经营也无能为力。

②实验法（信息技术时代）。

步入信息时代后，出现了一系列激励相容的监管新方案，我们统称为实验法。主要内容是：监管当局设定一个测试期，金融主体在测试初期向监管当局承诺其资本水平，为该期间内可能出现的损失做准备，在整个期间内，只要累积损失超过承诺水平，监管当局就对其进行惩罚，如交纳额外资本费给中央银行。

③几何法（数据科技时代）。

到了数据科技时代，无论是被监管机构还是监管机构对数据的依赖程度都在不断加强，监管机构为各项监管指标设定了门槛，这为金融机构的合规带来挑战。

这就对金融机构的数据处理能力也提出了新要求，而很多金融机构还难以满足监管机构提出的新要求。比如，巴塞尔银行监管委员会（BCBS）提出了有效风险数据聚合和风险报告原则（BCBS239），规定全球系统重要性银行（G－SIBs）的风险数据需要满足精确性、完整性、实时性和适合性等要求。但是，现阶段很多金融机构的基础设施还不够完善，数据处理能力还较为落后，数据质量无法满足监管要求，需要对数据进行进一步的清洗和加工。

只有改进数据处理技术，才能够降低合规成本。而监管科技能够提高金融机构的数据处理能力。第一，借助自然语言处理技术，金融机构不仅能够从网络上获取大量结构化数据，还能够处理非结构化数据；第二，借助云计算技术，金融机构能够创建标准化的数据报告，使不同金融机构之间的数据共享更为便捷，拓宽金融机构数据获取的渠道；第三，借助加密技术，金融机构之间的数据共享会更加安全，同时也能确保数据的隐私性和完整性。

④分析法（智能科技时代）。

在智能科技时代，人工智能的应用到了空前发达的程度。人们掌握了可以获得并处理大量交易信息、客户信息等高维数据的能力，从而监管也可以更加精准。同是高度依赖于大量数据的获取，与数据科技时代不同的是，由客户身份识别（KYC）、市场行为监控等构成的分析法监管科技，其对信息的处理分析均可在人的监督之下，由智能机器代为完成，信息利用程度大大提升，时间大大缩短，成本大大缩小。

第一，客户身份识别（KYC）。客户身份识别是指金融机构在为客户提供金融服务之前，需要全面了解客户，确保客户身份资料的真实性、有效性和完整性。客户身份识别是实现反欺诈和反洗钱的重要举措，通过对客户身份的核实和商业行为的了解，金融机构能够有效地发现、报告和阻止可疑交易行为。

近年来，随着互联网进一步渗透到公众的日常生活中，金融机构通过互联网能够为客户提供更加便捷的金融服务，但是互联网的虚拟性也提升了客户身份识别的难度。

生物识别技术不仅能够解决互联网带来的身份识别难题，还能够提高客户身份识别的效率。一方面，指纹和虹膜等生物信息具有唯一性、稳定性和难以复制等特点。金融机构只需对客户提供的生物信息进行识别，就能够快速、有效识别客户身份的真伪，这整个过程均可在互联网上完成。另一方面，生物识别技术与肉眼识别相比，能够并行处理多个客户的请求，效率更高，客户能够更快地享受金融服务。

第二，市场行为监控。市场行为监控是监管机构稽查欺诈行为和洗钱操作的重要措施。随着技术的进步，当前已经能够对部分交易行为进行实时追踪，但要找出各个交易行为之间的关系却并不容易。这主要有两方面原因，一是数据规模庞大，监管机构基础设施的运算能力不足，二是主体关系较为复杂，很多关系只有深入挖掘才能够发现。

知识图谱能够从庞大的交易行为中挖掘出深层信息。知识图谱能够将主体和主体之间的交易以关系图的形式表现出来，监管机构不仅能够清晰地发现各个交易主体之间的关系，而且能够从中获取到传统方式难以获取的深层信息。比如，假设在知识图谱呈现的关系图中出现“闭环”，监管机构就需要留意环中的各个交易主体，判断这些交易主体之间的关系，分析这些交易主体是否正在通过相互交易来提升营业收入或达成其他非法目的。

第三，法律法规跟踪。金融机构的合规难度在不断提升。一方面，金融机构的法务人员不仅需要学习以往的法律法规，还需要学习和分析最新发布的法律法规，研究这些法律法规对现有业务可能会造成的影响。另一方面，随着全球化进程的推进，金融机构不仅需要满足我国的法律法规，还需要了解其他国家或者国际组织的监管文件。根据 IBM 公布的统计数据，2015 年，全球共出现 2 万份新的监管文件，预计到 2020 年，全球银行领域的监管文件累计将达 3 亿多页，而这已经超出人类的学习能力。

人工智能不仅能够掌握已有的法律法规和监管案例，而且还能够快速学习最新的法律法规和监管案例，实时更新知识体系。当金融机构由于法律法规发生变化而导致原有业务不合规时，人工智能能够及时提醒金融机构，使金融机构可以在第一时间更正现有业务，降低金融机构的法律合规风险。此外，人工智能的数据处理速度较快，能够快速学习全球的监管文件，并分析不同国家监管文件之间的关联性和差异性，帮助金融机构合法地开展跨境业务。

⑤计算法（未来科技时代）。

压力测试是一种以定量分析为主的风险分析方法，分析金融机构在极度恶劣的市场环境中应对风险的能力。压力测试可以分为情景测试和敏感性测试。情景测试按情景不同又可以分为历史情景测试和假定情景测试。历史情景测试主要是针对历史上发生过的“黑天鹅”事件进行测试，而假定情景测试则是针对尚未发生的情景进行测试。敏感性测试是评估风险参数瞬间大幅变动对金融机构造成的冲击。压力测试能够帮助金融机构充分了解潜在风险和财务状况之间的关系，预先制定应对措施，减少极端情况给金融机构造成的损失。但是，现阶段的压力测试还面临三个问题：一是变量有限；二是测试静态；三是被动测试。而监管科技企业运用大数据、人工智能以及云计算等技术能在一定程度上解决上述问题。

首先，大数据技术能够将更多变量纳入到压力测试中。在压力测试中，金融机构需要考虑数以千计的变量。尤其是在情景测试中，为了能够更好地还原或模拟现实情景，需要考虑更多变量。比如，美国某投资机构在进行压力测试时考虑了 2600 多个宏观经济变量。传统的分析工具无法处理如此巨大的数据量，因此会根据经验或者学术研究的结论，仅选择几个关键变量进行测试。大数据技术能够处理大规模的数据，对更多的变量进行分析，减少由于变量有限而造成的情景失真，更好地进行情景测试。

其次，人工智能能够实现压力测试的动态化。当前的压力测试是一个静态的过程，但风险却随时都可能发生，仅在特定时点进行压力测试能达到的效果较为有限。监管科技企业运用人工智能技术，能够根据金融机构财务数据的实时变化情况，为金融机构提供动态化的压力测试服务。动态化的压力测试能够帮助金融机构及时发现风险，在风险较小时就采取处理措施，防止风险积累到难以控制的程度。

最后，云计算能够降低压力测试的成本，帮助金融机构实现自合规（Self－compliance）。现阶段，金融机构的压力测试都是被动测试，即监管机构提出压力测试的要求，金融机构才进行测试，而不是主动将压力测试作为内部风控的工具。造成这种情况的主要原因是压力测试的成本比较高，需要金融机构配置相应的基础设施和人力资源。借助云计算平台，监管科技企业能够为金融机构提供压力测试解决方案，金融机构不需要配置基础设施和人力资源，只需在云计算平台上购买所需的解决方案就能进行压力测试，从而大幅降低压力测试的成本。当成本降低之后，金融机构可以主动进行压力测试，实现自合规，这样还能够避免因未通过压力测试而带来负面的社会影响。

生产力的发展推动了时代的向前衍进，而科技水平的进步决定了金融监管方法越来越由定性转为定量，由静态转向动态，以及新监管方式的诞生。上述的时代与方法的变革之中，更是体现了监管理念的变革。按照金融之定义，金融监管必须以市场法则为依据，以市场激励的方式来确立市场秩序。一个有效的金融监管体系应当是与时代相贴合的，随着一个国家的要素禀赋结构、法律环境、企业规模、资金需求等金融环境不断变化而变化，依据金融系统中存在的问题对症下药。

总而言之，不管时代如何，不管监管方法如何演变，监管的中心思想不会变。一是准确确定由市场失灵造成的问题和风险，区分重大市场失灵和潜在市场失灵，分别用不同的方式予以解决；二是不断发展选择性的方法替代传统命令式的监管方法，“道高一尺，魔高一丈”，金融监管不应是经济主体的枷锁和桎梏，而应是实现社会利益最大化的工具。

第三篇

科学与艺术

第七章　监管科技的技术

在科学思维中常常伴着诗的因素，真正的科学和真正的音乐要求同样的想象过程。

——阿尔伯特·爱因斯坦

金融合规是金融发展的核心技术，金融合规技术是金融物质的底层物质结构。如果不能构建底层合规技术，一个国家的金融业就会建构在沙滩上，所以我们必须大力发展金融业的底层合规技术。

有了底层合规技术，才能在金融物质的层次上谈金融创新。有了底层合规技术加上金融创新的金融科技，我们才能够安全地享受金融产品，才能开发出更多有效的金融产品。

所谓底层合规技术，就是指监管科技，其最大优势是能实现纸质报告流程的数字化、减少监管的人力支出及集中化满足监管要求，从而降低合规成本。同时，监管科技能帮助金融机构无缝对接监管政策，及时自测与核查经营行为，完成风险的主动识别与控制。

国际金融协会（IIF）将监管科技定义为“能够高效和有效解决监管和合规性要求的新技术”，这些新技术主要包括机器学习、人工智能、区块链、生物识别技术、数字加密技术以及云计算等。

云计算不仅有利于金融科技，也能为监管科技提供廉价的计算和存储的资源；大数据可以有效实现数据挖掘和分析的能力；人工智能可以提供数据智能化的分析能力；区块链则能保障数据的真实可靠；而开发API应用接口可以为金融监管提供有利的思路和方法。

这些技术，可以为监管科技在各类应用场景中提供支持，包括用户身份识别、市场交易行为监控、合规数据报送、法律法规跟踪、风险数据融合分析、金融机构压力测试和信息系统安全等场景。

这就是监管科技的技术，尽管我们可能还面临各种挑战：认知层面，各主体的利益和目标存在本质差异；政策层面，监管政策的一致性和联系性有待提高；产品层面，产品应用效果和数据安全能力还有待验证；成本层面，金融机构和监管机构都面临系统更新的成本压力；生态层面，监管科技服务生态发展滞后。

第一节 监管科技的技术

一、监管科技概述

（一）国际概况

国际金融协会（IIF）将监管科技定义为“能够高效和有效解决监管和合规性要求的新技术”，这些新技术主要包括机器学习、人工智能、区块链、生物识别技术、数字加密技术以及云计算等。

德勤2015年发布的《监管科技是新的金融科技吗?》报告中总结了监管科技的四个核心特点：①敏捷性，能对错综复杂的数据组进行快速的分解和组合；②速度，能及时生成报告与解决方案；③集成，即共享多个监管的数据结构，并对多项监管规定的众多要求形成统一的合规标准；④分析，监管科技使用分析工具以智能方式对现有“大数据”的数据组进行挖掘，释放其潜力，例如同一数据可以实现多种用途。

具体到金融行业，监管科技的最大优势是能实现纸质报告流程的数字化、减少监管的人力支出及集中化满足监管要求，从而降低合规成本。同时，监管科技能帮助金融机构无缝对接监管政策，及时自测与核查经营行为，完成风险的主动识别与控制。对此，世界各国的金融监管部门已达成了共识并已付诸行动。金融稳定理事会（FSB）、巴塞尔银行监管委员会（BCBS）、国际保险监管协会（IAIS）、国际货币基金组织（IMF）、国际证监会组织（IOSCO）等国际组织已各自下设监管科技工作小组。作为全球金融治理的牵头机构，FSB 于 2016 年 3 月发布了《金融科技的全景描述与分析框架报告》，以维护金融稳定为核心，首次正式探讨了金融科技蕴藏的系统性风险以及监管应对问题。

目前，FSB 正致力于拟定全球监管科技的运行框架（如图 7－1 所示）。各国对金融科技的监管范围主要集中在四大板块：一是支付结算板块，尤其是电子支付行业，美国已形成完整的监管体系；二是存贷款与资本筹集板块，包括金融机构线上化运营、P2P 借贷和股权众筹等；三是投资管理，特指智能投顾；四是市场设施板块，其中征信领域已实施具体监管政策，代表国家和区域有美国、英国和欧盟。

在各国监管科技改革举措中，最有代表性的是美英等主要发达国家的监管部门提出的监管科技构想：监管部门的技术系统直连每个金融机构的后台系统，运用大数据分析、数据可视化等技术手段完成监管报告、建模与合规等工作。

监管科技的具体应用体现在监管资料数字化、预测编码、模式分析与人工智能、运用先进算法侦测全网络可疑金融交易行为等方面。监管

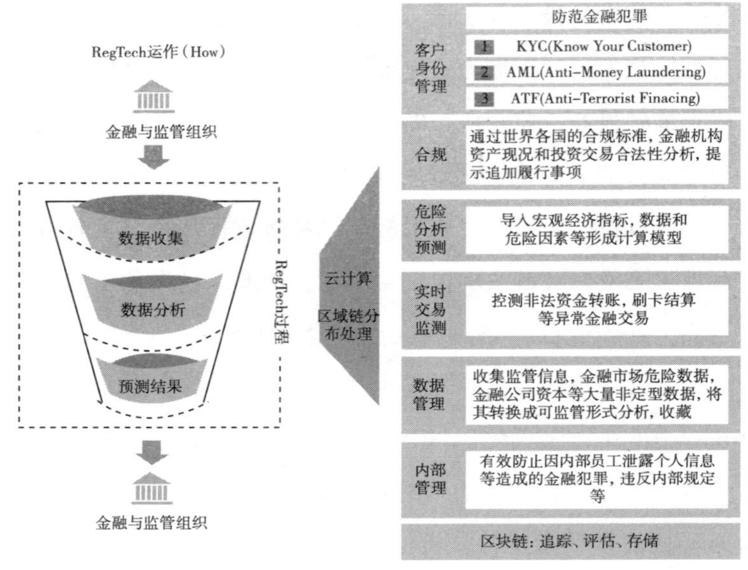

图7－1　监管科技的运行框架

主体除了关注金融科技公司的持续运营能力和风控能力，还需将金融科技公司的基础设施纳入监管体系，建立和完善技术基础设施监管方案，在大数据和云计算的基础上建立实时、动态监管系统，并结合既有金融监管规则推动监管科技方案的落实。

在驱动监管科技的所有新技术中，区块链技术是其中很重要的一种。它能帮助监管当局提供实时可靠的交易状态，有效提升信息的透明度，极大降低基础设施的重复建设成本。不仅仅局限于加密货币，区块链可应用于多个场景，支付清算、征信、权益证明、证券交易及金融监管等领域也都可应用区块链技术。

2016 年 12 月，日本央行和欧洲央行宣布推出名为“Stella”的联合研究项目，以评估分布式账簿技术解决方案在金融市场基础设施领域的适用性。该项目测试报告显示，基于区块链的分布式账簿技术解决方案能满足实时全额结算系统的性能需求，并证明了在分布式账簿技术环境中实现标准 LSM（清算排队和双边抵销）处理的逻辑可行性。

（二）国内概况

监管科技涉及三方主体：监管机构制定监管规则，金融机构和金融科技公司的行为需要满足监管合规要求，监管科技公司提供监管科技的技术服务。中国监管科技与国外监管科技是有区别的，出于合法合规经营的需要，国外监管科技首先起源于金融机构和金融科技公司，是其根据监管机构发布的监管规则制定用于自律的技术；而由于中国金融监管的包容性，金融机构和金融科技公司缺乏研究和开发监管的动力，因此中国监管科技的发展理应也需要由监管机构来推动。

早在 2003 年，监管科技的逻辑在中国就已经应用到实务当中。2003 年，原中国银监会推出“1104 工程”，旨在准确收集监管信息、统一管理操作流程和评价标准等。标准化的报表报送对数据要求较高，中小银行合规时间紧、成本高，这种情况下精通于此类业务的第三方金融服务公司应运而生。从某种角度来看，这些公司与监管科技企业有异曲同工之妙，差别在于采用的方法是传统技术还是大数据、人工智能和云计算等新兴技术。

2017 年 7 月，全国金融工作会议明确了“服务实体经济、防控金融风险、深化金融改革”三项重要任务，对监管机构的监管能力和手段提出了更高要求。2018 年 3 月召开的全国“两会”上，全国人大代表、苏宁控股集团董事长张近东提出，要推动大数据与人工智能、区块链等新技术的融合；全国政协委员、证监会信息中心主任张野则表示，证监会正在制定行业金融科技发展指导意见，促进并规范行业金融科技和监管科技健康、平衡发展，加强金融科技和监管科技应用的风险防控。全国人大代表、腾讯公司董事会主席兼首席执行官马化腾更建议建立联防联控和分级响应制度，对非法金融业务“打早”“打小”，赋予商业银行和支付机构分级应急处置权限，发现违法活动苗头时，及时用技术手段锁定并处理。

一国或全球金融监管框架的改革起始于监管者的态度和原则，决定监管体制顶层结构的设计，最终落脚于监管能力和监管手段的实施。换言之，要提高金融监管的有效性，在加强和改进金融监管体制的同时，还需加强监管科技的力量。

二、监管科技类型

为提升监管科技应用效能，应当建立以金融管理部门为中心、以金融机构为节点、以数据为驱动、具有星型拓扑结构的技术监管框架。事前将监管政策与合规性要求“翻译”成数字化监管协议，并搭建监管平台提供相关服务；事中向金融机构嵌入监管“探针”自动化采集监管数据，进而实现风险态势的动态感知与智能分析；事后利用合规分析结果进行风险处置干预、合规情况可视化展示、风险信息共享、监管模型优化等。监管科技的应用框架如图 7－2 所示。

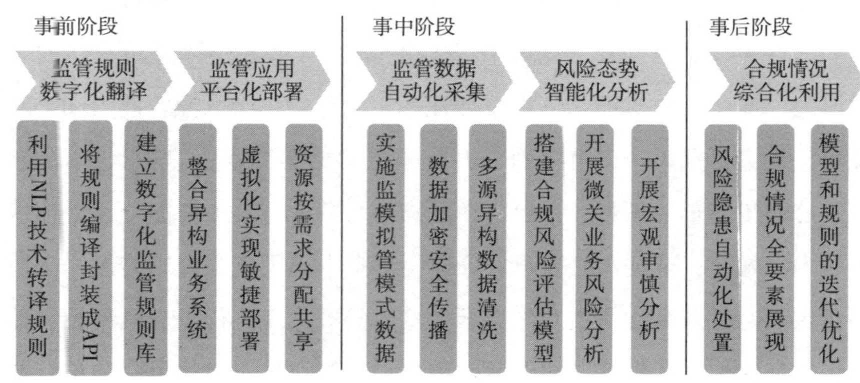

图 7－2　监管科技应用框架

（一）监管规则数字化“翻译”

以文本形式呈现的监管规则在一定程度上存在理解成本较大、语义含糊等问题。因此，首先要利用信息技术手段将文本规则翻译成数字化协议，提升金融监管的一致性与权威性。一是充分运用自然语言处理（NLP）等技术转译监管规则，精准提取量化指标，建立规则中所涉主体间的关联关系模型，实现监管规定数字化存储与展现。二是利用计算机程序设计语言将监管规则编译为“程序代码”，从关键操作流程、量化指标、禁止条款等方面进行编程开发，封装为具有可扩展性的监管API等监管工具，实现机器可读、可执行、可对接。三是建立健全数字化监管规则库，充分整合归集不同领域、不同业态的数字化监管规则，利用深度学习、多级融合算法等手段及时挖掘发现监管漏洞、分歧和新需求，增强金融监管自我完善、自我更新、自我提高的能力。

（二）监管应用平台化部署

监管平台是承载监管科技应用的关键信息基础设施。监管平台的建设既要有效整合不同架构的业务系统、处理多源异构的监管数据，也要具备服务敏捷部署、资源动态分配的支撑能力。一是利用微服务架构、容器技术等手段，将监管功能切分成粒度较小的微服务置于容器中运行，屏蔽金融机构业务系统差异；同时整合相关联的微服务形成微服务簇，共同完成大型复杂的监管任务。二是运用虚拟化技术实现监管服务敏捷部署，搭建适应监管要求快速变化的应用环境。三是充分发挥云计算按需分配、弹性扩展的资源配置优势，根据监管负载需要实时动态调配信息技术资源，最大限度地提高对监管业务需求的响应速度和支撑效率。

（三）监管数据自动化采集

金融监管就是数据监管，金融数据的采集汇聚是数据监管的基础，因此要建立完善监管数据采集体系，为金融监管提供有效支撑。在数据提取环节，优化监管数据报送手段，利用API、系统嵌入等方式，实现金融管理部门与金融机构之间的实时数据交互，减少人工干预，降低合规成本。在数据传输环节，利用密码技术、数据安全存储单元等支撑监管数据传输，通过属性、对象和访问类型标记元数据，增强监管数据采集过程的安全性和可靠性。在数据清洗环节，针对海量异构金融数据，特别是由于数据来源广、关联系统多等原因而产生的低质量数据，综合运用数据挖掘、模式规则算法、分析统计等手段进行多层清洗，使获得的数据具有高精度、低重复、高可用优势，为风险态势分析等提供更为科学合理的数据支持。

（四）风险态势智能化分析

风险分析是金融监管的核心环节。要基于人工智能技术实现金融风险的智能化监测，提升金融风险态势感知能力。一是搭建合规风险评估模型。基于支持向量机和神经网络等机器学习算法建立金融业务风险分析模型，将采集到的监管数据按照不同层次和粒度进行融合，形成适合模型处理的标准数据集，并根据监管需求进行快速重组、调整和更新，提升模型适应性。二是开展微观行为分析。根据合规风险评估模型对金融机构的业务流、信息流和资金流进行全方位分析，把整个业务链条穿透连接起来，透过数据分析业务本质，精准识别信贷、支付、征信等金融业务风险。三是开展宏观审慎分析。利用规则推理、案例推理和模糊推理等方式，模拟不同情景下的金融风险状况，开展跨行业、跨市场的关联分析，提升系统性、交叉性金融风险的甄别能力。

（五）合规情况综合化利用

针对风险态势智能分析得到的不同结果，合理运用、因事制宜、精准施策，提升金融监管的有效性。一是借助深度学习等技术实现风险隐患的自动化处置，针对不同的风险类型触发最优的风险处置和缓释措施，如对欺诈交易采取自动中断，对系统性金融风险实行早期预警。二是利用可视化等技术将合规情况进行全方位、全要素展现，同时借助云平台等促进风险态势互通，实现风险信息在监管科技参与主体间的全局共享，最大限度隔离风险。三是借助数据分析和模式识别等技术，将风险态势分析结果、合规情况报告、历史监管数据等进行自动抽取、反复迭代，促进算法的重构与优化，建立更准确、完整、合规的分析评估模型和内部管理规则。

第二节　技术元素

一、大数据与小数据

（一）大数据

大数据（Big Data），指无法在一定时间范围内用常规软件工具进行捕捉、管理和处理的数据集合，是需要新处理模式才能具有更强的决策力、洞察发现力和流程优化能力的海量、高增长率和多样化的信息资产。

大数据技术的战略意义不在于掌握庞大的数据信息，而在于对这些含有意义的数据进行专业化处理。换而言之，如果把大数据比作一种产业，那么这种产业实现盈利的关键，在于提高对数据的“加工能力”，通过“加工”实现数据的“增值”。从技术上看，大数据与云计算的关系就像一枚硬币的正反面一样密不可分。大数据必然无法用单台的计算机进行处理，必须采用分布式架构。它的特色在于对海量数据进行分布式数据挖掘。但它必须依托云计算的分布式处理、分布式数据库和云存储、虚拟化技术。

随着智能时代的来临，大数据也吸引了越来越多的关注。大数据通常用来形容一个公司创造的大量非结构化数据和半结构化数据，这些数据在下载到关系型数据库用于分析时会花费过多时间和金钱。大数据分析常和云计算联系到一起，因为实时的大型数据集分析需要像 MapReduce 一样的框架来向数十、数百甚至数千的电脑分配工作。大数据需要特殊的技术，以有效地处理大量的容忍经过时间内的数据。适用于大数据的技术，包括大规模并行处理（MPP）数据库、数据挖掘、分布式文件系统、分布式数据库、云计算平台、互联网和可扩展的存储系统。

（二）小数据

传统意义上的小数据（Small Data）是因其数据体量的窄小、抽样采集方式的传统而得名，其实质是通过目前主流统计工具在合理时间内采集、存储、处理的数据集。经典的数理统计和数据挖掘知识，可以较好地解决这类问题。而大数据时代下的小数据，是一类新兴的数据，是指需要新的应用方式才能体现出具有高价值的、个体的、高效率的、个性化的信息资产。

《小数据之美：精准捕捉未来的商业小趋势》一书中，给出了小数据 2.0 的定义，小数据并不是指数据量小，而是围绕个体的全方位数据及其配套的收集、处理、分析和对外交互的综合系统。个体产生的数据，包括生活习惯、社交行为、财务状况等，全部被各种智能设备或传感器收集和利用并进行分析，并对外形成一个富有个人色彩的数据系统。小数据范畴下的个体，不仅仅包括自然人个体，还包括一切具有完整内部环境的个体，如家庭、企业、学校、医院、生态环境等。通俗来讲，以我们每个人为例，小数据能够观察个体行为如发送电子邮件、短信或推特，购物或锻炼，步行上班还是乘车上班，在家看电视剧还是看电影，或者在跟 Amazon Echo 对话等。这些痕迹反映了我们是谁、在哪、和谁、做什么。通过数据整合，以可视化的方式让你能够更了解你自己。

因此，小数据又被称为“量化的自我”，目的与大数据相同，提供个体决策的依据。虽然小数据迄今为止的应用还十分幼稚，但小数据若与智能时代的各项新技术相结合，能提供的信息将远不止于此。小数据结合大数据中运用的分析方法，加以精简，从另外一个角度对数据的本体进行更加深入的了解。小数据通过不断的学习，能从微观层面上理解个体的行为和环境的变化，逐渐成为个体生产生活的一个好帮手。

二、人工智能与脑科学

（一）人工智能

人工智能及其他自动化分析技术的发展使其能够更加智能化地满足合规要求并实施监管。近年来，人工智能应用领域市场规模、人工智能领域的资金投入都迅速增长，反映了社会与市场整体对其认知程度与信心的高涨。驱动认知程度提高的一方面因素是技术本身的提高，包括数据、算法、算力，使得人工智能技术真正为商业应用创造了价值；另一方面，大数据、物联网、云计算等技术为人工智能的发展打下了良好基础。人工智能最近 20 年的发展如图 7－3 所示。

从应用方向上来看，金融、医疗、汽车、零售等数据基础较好的行

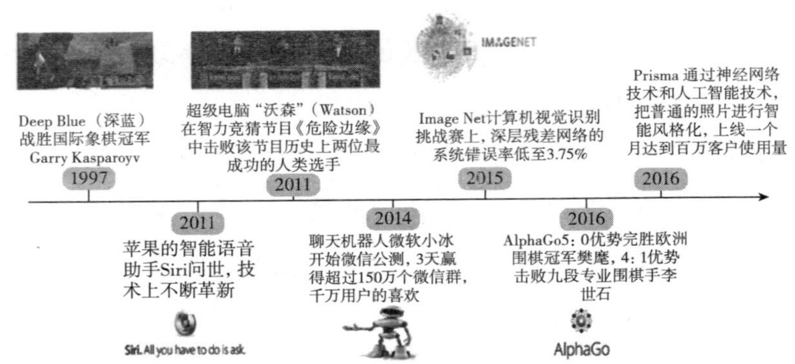

图 7-3 人工智能最近 20 年的发展

业方向应用场景目前相对成熟，相关方向企业的融资热度也较高。以自动驾驶领域为例，谷歌、百度、特斯拉、奥迪等科技和传统巨头纷纷加入；人工智能在金融领域的智能风控、智能投顾、市场预测、信用评级等领域都有了成功的应用；在医疗领域，人工智能算法被应用到新药研制，提供辅助诊疗、癌症检测等方面都有突破性进展，凡此种种，不一而足。

金融机构获取的数据量不断增长，尤其是大量高频非结构化的数据。基于机器学习和数据挖掘算法，即使对非结构化和低质量的数据，如电子邮件、PDF 和语音等，也可以组织并分析其大型数据集。机器学习可以改善对支付系统产生的低质量数据的解读能力；可以为数据分析创建自我完善和更准确的方法，如建模和预测可应用于压力测试等；此外，还提升了对语言和文本的处理能力，一旦有偏离合规要求的交易行为，系统将自动发出警报，有效帮助金融机构满足合规要求。将来，甚至可应用人工智能自动解读新法规。

人工智能能够解决监管者的激励约束问题。监管者的激励约束制度本身是一个政治经济学的问题。为了解决这个问题，可以设计很多机制，让监管者更有动力去监管，但是用人工智能来进行监管就可以避免这个问题，其优势在于人工智能监管不需要考虑薪酬和奖励。基于人工智能的监管系统可以依据监管规则即时、自动地对被监管者进行监管，避免由激励不足导致的监管不力等问题。

（二）脑科学

脑科学，狭义来讲就是神经科学，是为了了解神经系统内分子水平、细胞水平、细胞间的变化过程，以及这些过程在中枢功能控制系统内的整合作用而进行的研究。美国神经科学学会给出了一个广义定义，“脑科学是研究脑的结构和功能的科学，包括认知神经科学等”。

认知神经科学的最终目的在于阐明人类大脑的结构与功能，以及人类行为与心理活动的物质基础，在各个水平（层次）上阐明其机制，增进人类神经活动的效率，提高对神经系统疾患的预防、诊断、治疗服务水平。其基本目标分为五个方面：揭示神经元间各种不同的连接形式，为阐明行为的脑的机制奠定基础；在形态学和化学上鉴别神经元间的差异，了解神经元如何产生、传导信号，以及这些信号如何改变靶细胞的活动；阐明神经元特殊的细胞和分子生物学特性；认识实现脑的各种功能（包括高级功能）的神经回路基础；阐明神经系统疾患的病因、机制，探索治疗的新手段。

最开始，人类一切的智力活动都是通过人脑来进行的。但当脑科学研究的序幕开启、人类开始走进神经科学研究的领域之后，依托于计算机的人工智能正逐渐成为新的“智力”活动代表。无论是电脑将战胜人脑，还是人脑始终完胜电脑，对于脑科学领域的研究永远不会止步。这不仅会影响到科技的进步，更关系到人类的生存。

总的来看，人工智能技术和脑科学二者相互借鉴、相互融合的发展是近年来国际科学界涌现的新趋势。脑科学研究对大脑认知神经原理的认识，不仅提升了人类对自身的理解和脑重大疾病的诊治水平，也为发展专业型人工智能技术、突破传统计算机架构的束缚提供了重要的依据。

三、物联网与区块链

（一）物联网

物联网（Internet of Things，IoT）是新一代信息技术的重要组成部分，也是信息化时代的重要发展阶段。顾名思义，物联网就是物物相连的互联网。这有两层意思：其一，物联网的核心和基础仍然是互联网，是在互联网基础上的延伸和扩展的网络；其二，其用户端延伸和扩展到了任何物品与物品之间，进行信息交换和通信，也就是物物相息。物联网通过智能感知、识别技术与普适计算等通信感知技术，广泛应用于网络的融合中，因此也被称为继计算机、互联网之后世界信息产业发展的第三次浪潮。物联网是互联网的应用拓展，与其说物联网是网络，不如说物联网是业务和应用。因此，应用创新是物联网发展的核心，以用户体验为核心的创新是物联网发展的灵魂。

物联网将现实世界数字化，应用范围十分广泛。物联网拉近分散的信息，统领物与物的数字信息，物联网的应用领域主要包括以下方面：运输和物流领域、健康医疗领域范围、智能环境（家庭、办公、工厂）领域、个人和社会领域等，物联网为人工智能的感知层提供了基础设施环境，同时带来了多维度、及时全面的海量训练数据，是人工智能实现不可缺少的助力，具有十分广阔的市场和应用前景。

（二）区块链

区块链（Blockchain）是分布式数据存储、点对点传输、共识机制、加密算法等计算机技术的新型应用模式。所谓共识机制是区块链系统中实现不同节点之间建立信任、获取权益的数学算法。

区块链是比特币的一个重要概念，它本质上是一个去中心化的数据库，同时作为比特币的底层技术。区块链是一串使用密码学方法相关联产生的数据块，每一个数据块中包含了一次比特币网络交易的信息，用于验证其信息的有效性（防伪）和生成下一个区块。

区块链构建了一种以低成本建立信任的机制。相对于传统的数据库技术，区块链从集中式记账演进到分布式记账，从增删改查到不可篡改，从单方维护到多方维护，从外挂合约到内置合约，其独有的信任建立机制切中了传统行业的痛点，是未来发展数字经济、构建新型信任体系不可或缺的关键技术。区块链与新兴技术交叉演进，将协同驱动形成未来智能社会基础架构，重构数字经济发展生态。

区块链及其他分布式总账技术能够提高效率、促进信息共享、增强风险管控。区块链技术可能会促进金融机构内部和金融机构之间实现更高效的交易平台、支付系统以及信息共享机制的发展，其潜在应用包括：软件自动交易或“智能合约”，可提高金融合同透明度，减少结算和系统风险，提高交易效率，通过实时结算解锁资本。区块链和生物识别技术配合数字身份使用时，可以使 KYC 检查更及时、经济、可靠。监管机构通过记录分布式总账上的数据（不可撤销和篡改），可以全面安全地进行审计和跟踪，更好地分析系统性风险。

总结而言，区块链就好比利用最先进的技术手段，把历史的记录和传播还原到了结绳记事、口耳相传的时代，为的是抛弃史书的一家之言，对历史的真实性重新定义（多数人认可的才是历史）并确立一种平民史观（所有人都在、也都可以记录历史）。这一变革是深刻的，它摆脱了中心和权威，建立了信用的自治体系。这些要素和特点也决定了它的应用和前景，以及风险和监控要求。

四、虚拟现实与增强现实

（一）虚拟现实

虚拟现实（Virtual Reality，VR）是仿真技术的一个重要方向，是仿真技术与计算机图形学人机接口技术多媒体技术传感技术网络技术等多种技术的集合，是一门富有挑战性的交叉技术前沿学科和研究领域。虚拟现实技术主要包括模拟环境、感知、自然技能和传感设备等方面。模拟环境是由计算机生成的、实时动态的三维立体逼真图像。感知是指理想的 VR 应该具有一切人所具有的感知。除计算机图形技术所生成的视觉感知外，还有听觉、触觉、力觉、运动等感知，甚至还包括嗅觉和味觉等，也称为多感知。自然技能是指人的头部转动，眼睛、手势，或其他人体行为动作，由计算机来处理与参与者的动作相适应的数据，并对用户的输入做出实时响应，并分别反馈到用户的五官。传感设备是指三维交互设备。

（二）增强现实

增强现实（Augmented Reality，AR），增强现实技术，它是一种将真实世界信息和虚拟世界信息“无缝”集成的新技术，是把原本在现实世界的一定时间空间范围内很难体验到的实体信息（视觉信息，声音，味道，触觉等），通过电脑等科学技术，模拟仿真后再叠加，将虚拟的信息应用到真实世界，被人类感官所感知，从而达到超越现实的感官体验。真实的环境和虚拟的物体实时地叠加到了同一个画面或空间同时存在。增强现实技术，不仅展现了真实世界的信息，而且将虚拟的信息同时显示出来，两种信息相互补充、叠加。在视觉化的增强现实中，用户利用头盔显示器，把真实世界与电脑图形多重合成在一起，便可以看到真实的世界围绕着它。增强现实技术包含了多媒体、三维建模、实时视频显示及控制、多传感器融合、实时跟踪及注册、场景融合等新技术与新手段。增强现实提供了在一般情况下，不同于人类可以感知的信息。

“虚拟”和“现实”虽是古老的哲学问题，但是随着科技的发展和现代性的进场，这对范畴获得了新的理论内涵。

五、机器学习和深度学习

（一）机器学习

机器学习（Machine Learning，ML）是一门多领域交叉学科，涉及概率论、统计学、逼近论、凸分析、算法复杂度理论等多门学科。专门研究计算机怎样模拟或实现人类的学习行为，以获取新的知识或技能，重新组织已有的知识结构使之不断改善自身的性能。它是人工智能的核心，是使计算机具有智能的根本途径，其应用遍及人工智能的各个领域，它主要使用归纳、综合而不是演绎。

（二）深度学习

深度学习（Deep Learning，DL）的概念源于人工神经网络的研究。含多隐层的多层感知器就是一种深度学习结构。深度学习通过组合低层特征形成更加抽象的高层表示属性类别或特征，以发现数据的分布式特征表示。

深度学习是机器学习中一种基于对数据进行表征学习的方法。观测值（例如一幅图像）可以使用多种方式来表示，如每个像素强度值的向量，或者更抽象地表示成一系列边、特定形状的区域等。而使用某些特定的表示方法更容易从实例中学习任务（例如，人脸识别或面部表情识别）。深度学习的好处是用非监督式或半监督式的特征学习和分层特征提取高效算法来替代手工获取特征。

深度学习是机器学习研究中的一个新的领域，其动机在于建立、模拟人脑进行分析学习的神经网络，它模仿人脑的机制来解释数据，例如图像、声音和文本。同机器学习方法一样，深度机器学习方法也有监督学习与无监督学习之分，不同的学习框架下建立的学习模型很是不同。例如，卷积神经网络（Convolutional Neural Networks，CNNs）就是一种深度的监督学习下的机器学习模型，而深度置信网（Deep Belief Nets，DBNs）就是一种无监督学习下的机器学习模型。

六、自然语言处理和知识图谱

（一）自然语言处理

自然语言处理（Natural Language Processing，NLP）是计算机科学领域与人工智能领域中的一个重要方向。它研究能实现人与计算机之间用自然语言进行有效通信的各种理论和方法。自然语言处理是一门融语言学、计算机科学、数学于一体的科学。因此，这一领域的研究将涉及自然语言，即人们日常使用的语言，所以它与语言学的研究有着密切的联系，但又有重要的区别。自然语言处理并不是一般地研究自然语言，而在于研制能有效地实现自然语言通信的计算机系统，特别是其中的软件系统。因而它是计算机科学的一部分。

自然语言处理是计算机科学，人工智能，语言学关注计算机和人类

(自然) 语言之间的相互作用的领域。

(二) 知识图谱

知识图谱 (Knowledge Graph/Vault) 又称为科学知识图谱，在图书情报界称为知识域可视化或知识领域映射地图，是显示知识发展进程与结构关系的一系列各种不同的图形，用可视化技术描述知识资源及其载体，挖掘、分析、构建、绘制和显示知识及它们之间的相互联系。

通过将应用数学、图形学、信息可视化技术、信息科学等学科的理论与方法与计量学引文分析、共现分析等方法结合，并利用可视化的图谱形象地展示学科的核心结构、发展历史、前沿领域以及整体知识架构达到多学科融合目的的现代理论。为学科研究提供切实的、有价值的参考。

七、移动计算与云计算

(一) 移动计算

移动计算 (Mobile Computing) 是随着移动通信、互联网、数据库、分布式计算等技术的发展而兴起的新技术。移动计算技术将使计算机或其他信息智能终端设备在无线环境下实现数据传输及资源共享。它的作用是将有用、准确、及时的信息提供给任何时间、任何地点的任何客户。这将极大地改变人们的生活方式和工作方式。

(二) 云计算

云计算 (Cloud Computing) 是基于互联网的相关服务的增加、使用和交付模式，通常涉及通过互联网来提供动态易扩展且经常是虚拟化的资源。云是网络、互联网的一种比喻说法。过去在图中往往用云来表示电信网，后来也用来表示互联网和底层基础设施的抽象。因此，云计算甚至可以让你体验每秒 10 万亿次的运算能力，拥有这么强大的计算能力可以模拟核爆炸、预测气候变化和市场发展趋势。用户通过电脑、笔记本、手机等方式接入数据中心，按自己的需求进行运算。

八、量子信息与量子计算

（一）量子信息

在量子力学中，量子信息（Quantum Information）是关于量子系统“状态”所带有的物理信息。通过量子系统的各种相干特性（如量子并行、量子纠缠和量子不可克隆等），进行计算、编码和信息传输的全新信息方式。

量子信息最常见的单位是量子比特（Qubit）——也就是一个只有两个状态的量子系统。然而不同于经典数位状态（其为离散），一个二状态量子系统实际上可以在任何时间为两个状态的叠加态，这两个状态也可以是本征态。

根据摩尔（Moore）定律，每十八个月计算机微处理器的速度就增长一倍，其中单位面积（或体积）上集成的元件数目会相应地增加。可以预见，在不久的将来，芯片元件就会达到它能以经典方式工作的极限尺度。因此，突破这种尺度极限是当代信息科学所面临的一个重大科学问题。量子信息的研究就是充分利用量子物理基本原理的研究成果，发挥量子相干特性的强大作用，探索以全新的方式进行计算、编码和信息传输的可能性，为突破芯片极限提供新概念、新思路和新途径。量子力学与信息科学结合，不仅充分显示了学科交叉的重要性，而且量子信息的最终物理实现，会导致信息科学观念和模式的重大变革。事实上，传统计算机也是量子力学的产物，它的器件也利用了诸如量子隧道现象等量子效应。但仅仅应用量子器件的信息技术，并不等于是现在所说的量子信息。目前的量子信息主要是基于量子力学的相干特征，重构密码、计算和通信的基本原理。

（二）量子计算

量子计算机由包含有导线和基本量子门的量子线路构成，导线用于传递量子信息，量子门用于操作量子信息。

量子计算是一种遵循量子力学规律调控量子信息单元进行计算的新型计算模式。对照于传统的通用计算机，其理论模型是通用图灵机；通用的量子计算机，其理论模型是用量子力学规律重新诠释的通用图灵机。从可计算的问题来看，量子计算机只能解决传统计算机所能解决的问题，但是从计算的效率上，由于量子力学叠加性的存在，目前某些已知的量子算法在处理问题时速度要快于传统的通用计算机。打个形象的比喻，如果将现在计算机的速度比作“自行车”，那么，量子计算机的速度则是“飞机”。

量子计算将有可能使计算机的计算能力大大超过今天的计算机，但仍然存在很多障碍。大规模量子计算所存在重要的问题是，如何长时间地保持足够多的量子比特的量子相关性，同时又能够在这个时间段之内做出足够多的具有超高精度的量子逻辑操作。基于此，现在学界的主流意见是在短期内量子计算机都不会完全取代现在的电子计算机，更可能的是两者共同繁荣，表现为量子计算的研发集中于传统计算机表现吃力或无法完成的领域。

量子计算和机器学习固有的统计学性质之间存在一种天然的结合。机器学习现在正成为一个潮词，机器学习加上“量子”，它就变成了一个超级潮词。尽管科学家预测量子计算机要想达到成熟至少还需要十年的时间，然而今天初级的量子处理器也能满足很多机器学习的需求。它们通过操作大数据，一步到位地识别出传统计算机所无法识别的微妙模式，而且不会被不完整或不确定的数据所阻碍。可见，量子计算研究已经大面积展开。

九、密码学技术和生物识别技术

（一）密码学技术

密码学的进步可在保护隐私和确保数据安全性与完整性的基础上促进数据共享和信息披露。这项技术使得金融机构内部数据的共享更加安全、快捷和高效，尤其是对风险数据的整合会更加高效。与其他金融机构、客户和监管机构的数据共享同样可以从中受益。新型的信息共享加密技术还能根据访问授权允许个人提供相关的加密信息，通过属性、对象和访问类型标记元数据，极大减少了金融机构对原始数据的处理工作，能够更高效地实现信息披露。

（二）生物识别技术

生物识别技术（Biometric Technique）就是通过计算机与光学、声学、生物传感器和生物统计学原理等高科技手段密切结合，利用人体固有的生理特性（如指纹、脸像、虹膜等）和行为特征（如笔迹、声音、步态等）来进行个人身份的鉴定。

生物识别技术和网络安全保障提高了效率和安全性。生物识别技术可以自动化进行客户识别，满足 KYC 法规的要求，与网络安全保障一起，增强了金融机构认知和了解其客户的能力，使远程工作成为可能，并增强了与客户沟通的安全性。

十、其他相关技术

（一）应用程序接口（API）

应用程序接口（API），主要是促进了与其他系统的信息和数据交互。API允许互操作性，确保不同的软件程序可以相互通信。比如，API允许向监管机构自动报告数据，监管API（RegAPI）是监管机构向金融机构提供各项“监管服务”的程序接口，方便金融机构对其内部流程和数据进行编程，并通过统一协议交换数据和生成报告。随着金融机构和监管机构开放API并分享公共数据，监管报告和检查、支付、反洗钱欺诈监测等都会更加高效。

（二）自动驾驶

自动驾驶技术的发展是我们这个时代最具影响的交通议题。如今，ADAS（高级驾驶辅助系统）如自动巡航、碰撞预警、车道保持等技术已被广泛应用于汽车上。以此为起点，自动驾驶系统（Autonomous Driving System，ADS）开发商有望兑现一系列更广泛的功能：从强大的驾驶辅助技术到无须人类干预地执行所有驾驶任务的无人驾驶汽车。无人驾驶汽车（Autonomous Vehicles；Self – piloting Automobile）又称自动驾驶汽车、电脑驾驶汽车或轮式移动机器人，是一种通过电脑系统实现无人驾驶的智能汽车。靠人工智能、视觉计算、雷达、监控装置和全球定位系统协同合作，让电脑可以在没有任何人类主动的操作下，自动安全地操作机动车辆。

Google从2009年开始做自动驾驶，到现在已有10个年头。10个年头的技术积累还无法将自动驾驶技术量产落地，可见自动驾驶技术并不简单。自动驾驶是一个庞大而且复杂的工程，涉及的技术很多，对硬件和软件都有着极高的要求。虽然各国厂商铆足了劲儿在自动驾驶汽车上做文章，但是迄今为止人类也没能生产出一辆敢在公路上完全放手的量产车。

不仅百年汽车行业正面临着一场大的变革，既有汽车产业价值链将被打破，竞争的核心将从以设备为主的硬件市场转移到以服务平台为主的系统市场。而且人类生活也将受到影响，新的技术催生全新的商业模式和服务策略，无人出租车、无人物流、自动驾驶软件许可等正在涌现，将提供更快、更好、更廉价、更环境友好的出行方式，并将惠及每一个人。

自动驾驶技术的发展将带来全面的社会和经济影响。纵观历史，传统汽车成为人们最主要的代步工具。那么，自动驾驶技术在重塑汽车的同时，也将塑造未来的城市和人类生活。

第三节　监管视角

一、大数据与关系网

利用大数据挖掘进行精准化分析以及可视化数据报告展示，一方面，能够加快分析速度，提高展示效率，节省了沟通时间和空间成本；另一方面，利用大数据分析技术，海量的异构数据及文本数据将被挖掘出更多价值，并能够被转化到具体的产品、流程和工作中。

2015 年 8 月，我国发布《国务院关于印发促进大数据发展行动纲要的通知》。2015 年 10 月，我国发布《中共中央关于制定国民经济和社会发展第十三个五年规划的建议》，提出“拓展网络经济空间，推进数据资源开放共享，实施国家大数据战略，超前布局下一代互联网”。这是我国首次提出推行国家大数据战略，将大数据研究上升至国家战略层面，正是着眼于促进我国智能制造产品的升值，必将推动产业发展向中高端迈进。2016 年 3 月，发布了《中华人民共和国国民经济和社会发展第十三个五年规划纲要》，明确指出实施国家大数据战略，把大数据作为基础性战略资源，全面实施促进大数据发展行动，加快推动数据资源共享开放和开发应用，助力产业转型升级和社会治理创新。

在国家大数据战略的背景下，监管部门可以通过大数据分析技术构建各金融生态主体关系网。对金融机构进行综合、全面的数据采集，不仅能够横向打通小额贷款公司、融资担保公司、区域性股权市场、典当公司、融资租赁公司、商业保理公司、地方资产管理公司等的信息管理，还能引入外部职能机构，如工商局、法院、人行等的信息数据，将原先割裂的地方金融监管数据实现实时共享，使各职能部门、监管部门、资质审核部门等能实时查看所需求信息，实现信息的协同和对称。同时，监管主体通过结合金融风险预警规则，运用数据分析和数据挖掘技术可以对地方金融机构的金融活动信息进行分析与监管，及时发现金融机构的问题，提升金融风险识别能力，将各类风险消灭在萌芽状态。

此外，大数据技术还能对金融机构的发展特点和规律进行总结与提炼，有助于监管部门建立起一整套科学的金融监管制度和方法，对金融机构形成灵敏有效的监管体系。同时，根据金融监管与原有监管职能机构之间存在的监管漏洞或空当，及时完善和补充，尽快构筑对类金融机构全覆盖的有效金融监管，完善地方监管立法及处罚制度，为促进金融业持续健康发展提供法制保障。

二、小数据与穿透式

利用大数据构建监管关系网之后，小数据主要承担个体的差异性、个性化反馈，通过获取那些无法被大数据捕捉的环境数据、微观经济行为数据的数据语义，更加深刻、精准地认识世界、理解世界，这与“穿透式监管”的监管理念不谋而合。“穿透式”监管就是穿透繁杂的各类业务表面，深入到业务实质去监管，这启发了我们将小数据应用到穿透式监管之中。

金融科技往往具有混业经营特征，本身就是交织的，一般涉及或嵌套多项金融业务，形态多样易变，不容易准确辨识业务实质。有些业务和工具分段看可能符合监管要求，但综合看其本质和效果，则会发现挪用、误导、违规或关联交易。“穿透式”监管方式，就是要透过表面现象看清业务实质，把资金来源、中间环节与最终投向穿透连接起来，综合全流程信息来判断业务性质，并执行相应的监管规定。

2016 年，中国人民银行牵头会同相关部门开展互联网金融专项整治，明确提出对互联网金融实施穿透式监管，按照“实质重于形式”的原则甄别业务性质，根据业务功能和法律属性明确监管原则和责任。原中国银监会按照穿透式监管和“实质重于形式”的原则，要求商业银行将各类表内外业务以及实质上由银行承担信用风险的业务纳入统一授信管理。中国证监会通过穿透式监管严控内幕交易、打击虚假信息披露，例如，对定增项目要求穿透式披露信息，并对相关认购方进行穿透核查；对私募基金的最终投资者，穿透核查其是否为合格投资者；通过穿透式监管发现万福生科造假上市，并给予严厉惩处。原中国保监会强化对保险公司股东的穿透式监管，重点加强对保险公司真实股权结构和最终实际控制人的穿透式监管。

三、云计算与监管云

云计算等技术的应用，便于整理、搜集、归纳更加准确、详尽的监管信息和动态，能够提高监管信息的可得性和及时性，通过应用程序接口（API）实现内外部监管数据和信息的及时、准确传输。

近年来，云计算正在成为信息技术产业发展的战略重点，云计算是通过网络统一组织和灵活调用软件、运行平台、计算与存储等各种信息和通信技术资源，实现大规模计算的信息处理方式，具备超大规模、虚拟化、通用性、高可靠性、高扩展性等特点。这一技术将计算分布到大量的分布式计算机上，而不是传统服务器中，可以用更低的成本维护政府与企业信息技术运营，提升服务效率和后台的稳定性，因而备受各国重视。

2015 年，国务院发布《关于促进云计算创新发展培育信息产业新业态的意见》；2017 年，国务院发布《关于积极推进“互联网 +”行动的指导意见》；在这些利好政策作用下，近年我国云计算产业得以迅速发展，产业已经走过培育与成长阶段，现已进入成熟发展期，产业格局基本稳定。

云计算的发展，为构架监管云提供了技术支持，未来最重要的监管方式应该是实现云上监管。传统金融公司、金融科技、互联网金融、监管科技公司等要主动在云上信息披露，监管的方式和行为主要放在云空间上，实现监管升级，实现大数据的同质同步，也就是我们所说的监管云。

四、人工智能与预防

人工智能所具有的更高水平的全局优化计算能力，在预防金融风险方面崭露头角。比如，高德、百度地图在规避拥堵的路线规划上，比人的经验判断更加精准。基于监管科技的智能监管系统也可以充分利用人工智能强大的计算能力，发现更多人工监管发现不了的监管漏洞和不合规情况。

人工智能的监管科技可以更好地识别与应对系统性金融风险。FinTech 的先进技术在金融领域里的运用，很容易形成金融风险与技术风险的叠加，一旦发生风险，将很有可能是系统性的。所谓系统性的金融风险，实际上是指金融风险扩散蔓延，最终对实体经济造成重大的伤害，在这个过程当中有很多的不确定性，所以系统性金融风险的识别和度量，一直都是宏观经济学当中的一个难题，在现实操作当中也是个难题，比如，什么情况下一个金融机构的风险就会导致系统性金融风险？一个多大的金融机构关闭会导致风险？一个金融市场的波动会不会造成系统性金融风险？这其中有很多模糊的地带，而且需要全局性的分析，在这方面反而人工智能更具有优势，人工智能可能会更好地识别与应对系统性金融风险。

过去，我们认为人工智能在局部和细节计算方面有优势，人类更有全局观念。但人工智能屡屡下出职业高手看不懂的棋，让人类不得不承认，人工智能在全局观念上有更强的优势。尽管人工智能不能穷尽围棋的计算，但人工智能每一步的选点都是将全盘所有的点都进行重新地考量。相比之下，人类的认知与判断具有很大的局限，通常只关注局部，很容易滋生贪婪或者恐惧的情绪。因此，人工智能在监管中的应用可能会更好地处理系统性风险。

人工智能主要依靠以下两种推理方式进行自我学习：

一是规则推理（Rule - Based Reasoning）。人工智能通过规则推理可以模拟不同情景下的金融风险，更好地进行系统性金融风险识别。但是规则推理也有局限性，每个规则都对应一个新的程序，电脑不会自动更新，而需要人为修订后再深度学习，以自动适应监管规则的升级。

二是案例推理（Case - Based Reasoning）。人工智能利用案例推理，通过机器学习过去所有的监管案例，用过去的监管案例来评价新的监管问题、风险状况和解决方案，并对有关错误进行预防。这更符合现实中的危机处理思路，如果金融市场出现了一次剧烈的波动，可以查看全球历史上有哪一次市场波动与之相仿，当时采取了什么措施，获得了什么效果，作为这一次管理金融市场波动的参考。监管者花费数十年只能积累有限的案例，而人工智能却可以在很短的时间内学习全球历史上所有的案例，并进行推理。

目前，各国都在积极支持人工智能在监管上的应用。美国金融业监管局（FINRA）正在评估与投资相匹配的人工智能金融监管模式。美国证券交易委员会（SEC）正在采取机器学习的方法来进行未来投资者行为预测，特别是在市场风险评估方面，这包括发现潜在的欺诈和监管部门渎职。英国金融服务管理局（FSA）通过鼓励发展监管科技来提高监管的有效性，比如利用鼓励、培育和资助 FinTech 和金融服务公司利用新技术加速达到监管要求，利用大数据技术和软件集成工具降低企业合规成本等，鼓励 FinTech 机构创新科技手段以降低合规成本等。

五、区块链与数据安全

随着互联网技术的井喷式发展，互联网金融发展中的数据安全隐患逐渐显露。大数据模式下的数据安全存在隐患，表现为容易受到技术攻击。随着数据量的增长，庞大的数据库在数据安全性上面临挑战。金融业因其特殊性，对数据安全的要求更高。数据泄露和篡改等不良事件时有发生却难以追责。应用区块链技术正是监管数据安全的突破口。

区块链通过透明的设计，能提供给监管机构直接、即时和完全透明的监管信息。由于所有交易都记录在分布式总账上，监管机构可以进行全面、安全、精确、不可逆和永久的审计跟踪。区块链技术带来的这种近乎实时的交易数据使得监管者能够更好地分析系统性风险，提高现场检查和非现场检查的效率。

新的加密安全技术可以在保护隐私和确保数据安全性和完整性基础

上实现信息共享，同时提高金融机构向监管机构披露信息的效率。新兴的信息共享加密技术能允许个人根据访问授权提供相关的加密信息，通过属性、对象和访问类型标记元数据，从而大量减少了金融机构对原始数据的处理工作，更高效实现信息披露。即使在体量大的数据集中，新加密技术也能通过访问控制将数据对象映射到普通数据平台，帮助机构克服数据安全问题，使得数据能与监管机构共享。

实际上，在不易被分析的反洗钱调查（AML）和了解你的客户（KYC）都有了较成熟的案例。英国区块链监管科技公司 Coinfirm 已开发出应用场景，可以对客户的一个或多个加密数字货币地址进行分析并生成报告，不仅可以给出该账户是否参与犯罪，而且可以生成金融风险评价报告，成功地把金融监管扩展到了加密数字货币的领域。

在 KYC 管理方面，比利时区块链监管科技公司 BlockPass，利用区块链技术为个人建立一个不可篡改的虚拟身份，由 BlockPass 进行一次验证，之后不同金融机构可以近乎零成本迅速获取客户的真实信息和验证结果，大大降低了 KYC 的时间和成本。

相信随着区块链技术的成熟与普及，监管科技将在金融监管领域发挥日益重要的作用。2018 年 2 月 14 日，美国众议院召开第二次区块链听证会，主题为“超越比特币：区块链技术新兴应用”。此次听证会传递出对数字货币的“不封杀（不伤害）”的态度，更将区块链上升到“变革性技术”，是共担信任的基石，是一项变革性技术，区块链必须开放，并将运用于商业和政府业务的“区块链信念”上升为美国国家战略。

2017 年 9 月，中国人民银行、中央网信办、工业和信息化部、工商总局、银保监会、证监会联合发布《关于防范代币发行融资风险的公告》，公告指出，“代币发行融资本质上是一种未经批准非法公开融资的行为，涉嫌非法发售代币票券、非法发行证券以及非法集资、金融诈骗、传销等违法犯罪活动。自公告发布之日起，各类代币发行融资活动应当立即停止。已完成代币发行融资的组织和个人应当做出清退等安排，合理保护投资者权益，妥善处置风险。”

这一记国家级的重拳，让很多人对区块链也产生了误读。ICO 虽然被禁，但监管部门对区块链技术并不排斥，反而十分重视和关注。早在 2016 年 10 月，工业和信息化部就发布《中国区块链技术和应用发展白皮书（2016）》。2016 年 12 月，更是将区块链被作为战略性前沿技术、颠覆性技术写入国务院发布的《关于印发“十三五”国家信息化规划的通知》。可见，区块链日益受到我国政府的重视和关注，各地政府纷纷出台有关区块链的政策指导意见及通知文件。

2017 年 1 月，由央行推动的基于区块链的数字票据交易平台测试成功上线。再看商业银行的动作，2017 年 4 月中国银联与光大银行联合使用区块链平台构建多中心可信 POS 电子签购单系统。2017 年 7 月，民生银行和中信银行合作打造区块链项目——BCLC 信用证业务系统上线；2017 年 8 月，农业银行联合区块链平台推出面向“三农”客户提供的电商供应链融资产品；2017 年 12 月，招商银行联手几家商业银行，实现了使用区块链技术的跨境人民币汇款。

2018 年 2 月，《中国区块链行业发展报告 2018》在冬季达沃斯发布，白皮书显示中国在区块链专利、区块链融资的增速远超过美国，领先全球。同时，数据服务、金融和认证确权是目前区块链应用项目最多的领域。显而易见，区块链在中国已悄然形成“共识”，并小成气候，区块链对中国金融的改变才刚刚开始。

六、量子计算与监管优势

量子计算所特有的因子分解的能力能够十分巧妙地处理密码学、机器学习的一些问题，从而服务于以人工智能、机器学习作为重要应用的监管科技，为监管带来优势。

2017 年 11 月的《自然》杂志采访中，谷歌量子计算专家约翰·马丁尼（John Martinis）提出，当一台量子计算机具有大约 50 量子比特的时候，其计算能力和速度将超过世界上任何计算机，能解决经典计算机所解决不了的问题。因此，业内也将达到 50 量子比特的计算机称为达到了量子霸权/量子优越性（Quantum Supremacy），即 50 量子比特的量子计算机优于现在市面上的任何一台经典计算机。因此“50 量子比特”成为一个重要门槛，是各大科技巨头竞相争夺的高地。当然，不仅要在数目上达到要求，还要保证量子计算机的精度和保真度。

2018 年 2 月，国务院印发《关于全面加强基础科学研究的若干意见》，明确指出“优化国家科技计划基础研究支持体系，拓展实施国家重大科技项目，加快实施量子通信与量子计算机、脑科学与类脑研究等‘科技创新 2030——重大项目’，推动对其他重大基础前沿和战略必争领域的前瞻部署”。量子计算机技术象征着绝对的进步力量，它的出现将提升人类的整体生存状况。但是，要达到这种效果，还需要政府、企业严肃认真地展开探索，寻找善用这一工具的正确途径，否则将是一场空欢喜。

七、自动驾驶与监管下沉

目前，自动驾驶技术未能得到广泛推广的一个重要原因在于“车路协同”问题。车毕竟是车，只有车的视角。无论它再怎么智能，不和成熟的“路”结合在一起也是“触不可及”的。成熟的自动驾驶离不开成熟的路。2018 年 9 月，云栖大会上，阿里巴巴人工智能实验室重提“车路协同”并完成了对这个概念的落地。大体上来讲，他们研发了一款叫作“感知基站”的路边设备，配合云控平台，实现云端、路端、车端一体。基站站得高看得远，具备多种传感器，分布在道路的关键节点。每个基站能照看到方圆 400 米范围内的路面情况，还能和路面上的车对话，把路面情况提前告诉车辆，从而解决道路拥堵、交通险情提前预警等问题。

目前道路的基础设施建设并不适合自动驾驶汽车运行，在当前自动驾驶系统的安全性还没有得到充分的验证的情况下，自动驾驶汽车依然会发生交通事故，尤其是在自动驾驶汽车持续与人类驾驶员共享道路的环境中。持续出现的涉及自动驾驶汽车的交通事故在不断打击人们对自动驾驶汽车的信任度和接受度。大众对自动驾驶系统安全的信心对自动驾驶汽车长远发展和接受至关重要。如果人们不接受自动驾驶汽车，政府批准和技术发展就一无是处。因此，通过提升技术安全，增加公众对自动驾驶技术的信任度和接受度就显得尤为重要，而这需要适宜的监管环境，以保障安全为首要目的。适宜的监管环境要求对既有监管模式做出调整，以及包括汽车制造商和科技公司在内的社会各界的共同参与，这与监管下沉的思想不谋而合。

“监管下沉”是在管理下沉的基础上提出的一个新的概念。管理下沉，就是要埋头苦干、抓好落实，要深入基层、融入基层、了解基层、服务基层，要坚持问题导向、结果导向和价值导向；要做好调查研究，掌握实情，制定接地气的措施，要加强理论与实际相结合，发挥好参谋助手作用，努力出真招、实招和高招。金融监管机构应该借鉴管理下沉的经验，深入各金融机构了解所属单位的经营管理实际，了解其经营特色和差异，从而有助于监管部门的顶层设计方案更具客观性、统一性、协调性；有助于“一企一策”管理措施的制定和实施，更好地帮扶、指导和督促金融机构相关工作的开展，动态了解各金融机构的所思、所想、所需，及时掌握其建设性意见。

监管机构的监管工作犹如自动驾驶汽车的道路建设，而各金融机构犹如道路上的自动驾驶汽车，只有车路协同，才能实现金融系统的良性健康发展，因此，适宜的监管环境要求对既有监管模式做出调整——监管下沉，以及包括监管科技企业、政府部门、金融机构在内的社会各界的共同参与。

八、自然语言处理与舆情监控

语言是人类区别其他动物的本质特性。在所有生物中，只有人类才具有语言能力。人类的多种智能都与语言有着密切的关系。人类的逻辑思维以语言为形式，人类的绝大部分知识也是以语言文字的形式记载和流传下来的。因而，它也是人工智能的一个重要，甚至核心部分。

用自然语言与计算机进行通信，这是人们长期以来所追求的。因为它既有明显的实际意义，同时也有重要的理论意义：人们可以用自己最习惯的语言来使用计算机，而无须再花大量的时间和精力去学习不很自然和习惯的各种计算机语言；人们也可通过它进一步了解人类的语言能力和智能的机制。

实现人机间自然语言通信意味着要使计算机既能理解自然语言文本的意义，也能以自然语言文本来表达给定的意图、思想等。前者称为自然语言理解，后者称为自然语言生成。因此，自然语言处理大体包括了自然语言理解和自然语言生成两个部分。历史上对自然语言理解研究得较多，而对自然语言生成研究得较少。但这种状况已有所改变。

无论实现自然语言理解，还是自然语言生成，都远不如人们原来想象的那么简单，而是十分困难的。从现有的理论和技术现状看，通用的、高质量的自然语言处理系统，仍然是较长期的努力目标，但是针对一定应用，具有相当自然语言处理能力的实用系统已经出现，有些已商品化，甚至开始产业化。典型的例子有：多语种数据库和专家系统的自然语言接口、各种机器翻译系统、全文信息检索系统、自动文摘系统等。

自然语言处理，即实现人机间自然语言通信，或实现自然语言理解和自然语言生成是十分困难的。造成困难的根本原因是自然语言文本和对话的各个层次上广泛存在的各种各样的歧义性或多义性（Ambiguity）。

舆情分析就是根据特定问题的需要，对针对这个问题的舆情进行深层次的思维加工和分析研究，得到相关结论的过程。舆情分析的理想状态或者说未来的方向，应该是自然语言处理，语义理解。现阶段很难，相关语义分析、理解技术还在实验室阶段，还达不到良好的实际应用水平。现阶段的舆情分析，基本还是基于正负倾向关键词的直接匹配。

第八章　监管科技的逻辑

我并不假装理解宇宙——它比我大多了。

——阿尔伯特·爱因斯坦

互联网金融在中国获得飞速发展，也带来巨大的社会效应及经济效应；监管机构的监管思路也在逐渐清晰，什么能做，什么鼓励做，什么一定不能做，开始有了明确规范。同样，金融科技，如果其本质是金融，则属于特许经营行业，必须纳入金融监管；如果其本质是科技，则属于金融周边行业，必须符合金融技术、安全等相关规定。

可见，金融监管越来越强调“持证经营”，在这一基础之上，可以清晰地看到，监管机构从未对不同资本性质经营金融业务进行限制，而是在逐步明确不同主体的展业规则和边界。这就是金融监管的逻辑。

同时，监管科技将人工智能、机器学习、区块链、云计算等新技术嵌入到客户尽职调查、风险管控、合规管理等应用场景，突出对交易数据、风险数据、监管数据的分析处理和共享运用，通过监管政策、监管制度及合规性要求的数字化，推进监管合规的标准化、工具化和程序化，将数据技术、数据工程、数据科学与金融业务场景紧密结合，优化金融市场结构及监管框架体系。

目前，虽然关于监管科技的法律法规的不明确为监管科技的逻辑设计及技术实施带来挑战；但是，我们知道监管科技是金融、监管、技术的有机融合，因此，监管科技的逻辑即金融的逻辑、监管的逻辑和科技的逻辑的融合。

第一节 监管科技的逻辑

一、监管逻辑概述

监管科技将人工智能、机器学习、区块链、云计算等新技术嵌入到客户尽职调查、风险管控、合规管理等应用场景，突出对交易数据、风险数据、监管数据的分析处理和共享运用，通过监管政策、监管制度及合规性要求的数字化，推进监管合规的标准化、工具化和程序化，将数据技术、数据工程、数据科学与金融业务场景紧密结合，优化金融市场结构及监管框架体系。因此，监管逻辑是以数字化、数据化、技术化为核心和驱动的金融监管解决方案，体现数字化、数据化、技术化逻辑的内涵，更体现金融、监管、技术逻辑的内涵。

（一）数据化优化金融资产负债监管

监管科技作为金融科技的细化分支，延续了金融科技的数据逻辑本质。金融科技在传统金融核心业务逻辑基础上引入技术元素，改善金融机构负债端、资产端的业务流程，通过新技术的应用优化金融资源投入和产出的配比，改造和升级传统金融服务模式。金融科技使得技术元素从后台的“支撑工具”逐渐转变为前台的“方向引领和核心驱动”。

监管科技作为金融科技发展的新业态，并没有改变传统金融的业务实质，也没有改变现有的监管框架，只是在监管资源、监管策略上引入新技术，通过监管合规的数字化和智能化，推动技术端和负债端、资产端的有效对接和互联互通，从而实现金融科技创新与有效风险管控的平衡、协调。强调以数据驱动来优化金融负债端与资产端业务的监管流程，成为监管科技的第一条逻辑。

（二）数字化提高金融监管的时效性

建立在人工智能、云计算、机器学习等技术上的监管科技更加依赖数据资源的聚合分析，通过构建合规审核评估模型、客户适当性分析模型等，实现对金融机构及其业务的数字化监管。基于数据分析、数据预测、数据决策等全方位数据应用，提升监管水平和效率。监管科技进一步弱化了监管机构的人工审核评估机制，更加强调风险评估和监管审核流程的数据挖掘、整合、分析和预测，注重利用新技术对金融机构信用风险、操作风险、流动性风险等进行智能化监测，从而能够敏捷感知金融风险态势，及时跟进风险处置和缓释措施。通过监管流程的数字化以提升监管的时效性、针对性，成为监管科技的第二条逻辑。

（三）技术化构架金融安全监管环境

监管科技的重要技术构架之一是区块链技术。区块链技术的核心是基于共识机制的去中心化、分布式账户系统。这一系统采用工作量证明机制（POW）、权益证明机制（POS）等，以保证节点记账数据的一致性、完整性和安全性；通过分布式记账形式，实现对数据记录、存储、传递、共享等全流程管理；通过数据存储结构的创新，为数字货币、数字票据等数字资产交易提供一个相对安全、稳定及可信任的数据环境，确保数字资产交易的安全性、唯一性和不可篡改性，防止数据操作及数据欺诈。运用数据技术构架安全、稳定、可信任的数字资产监管环境，成为监管科技的第三条逻辑。

二、监管逻辑类型

2008 年金融危机之后，金融监管朝着更为严格的方向发展。先是美联储出台了旨在强化监管力度的《多德－弗兰克法案》；后是我国建立了金融稳定监管委员会，将“一行三会”合并为“一行两会”，打破了传统的分业监管的金融格局，旨在建立金融统一监管体系，防范系统性金融风险。

金融行业存在信息不对称，例如，购买理财产品的消费者对于理财资金的用途和风险大多一知半解，无法做出理性购买决策，容易受到销售者的误导。金融行业亦存在业务边界过度扩张的问题，混业经营就是典型案例，一方面经营商业银行业务，吸收大众存款；一方面经营投行业务，将存款投向高风险股权，势必造成巨大风险。金融行业一旦出现风险，很可能是影响面大、危害深远的社会性风险。

因此，对于金融监管，其逻辑主要有三个层次：一是规范主体，二是激活市场，三是引导未来。

（1）规范主体是最基础的类型，每个经过社会分工演化的金融参与主体，都应该有自己的行为准则。引导参与主体形成规范的内部治理，激活创新精神是监管在此层次的方向。以银行为例，规范性和严谨性保证了风险的可控，灵活性和创新型促使自身进一步发展。

（2）激活市场是中间层次的类型。市场是促进主体间合作的关键媒介和要素，必须打通市场流通的各种脉络。引导形成健康的充分竞争的金融市场，是监管在此层次的类型目标。其中，产品信息充分披露和打破部分垄断是关键。只有这样，才能使金融产品的买卖双方地位对等，市场机制才能充分发挥。

（3）引导未来是最高层次的类型，也是监管的终极使命。根据社会分化和市场合作的规律，金融领域要继续发展，势必会继续在分化和市场两个领域进行深化。新的金融和类金融机构的出现、新的业务品种的推出，都可以促进分化的进行，监管部门应该进行鼓励和引导，并将国外好的业务模式积极引进。新的市场和市场机制亦会不断出现，监管部门应该积极试点培育，待成熟后不断推广。

纵观当前国内监管现实，在规范主体方面的成效是积极的，打击了部分金融机构的不合规做法，但亦需不断培养金融机构的活力，在管理机制和产品创新等方面给予支持。激活市场方面，主要成就体现为初步建立了多层次的资本市场，但仍存在市场间相互分割、各自为战的局面。2018 年银监会与保监会的合并，是个利好，有利于相关市场的整合。引导未来方面，当前监管部门对于新业态新产品的支持态度有所减弱，应该加强国际前沿金融业态的研究，寻找规律和趋势，引导金融向前发展。

总之，与其他行业一样，金融行业的演化发展遵循分化与市场协作的规律。金融的监管应立足于发展和进步，着眼于参与主体和金融市场两个部分，并积极引导金融领域向更高层次不断前进。

第二节　逻辑观点

一、融合与跨界

目前，金融行业正在向着混业经营的“大金融”方向发展，金融行业的融合与跨界趋势日趋显现。银行、证券、保险、信托、基金等越来越呈现出你中有我、我中有你的态势。相对而言，分业监管似乎越来越呈现出监管乏力的状态，监管真空、交叉监管、职责不清等监管乱象频现。

为了应对金融市场的实际变化和监管现状的需要，监管层面也必须要做到融合与跨界。2018 年 3 月 13 日，国务院机构改革方案《国务院关于提请审议国务院机构改革方案的议案》提请十三届全国人大一次会议审议，并于 3 月 17 日表决通过。方案指出，将组建中国银行保险监督管理委员会。将中国银行业监督管理委员会和中国保险业监督管理委员会的职责整合，组建中国银行保险监督管理委员会，作为国务院直属事业单位。将银行业监督管理委员会和中国保险监督管理委员会拟定银行业、保险业重要法律法规草案和审慎监管基本制度的职责划入中国人民银行。不再保留中国银行业监督管理委员会、中国保险业监督管理委员会。

新组建的中国银行保险监督管理委员会主要职责是，按照法律法规统一监督管理银行业和保险业，维护银行业和保险业合法、稳健进行，防范和化解金融风险、保护金融消费者合法权益，维护金融稳定。

至此，中国金融监管体制由原来的“一行三会”正式演变为“一委一行两会”，即金融稳定发展委员会、中国人民银行、中国银行保险监督管理委员会、中国证券监督管理委员会。

可见，金融经营的融合与跨界带来的是金融监管的融合与跨界，而监管科技作为监管应用的一部分，也必须适应这种现实的需求与变化，这就需要监管科技在技术层面上的融合与跨界。监管的逻辑、理念、手段和方式都需要与时俱进，从分业主体监管转向跨界混业监管。

中国的监管机构对于传统机构的监管已经逐渐摸索出一套成熟的办法，监管总体而言有效。然而，金融科技的创新提速之快，使得世界范围内的金融监管都面临挑战。

对此，还需要监管者做出有效应对。首先，监管者不应画地为牢，需快速地理解新的技术，以及这些技术会给行业带来的正面和负面影响；再次，是必须透明，金融科技公司透明以赢得公众的信任，而监管透明以帮助公司预判未来公司发展方向；最后，保证金融机构稳健经营的同时保护消费者利益。

二、线上与线下

传统的金融业务主要在线下进行，无论是储户办理存贷款业务，还是购买债券基金、签订保单等，都是通过线下的网点来一对一进行。相对应的，监管方式也主要采取线下监管的模式。

传统的监管模式，尤其是现场监管，需要监管机构人员深入金融机构内部具体核实相关数据或具体金融行为。而即使是非现场监管，也是按照相关的风险为本的监管理念，全面持续地收集、监测和分析被监管机构的主要风险隐患，以此制订监管计划，并结合被监管机构风险水平的高低和对金融体系稳定的影响程度，合理配置监管资源，实施一系列分类监管措施的周而复始的过程。因此，传统的现场监管和非现场监管，就其具体程序而言，从采集数据、对数据的核对整理、形成风险监管指标值、风险监测分析和质询、风险初步评价与早期预警等具体措施来看，虽然在一定程度上会依赖相应的线上操作，但其具体的核心业务操作还是要靠线下来完成。

近几年，在新一代信息技术发展的浪潮下，我国互联网金融迅速兴起，几乎涵盖了借贷、支付、证券、保险等金融业的所用领域。一批互联网企业凭借着技术优势、信息优势和用户优势，进军金融服务业，引发了金融市场的深刻变革，像支付宝、微信支付体系逐步覆盖全球，提升了人民币在国际货币体系中的话语权。但与此同时，互联网金融风险也加速暴露。于是，监管的重心便随着金融市场主体业务的转移而转移，线下的监管也逐步向线上监管转移。监管科技利用互联网技术将传统监管模式从线下搬到了线上，实现了线上与线下的结合。

所谓线上监管，是相对于线下监管而言的，线上监管主要就是借助互联网技术对金融业务进行监管，具有全天候、实时性、多维度等特点。线上监管相对于线下监管具有很大的优势，首先，它突破了线上监管在时间和空间上的限制，使监管更加透明化。再次，线上监管依托互联网技术，在处理数据等监管方面更加高效、便捷，节省了大量的人力物力财力，相对于传统的线上监管具有更小的成本。再次，线上监管更加与时俱进，能够紧跟日益变化着的金融市场，其创新性也要高于线下监管。最后，线上监管使金融业务的交易往来更加安全、便捷，提高了金融交易的效率和安全性，有利于防范系统性金融风险。

而监管科技，则是真正将互联网等先进的科技运用到监管层面的核心业务，甚至监管科技在整个监管中扮演着完全主导的作用，这就完全实现了线上监管与线下监管的深度融合，甚至监管科技的线上监管超过了线下监管的作用。预计未来，监管科技会利用线上的低成本化优势，在线上扮演越来越重要的作用。

三、在线与连接

监管科技通过与互联网、大数据、区块链、云计算等先进技术相结合，实现了 7 ×24 小时的在线和全天候监管。通过在线连接，监管机构不仅能够对被监管者进行实时监控，还可以实现各监管机构之间的信息共享，节约监管成本，提高监管效率。

监管科技是具有双向特征的框架体系，其内涵是金融监管与科技技术的结合，其发展诱因包含监管机构和金融机构的双向推动，其应用路径和应用范围涵盖了新金融领域和传统金融领域。因此，监管科技实现了金融监管与科技技术的连接、监管机构与金融机构的连接、新金融与传统金融的连接。

（一）与新科技企业的连接

监管机构要提高 RegTech 水平，就必须在科技方面投入更多人、财、物资源，其中，专业化的科技人才尤为重要，不仅要具备最前沿的金融科技能力，更要具备专业化的金融知识，还要能够加以结合并灵活运用。监管机构可以尝试采用服务外包、技术采购等方式，直接从市场获取相应的监管科技模块及软硬件服务。不过，由于监管工作具有明显的长效性和动态调整等特点，监管机构需要高度重视第三方外包服务的后期迭代和运维问题，与科技企业保持良好的合作关系，确保监管科技系统的有效运转。

（二）与金融机构的连接

在金融科技公司不断尝试以大数据、云计算、人工智能等新技术改进传统金融模式的同时，传统金融机构也不断寻求通过以上技术优化当前的金融生态环境，双方在科技方面的投入均十分巨大，并具有可持续性。此外，传统金融机构对科技的应用场景并不仅限于业务流程上，其内控部门也在尝试通过科技应用更好地满足监管合规要求，实现从“以客户为中心”向“以合规为目标”的转变。例如，生物识别技术与大数据分析技术能够增强对客户的识别能力、促进提高远程开户成功率，对达到并实现“了解你的客户”（KYC）监管要求有决定性的作用；人工智能和机器学习能够提升对违规行为排查和风险预警预测的准确率等。

为此，监管机构可以与金融机构合作，共同构建监管科技联盟（平台），将金融机构的内部合规系统对接转化为监管机构的检测系统，或者将金融机构的内部合规框架修正拓扑到监管机构系统中。考虑到商业机密等原因，此类监管数据的传输须以“一对一”或“不可逆”的方式实现。还可以参考“网联模式”，监管机构与金融机构共同组建监管科技公司，以更加积极的方式将科技投入成本外部化，优化金融机构的监管科技生态。

（三）与各方数据信息的连接

无论大数据、云计算还是人工智能，其核心基础都是标准化的、准确无误的、及时透明的以及数量巨大的基础数据或信息，必须具备大型数据库才能针对这些数据有效发掘其价值并开发新技术能力。因此，监管机构须打通以下隔阂，加强与各方数据信息的连接：第一，统一量纲，规范整个金融系统的数据信息标准；第二，搭建全国范围的数据集合和挖掘分析系统；第三，打通监管机构及其他部门之间的数据隔阂，实现对有效监管数据的共享；第四，构建与金融机构之间单向和双向的数据交换机制；第五，加强数据披露及与研究机构的合作，吸引更多第三方组织参与监管科技工作。

（四）与国际组织和国际间的连接

RegTech 要想取得重大突破和成功，就必须得到世界各国政府和监管机构的全力支持。我国的金融科技产业目前已经走到国际前列，必须以更积极的态度更多参与国际规则的制定。一方面，我国的监管机构要积极与国际组织和其他国家的监管机构保持紧密联系和沟通，相互学习经验及教训，并通过签署备忘录实现跨国监管的一致步调与统一标准，防止出现“跨境式”监管套利；另一方面，我国的监管机构要紧密关注创新型金融科技公司的发展动态，及时调整具体规则，对新技术吸收、采纳和应用。

四、结构化与非结构化

所谓结构化，是指将逐渐积累起来的知识加以归纳和整理，使之条理化、纲领化，做到纲举目张。知识是逐渐积累的，但在头脑中不应该是堆积的。心理学研究已发现，“优生”和“差生”的知识组织存在明显差异。“优生”头脑中的知识是有组织、有系统的，知识点按层次排列，而且知识点之间有内在联系，具有结构层次性。而“差生”头脑中的知识则水平排列，是零散而孤立的。结构化对知识学习具有重要作用，因为当知识以一种层次网络结构的方式进行储存时，可以大大提高知识应用时的检索效率。

心理学研究非常强调知识的重要性。个体解决问题能力的高低取决于个人所获得的有关知识的多少及其性质和组织结构。学生对知识的学习只有实现概念化、条件化、结构化、自动化和策略化之后才能真正促进问题的解决。

对于金融市场而言，如果没有有效的监管，那么整个金融市场就会杂乱无章，到处充满无序、零乱、繁杂的信息，市场中鱼龙混杂、良莠不齐，不要说普通的金融消费者，就是专业的金融业界人才也难以从中辨别真伪，获取真正有效的信息。这种情况下，整个金融市场也便呈现出所谓的“差生”状态，这就是所谓的非结构化。

而监管的出现，就能将市场上杂乱无章的信息进行梳理，使之条理化、系统化、纲领化、层次化，使人一目了然，便于储存和使用。监管的出现使金融市场上那些无序的信息由“差生”而变成了“优生”。而监管科技的出现，就是在原来监管的基础上，给传统监管插上了科技的翅膀，加快了金融市场由“差生”变为“优生”的步伐，并且提高了

“优生”的整体质量水平。

五、高频与低频

20 世纪 90 年代以前，人们对金融时间序列的研究都是针对日、周、月、季度或者年度数据进行的，这种金融数据由于在时间上跨度大、频率低，在金融计量学研究领域通常称为低频数据。相应的，针对低频数据的监管也必然是低频的。

在金融市场不发达的阶段，人们对金融的需求并不像如今那么强烈，金融交易的频率也不是很高，在互联网计算机技术尚未普及的时候，人们在金融市场交易往往是间断的，即以低频的形式出现，此时，与之相对应的监管也是低频的。低频的监管随着互联网技术的广泛应用，人们实现了 7×24 小时的实时交易，金融市场的数据不再像以前呈现出零散的状态，而是几乎呈现出不间断的连续性状态。于是，就出现了高频数据。

高频数据在衡量金融风险时有诸多优势。风险分析只有在相当大的样本下才能显示出有效性，高频数据包含了更多的信息，能够提供更丰富的数据资源。所谓“大样本”往往是成千上万，日数据、周数据、月度数据等低频数据都难以满足大样本的要求。我国股市建立至今也只积累了大概 5000 个日数据样本，周数据需要 100 年才能达到 5000 个左右，而 400 年的月度数据才能累计约 5000 个样本。很显然，即使是成熟市场（如纽约证券市场能提供 100 年的数据），也很难提供如此多的数据资料。即便能提供，但在如此长的时间内，这些数据在各个历史阶段会具有不同的特征，是否有可比性值得怀疑。如果分阶段分析，那么“大样本”性质又得不到满足。

伴随着存储技术的进步，金融市场的高频数据被完整地记录下来，这为金融实证分析提供了充足的数据资源。以 5 分钟数据为例，只要 5 个月时间即可得到 5000 个样本，而对于 1 分钟数据，只需要 21 天就能得到 5000 个样本。高频数据备受瞩目的原因还在于，金融高频数据和超高频数据对理解金融市场的微观结构是相当重要的。高频数据在计算金融风险时有很多优势，但是也存在一些问题。例如，高频数据的获取成本很高；高频数据处理方法复杂，数据文件超大，程序运行耗费时间较多；高频数据模型仍然处于探索阶段，目前只是低频数据模型的移植和扩展，未有突破性进展，使用目前的高频数据模型计算金融风险并不能显著提高测度的准确性。

鉴于高频数据存在的这些问题，目前计算金融风险时并不一定非要使用高频数据，但有三类金融风险管理者可以使用高频数据来对风险进行计量。

一是对预测精度要求高的用户。高频数据模型虽然不是很完善，但确实有助于提高金融风险的预测精度。虽然个别低频数据模型也能达到高频数据的预测精度，但毕竟还有差距，而且并不是每个低频数据模型都能达到高频数据模型的计算精度。

二是短期测度时可以使用高频数据。短期内预测时往往使用的是近期数据，低频数据很难达到大样本要求，这时使用高频数据有很大的优势，预测精度会提高很多。由于时期比较短，因此也不存在数据处理的难度问题。

三是对成本、时间需求弹性小的用户可以使用高频数据。高频数据不但获取成本高，而且处理成本也很高。高频数据量往往很大，单个数据文件即可达百兆，必须高端机器才能运行。另外，处理数据需要一定的时间，如果风险管理者对数据成本和处理时间需求弹性不大，则可以考虑使用高频数据。

近年来，随着金融科技的发展，极大地降低了数据记录和存储的成本，使得对更高频率的金融数据进行研究成为可能。高频数据是指以小时、分钟或秒为采集频率的数据。高频数据即日内数据，是指在开盘时间和收盘时间之间进行抽样的交易数据，主要是以小时、分钟，甚至秒为抽样频率的、按时间顺序排列的时间序列。

监管科技在监管层面的应用，也使得监管机构对高频金融数据的监管成为了可能。从低频监管到高频监管，不仅适应了金融数据和金融交易由低频到高频的转化，也是监管科技自身的革新。

六、有序与无序

有序与无序属于自然辩证法的一对范畴。有序包括结构的有序和运动的有序，在空间上表现为整齐和规则性，在时间上表现为周期和预见性或可测性，在条件上因果关系稳定，有其因必有其果。而无序正好与有序相反，无序指结构和运动状态的不确定和无规则。所有单元按一定规律或以向量取值全部确定为最有序，反之，取值极不确定为最无序；在两者之间，取值确定性越高，有序性越高。有序无序的转化实际贯穿于自然界的一切变化过程之中，对整个自然界的演化有着重要意义。

有序与无序之间具有密切的关系。一方面，有序是无序产生的。自然界分子的热运动，就单个分子的运动来讲是无序的，因为不知道它下一刻的运动位置和方向，也无法用牛顿力学解释单个分子的运动原因和条件。这是就单个分子的微观态来讲的。但当分子的数量足够多，从宏观主体上来讲，它们的运动则是有序的，符合热力学定律。微观的基本粒子运动也是如此，故有量子力学的不可测性。所以，微观的无序导致宏观系统的有序。

另一方面，无序是有序产生的。行星的运转，每个行星的运转是有其运动轨迹和周期的，是有序的。但整个星系运转却是无序的，目前人们无法知道银河系运动的规律和方式。人类社会活动也有类似的现象。就每个个体的人来讲，他的活动是有目的的、有计划的，表现为有序性。但正是这种微观的有序性导致整个社会的无序性。这种现象在经济领域表现得尤为突出。股票市场，每个股民的炒股是有序的或理性的，但整个股市却是无序的或非理性的，不是哪个经济学家或“股神”巴菲特能够准确预测的。经济学所谓“看不见的手”，我们过去实行计划经济，主观愿望是对整个国民经济实行有计划的管理，但恰恰违背了市场经济的规律。微观来讲，就单个企业而言，它的生产计划是有序的、有计划的，但从宏观上必然导致整个社会生产和市场的无序性，这就是市场经济的规律。

所以，有序和无序是对微观和宏观来讲的，微观的有序必然导致宏观的无序，微观的无序也必将导致宏观的有序。反过来讲，宏观的有序是微观的无序造成的，宏观的无序也是微观的有序造成的。

具体到监管科技而言，单个监管措施可能是有序的，但整个监管措施的应用可能导致整个监管市场的无序性。就被监管机构层面而言，单个金融机构主体的市场行为可能是有序的，但整个金融市场的运作也可能是无序的。监管科技的应用，就是要运用有序的监管措施来解决金融市场的无序竞争和无序行为，纠正整个市场存在的错乱行为，使其回到有序正确的轨道上来。

第三节　逻辑思考

一、技术视角

监管科技通过人工智能、机器学习、加密应用、区块链、云计算等现代科技与监管合规体系进行深度融合，为监管机构以及金融机构、金融科技企业提供以技术为核心的监管解决方案，有效实现金融安全与金融效率的平衡协调。

（一）基于人工智能的数据识别与分析应用

机器学习特有的数据挖掘算法能够整合和分析高度复杂、非线性的非结构化、低质量数据，通过统计分析方法的改进和更新，可以为风险管理和压力测试构建更加精确、可靠的运算模型，提供更加科学、合理的数据预测结果和决策支持。比如，借助人工智能对金融机构和金融科技企业内部行为进行监测，以识别隐瞒、欺诈和渎职等违法违规行为。人工智能作为智能金融创新发展的核心技术，在监管科技领域应用的前景广阔。具体来看，主要有以下应用场景：

一是将人工智能技术和产品嵌入监管流程各个环节，通过发挥其全局优化计算和在线实时监测的优势，快速、准确地识别和应对系统性金融风险，提高监管合规水平。

二是在数字化监管协议基础上引入人工智能。该类应用场景的出现可以帮助监管机构对监管规则、合规准则进行标准化解读和专业化解释，减少人工解读造成的理解歧义和解释错误，提高监管合规的科学性和准确性。

三是将指纹识别、虹膜识别、面部识别等生物识别技术与人工智能深度结合。该类应用场景促使监管机构以及金融机构、金融科技企业以更加科学有效、安全便捷的方式验证客户身份，满足“了解你的客户”（KYC）的法规要求，提高客户适当性分析评测的精准性。

（二）基于加密和安全技术的数据存储与流通应用

加密及安全技术的改进，能够确保数据流通、共享的安全性和完整性，提升信息披露的有效性，使得被监管机构之间以及监管机构与被监管机构之间可以更加高效、便捷地进行数据流通和共享。新的加密及安全技术有助于平衡数据存储的安全性、机密性与数据流通的透明性、完整性之间的关系。比如，基于数据存储单元的信息安全技术，查询方只能根据客户设定的访问授权对指定数据记录或数据库进行查询。伴随着数据收集及解析进程，查询方的机构属性、访问类型等信息将会以“安全标签”形式嵌入到原始数据，形成唯一的新数据单元结构。将数据存储单元安全技术应用于监管信息共享平台，可以通过对访问授权进行控制，为监管原始数据信息增加用户属性、信息授权等“安全标签”，从而保证数据存储、流通的完整性和安全性。

（三）基于区块链技术的数据记录与管理应用

区块链作为一种去中心化的分布式记账技术方案，具有数据记录的公开性和透明性、数据存储的不可逆性和不可篡改性、数据交流共享的连续性和实时性等特征。区块链的去中心化、分布式技术构架颠覆了传统金融的中心化、集中化资产交易、支付结算和清算体系，推动数字货币、数字票据等数字资产的发展，在提升金融体系运转效率的同时，也为监管领域创新提供了新思路。监管机构通过区块链技术的应用，有助于解决监管政策时滞、监管定位不清、监管时效性欠佳等难题。区块链技术的公开透明、不可篡改性等特性，增强了监管数据信息记录存储、共享使用的便捷性和安全性，交易数据、风险数据、监管数据等可以实时、永久、安全、完整地记录和存储在分布式账户上。监管机构通过对带有时间戳的数据链进行追踪，实现对金融业务活动及交易行为的持续、动态监测，有助于优化监管流程和提升监管综合效能。

此外，建立在区块链技术上的智能合约，将合同条款以数字化形式记载在区块链上，通过预先设定的触发条件实现对相关合同条款的自动执行，提高了合同的透明度和执行效率。将“区块链＋智能合约”嵌套在金融监管体系中，符合监管部门对金融机构和金融科技企业在风险内控、内部审计及合规性等方面的要求，有助于整合、简化合规监测流程，降低合规成本和监管执行成本。

（四）基于云计算的数据处理与共享应用

云计算作为一种集成架构技术，具有高效的数据处理及实时分析能力，能够对不同数据类型、数据形态、数据结构进行集中处理和分析，实现数据资源的动态实时配置和数据信息的流通共享。云计算在金融监管中的应用，主要着眼于发挥云计算对数据资源的按需配置和开放式平台资源共享的优势，提高监管资源的复用率、优化监管组织流程，提升监管合规应用的适用性和可扩展性。一方面，基于云计算弹性扩展的特征，可根据监管负载大小实时配置计算资源，最大程度地支持和响应监管业务需求，提高监管执行效率；另一方面，云计算通过构建跨机构、跨业务、跨区域的开放式平台以及创建标准化共享工具，可以为金融市场中的不同机构提供数据资源的共享服务和集中管理，提高数据资源利用效率，降低监管运行成本。比如，针对客户的适当性分析评测，金融机构利用云计算能够实现对海量数据信息的挖掘整合、实时分析，降低分析测评成本。

监管科技除上述技术应用外，还可以运用于监管实践的程序系统，比如监管应用程序编程接口（RegAPI）、监管沙盒和金融风洞测试（Wind Tunnel Test）等。以数字化监管协议（RegPort）为基础的监管应用程序编程接口的应用，可以为监管主体与被监管主体之间的数据信息交互提供良好的对接机制，有助于监管政策及合规准则的有效落实，促进双方在技术合作、风险管控、合规管理等战略目标上实现协同一致。而监管沙盒和金融风洞的应用，分别为结构简单和架构复杂的两类金融科技创新提供整体风险测评，在维护金融消费者权益和有效管控金融风险的前提下，促进金融科技创新发展。

二、奇点临近

正如前面章节所讲，科技的发展总会遇到一个技术奇点。而同样，监管科技的发展也会遇到技术上的奇点。这个监管科技的奇点是一个根据监管科技发展史总结出的观点，认为未来将要发生一件不可避免的事件，监管科技的发展将会在很短的时间内发生极大的接近于无限的进步，使得监管科技超越人类智能，从而让金融机构和监管层面措手不及。之所以被称为监管科技奇点，就是好比物理学上引力接近无穷大时产生的黑洞的物理属性一样，已经超出一般正常模型所能预测的范围。

一般来说，监管科技奇点的发生是由人类所创造的超越人类智能的各种形式之智能（AI、机器、生物等）所引发。根据数学模型，在未来的某个时间内，技术发展将接近于无限大，相应的，依赖于技术而发展的监管科技的发展也接近于无限大。

以监管科技中的应用技术之一人工智能为例，美国作家卢克·多梅尔在《人工智能》一书中提出人工智能奇点，是指机器在智能方面超过人类的那个点。目前，人工智能在技术和产业两个方面临近“奇点时刻”。

第一，信息革命正从技术深化到科学，向智能方向提升，人工智能正处在科技革命的奇点上。信息革命发端于信息技术革命。电子计算机、通信网络、互联网、云计算、物联网……分别代表着信息技术革命这头大象的不同部位。一直发展到大数据，信息技术这头大象的全貌才开始从科学的高度显现。以数据科学为基础的人工智能，代表着信息技术向信息科学的质的飞跃，第一次将信息技术发展到信息科学的高度。

第二，信息革命正从科学转化为技术，向智慧产业深化，人工智能正处在产业革命的奇点上。信息革命成熟于产业革命。技术革命的奇点，催生产业革命的奇点。技术革命率先引爆工业自动化、医疗健康等领域，使人工智能迅速向市场化、产业化方向发展。

三、信息路径

金融信息化的实质，是新兴的信息技术对传统金融业的一场经济革新，主旨在于把金融业变成典型的基于信息化技术的产业，信息系统成为金融产业战略决策、经营管理和业务操作的基本方式。

（一）战略层面

需要我们尽快制定符合国情、具有创新精神并切实可行的金融信息化发展战略规划，为我国金融信息化指明前进的方向和发展道路。一是在国民经济信息化整体战略中，突出金融信息化的带动作用，把金融信息化作为整个国民经济信息化的龙头来抓，以金融信息化带动整个国民经济信息化向深层次迈进；二是把金融信息化体系作为国家基础设施建设的一个重要方面来加以规划，以夯实进一步发展的基础；三是把金融信息化作为国家创新体系的重要组成部分来体现，依靠整体创新来实现其跨越式发展。

（二）运作层面

应瞄准建立我国新型金融信息化体系的目标，对现行金融电子化系统进行更新、改造，以适应金融信息化的发展需求。

顺应现代信息技术的金融机构管理架构和流程重组，是金融信息化成功的关键。我国金融机构原有的管理架构和流程，是按手工或者部分计算机处理的模式建立的，信息化若在旧的管理架构和流程环境中实施，能发挥的作用很小，工作繁杂而且收效甚微，要实施金融信息化必须充分利用计算机网络易于共享数据资源，流程自动化控制与处理，信息快速传递与跨地域存取等特性，重新设计金融机构的管理构架与流程

（三）技术层面

要集中力量依靠科技攻关突破金融信息化的技术瓶颈，为我国金融业提供可持续性发展的基础，并大大推进我国金融信息化的技术水平、金融服务与创新能力。

随着信息技术在金融业务中的应用日益普及，各类金融信息主要以数字化形式存储，更多地借助技术手段提升信息采集和分析能力，进而提高监管覆盖面和效率，是完善金融监管长效机制的必然选择，甚至有学者大胆设想，依托人工智能等信息技术建立监管科技方案，未来可完全取代监管部门做好金融监管工作。

第九章　监管科技的陷阱

如果你决心讲述真相，就把体面留给裁缝。

——阿尔伯特·爱因斯坦

继“互联网金融”和“金融科技”之后，“监管科技”成为新的热门话题。在我国金融监管日渐趋严的背景下，监管科技被视为一剂良方，不仅能够降低金融机构的合规成本，提高监管机构的工作效率，更能降低金融体系的系统性风险。然而，监管科技在我国却少有落地，在发展过程中面临起步落后、数据孤岛、法规不明确、解释度不足、热炒概念扰乱市场和综合人才储备不足等多个方面的挑战。

面对这样的问题，我们在谈到金融创新，金融科技对金融的影响，监管科技对监管影响的时候，我们看到了监管积极的力量，同时我们也要有一个清醒的头脑，要考虑到可能出现的监管科技劣币现象，要进行监督和约束。

技术的外部性和规模效应容易催生大型的监管科技公司（Big-Tech），其凭借技术优势和品牌效应容易引起监管部门的认同，一方面为金融监管创新提供了工具、提高了金融监管体系的效率；但另一方面，监管科技也可能俘获监管，放大传统金融监管的陷阱，如数字鸿沟、监管套利、风险外溢等，从而威胁金融稳定。

第一节 监管科技的陷阱

一、监管陷阱概述

所谓监管陷阱，即监管过程中容易走入的误区。之所以将之称为陷阱，是想突出监管误区一般不易觉察，误区的边界不易界定，且监管误区具有一定的黏性，一旦走入将耗费大量的人力、财力来矫正。许多监管陷阱类似沼泽，在没踏入之前会被误认为是平地，一旦踏入往往都会越陷越深，不可自拔。即使借助外力侥幸逃脱，也一定费了九牛二虎之力还元气大伤，短时间内无法恢复。

金融监管为了匹配金融市场的发展，将科技引入监管已是大势所趋。监管科技是一把“双刃剑”，对监管而言既是机遇，亦是挑战。在某种程度上而言，监管科技的应用使得监管更加有效，然而科技也将带来新的陷阱。在传统的陷阱中，科技层面所带来的陷阱杀伤力更大，不容小觑。我们将分别从“监管”和“科技”两个层面来分析监管陷阱。

（一）监管层面的陷阱

宏观层面来看，监管主要研究政府和市场的关系。纵观思想理论和政策实践的发展历程，政府与市场的关系就像一个钟摆，总是在政府多一点和市场更多一点之间摆动，难点是在不同的发展阶段如何实现有效平衡、发挥最大合力。

传统监管普遍存在“一放就乱，一管就死”的悖论，究其根源，政府和市场之间的关系并没有达到平衡。政府和市场之间的关系的“牛鼻子”就是监管机构和被监管机构之间的关系。监管机构与被监管者普遍存在这样的矛盾心态，被监管者既想要享受监管带来的红利，又想要跳脱出监管规则的条条框框，崇尚“裸奔”创新，放荡不羁爱自由；监管者既希望监管行为受到市场的尊重，谨慎遵守，又不想创造出麻木于监管规则的受监管者，僵化市场发展，压制市场创新的活力。当矛盾无法调解时，市场就会出现各种乱象，加剧政府和市场之间的不平衡性。政府和市场之间的不平衡就容易落入监管陷阱，走进监管误区。

就拿人体的免疫系统来说，人体有三道防线，抵御病原体的攻击。皮肤和黏膜及其分泌物构成第一道防线，体液中的杀菌物质（如溶菌酶）和吞噬细胞构成第二道防线，免疫器官和免疫细胞构成第三道防线。前两道防线人体生来就有，被称作非特异性免疫，第三道防线来自于后天发育，也叫作特异性免疫。类比之下，金融机构自身的风险管理与控制应为市场稳定发展的非特异性免疫防线，监管机构的管控可视为特异性免疫防线。金融市场存在的基础就在于可控的风险，防范和化解失控风险应是机构的本能。监管机构的作用在于，风险突破第一道防线时，要及时控制，以防对整个系统造成巨大的损伤。因此，金融机构和监管机构不应处于对立状态，而应相互补充，层层递进，共同为市场稳定发展而努力。

监管的目的是维护市场发展的稳定，监管水平的高低直接决定了防线抗风险能力。监管水平的落后和监管的无效性直接将市场暴露在风险之中，使整个金融市场不堪一击。每一次灾难的发生监管不当都或多或少地需要承担责任。借用莎士比亚的名言“错误不在别处，就在我们自身”。监管风险往往由主客观原因推动，使得监管人员判断失误，做出的监管评价与结论偏离实际，导致决策产生偏差，降低监管权威，进而威胁监管地位的不可撼动性，为市场发展埋下隐患。影响监管的因素很多，无论哪方面的短缺都可能一不小心陷入监管陷阱。主要有以下几种情形：

1. 监管不足及监管空白

金融机构因市场环境、经济政策、产业政策、管理机制和上级考核制度变化等因素的影响，在经营策略和经营方式上会相应地发生变化。客观上要求监管人员要及时根据变化了的新情况实施有效的监管，对金融机构经营成果的合法合规性做出准确评价，对其潜在风险做出相应分析、评估。随着时间的发展，会产生金融经营越过监管边界，进而产生监管空白。由于监管资源配置不当，会产生监管不足，进而产生监管结论、判断、评价失真。

2. 监管资源匮乏，缺乏专业性

金融市场风险机理复杂，涉及范围广泛。随着时代发展，金融风险异化、拓展，给监管带来更大的挑战。由于监管资源与工作的严重失衡，进一步降低了监管的效率。且监管普遍存在滞后性，监管工具与现代市场的发展不相适应，更加使得监管的专业性大打折扣。如何配置稀缺的资源，使其达到帕累托最优是监管者面临的一大挑战。

3. 监管缺乏原则性

监管缺乏原则性主要表现在监管俘获，监管溺爱。监管机构与被监管者之间需要加强沟通，沟通是化解问题的有效方法之一。但沟通不等于放任自由，监管过于溺爱，可能会使被监管机构成为温室里的花朵，外强中干，同时也将干扰监管者理性的判断，忽视潜存的风险隐患。监管一旦丧失了原则性，还易发生监管俘获，当监管机构由被监管机构牵着鼻子走时，监管将形同虚设。无规矩不成方圆，没有发展约束的金融业，早晚会制造下一场风暴，“不在沉默中爆发，就在沉默中灭亡”。

（二）科技层面的陷阱

科学技术是第一生产力。技术的进步为金融发展注入了新的活力，但也给安全以及金融监管层面带来新的挑战。金融科技的应用势必给监管带来以下问题：

首先，将对监管专业能力形成挑战。受限于监管资源的稀缺性，监管者也很难快速配备相应的监管资源，及时更新知识结构，识别潜在风险，从而降低监管的有效性。

其次，监管的难度也将升级。去中心化和金融脱实趋“网”使得金融行业涌入一大批资本水平低、游离于监管之外的科技企业，增加了监管的压力，也增加了监管空白。同时由于交易活动脱离中央清算机制，增加交易各方的风险敞口，加大风险监测和管控的难度。

最后，容易产生更高级的监管套利。科技俘获监管将更难以察觉，造成的危害也将更大。金融机构的决策对数据更敏感，经济不好时资金可能流动得更快，顺周期性行为将可能进一步强化，造成金融市场的不稳定。

随着科技大范围地融入金融市场，传统风险转化，新风险凸显，以下就能举出一些随时可能兴风作浪的风险：

（1）信用风险。互联网具有账户虚拟化、交易线上化、资金流转实时化、客户识别远程化等特性，当互联网融入科技元素，更加速了业务风险外溢。与传统金融业务不同，随着新技术发展，金融交易对手范围突破了传统线下业务限制，异地、长尾客户占比增加，轻担保、无抵押倾向明显，传统的监管工具显然已无法适应这些信用风险的转化。因此需利用金融科技新技术，依靠大数据综合分析违约概率转变，运用大数据进行事前预警监测、事中实时监控。

（2）操作风险。随移动支付、大数据、云计算等新技术金融领域广泛应用，既带动了金融服务效率提升，促进了数字金融普惠，也带来网络欺诈、洗钱等一系列金融安全问题。如不法分子利用木马病毒、黑客技术等方式窃取客户资金产生的欺诈风险，金融诈骗、反洗钱、网络安全事件等问题时有发生，技术变革、监管套利和市场客户需求是金融创新三大原动力。计算机系统失灵或系统漏洞导致交易延迟、服务中断或账务差错的系统风险，金融新产品在设计或业务流程上存在缺陷引起的流程风险，以及数据模型设计和变更引发模型风险等，监管必须更注重保持金融产品稳定性和安全性。

（3）流动性风险。随着金融科技理财产品的兴起，部分创新产品过度包装，其真正风险难以识别和度量。客户普遍追求投资高收益和资产高流动性（两者本身是矛盾的），对金融产品随时兑付的需求日益迫切。而线上服务渠道的多并发服务特点，也使得对流动性要求较线下业务明显更高。对于商业银行，需要利用监管科技实时动态地调整资产、负债业务结构和期限，防范和化解金融产品的流动性风险。

（4）声誉风险。随互联网普及、自媒体兴起等，深刻改变了信息传播模式、渠道、内容，舆论呈现出社会表达多元化、批评监督情绪化、诉求冲突显性化、媒介事件常态化、舆论引导复杂化等新特点，给商业银行声誉风险管理带来巨大挑战，都需要利用监管科技技术进行舆情监控。

（5）潜在风险。科技进步带动客户移动化、便捷化、实时化金融需求，网络金融新模式、新产品不断涌现，但同时带来新的风险隐患。由于大数据、云计算、人工智能、移动互联网各项金融科技的创新性和成熟度不同，技术在金融领域持续应用，互联网在提升资金融通效率的同时也打破了风险传导的时空限制，使得风险传播的速度更快。各类新产品和模式的不断涌现，推动金融业务精细化运作，集约化发展，极大地提升了金融服务的可获得性和便捷性。跨界、跨行业、跨业态、跨市场金融服务日益丰富，使不同业务之间相互关联、渗透逐渐加剧，新金融风险更加错综复杂，传染性更强。

为应对金融科技的发展，监管机构引入监管科技已经是大势所趋。当金融机构更大范围、更大程度地采用监管科技时，如果监管机构不采用同样的技术，将面临严重的信息不对称问题。当金融机构通过机器学习、大数据分析和人工智能等技术来处理和分析金融大数据产生的信息与风险时，监管者如果对此知之甚少，将不能有效监管。随着监管机构与金融机构之间的信息不对称问题加剧，监管机构对金融风险的识别与应对将变得更加迟缓，不利于金融的稳定。

监管科技的变化并不能够抑制风险，在历史上每一个金融创新并不是消除风险，而是随着金融的社会化程度上升，造成了更大的风险。我们信用风险有所降低，但是我们的交易风险，我们的流动性风险，我们其他的道德、代理问题，都依然存在，由于技术原因更大了。监管科技犹如一把“双刃剑”，用得好将是消灭问题的利刃，“快、狠、准”地及时发现、解决风险问题；用得不好将是毁灭自己的钝刀，逐渐腐蚀破坏整个监管系统。因此，防范监管科技陷阱在未来也将是一场攻坚战，稍有不慎造成的损害将不可估量。

二、监管陷阱类型

（一）钱穆制度陷阱

我国著名历史学家钱穆提出中国制度存在钱穆制度陷阱。他在分析中国史时发现中国制度套路，即当一个制度出了毛病，就会制定新制来制约旧制，日积月累，制度将呈现繁密复杂趋势，病上加病。监管落入钱穆制度陷阱，一方面新旧制度之间的矛盾会增加辩论成本，丧失执行效率；同时，制度越繁密复杂，越容易产生漏洞，僵化监管操作。

制度创新和建设一定要避免陷入“制度陷阱”。其一，形成“制度陷阱”的一个重要原因就是大家只把“制度当工具，不把制度当依据”，制度在执行的过程中出了偏差，会使制度的效力大打折扣，当一项制度不被尊重和有效执行的时候，就不得不另外制定制度去维护或取代它，从而陷入“制度陷阱”的怪圈；其二，从“制度陷阱”本身来看，就是因为其增加了制度成本、损耗和浪费了大量的政策资源、影响到制度的权威性，也会危害党执政的合法性和公信力，因此必须坚决加以防止；其三，从当下的实际情况来看，无论在党、政还是学界，都存在“话不离制度、事不离制度”的“中国制度很忙”现象，大家把制度说得神乎其神，把一切问题都归根于制度问题，貌似制度就是一剂“万灵药”，可以包治中国的“百病”，这已经成为一些人的思维定式，因此必须加以纠正和指引。有效的监督制度不可能是一个单项的制度，而应是一个制度体系。但这个制度体系不是以制度的多少为标准的，也不是越多越好，而是在于管不管用。因此，制定制度要切中问题要害，建立真正管用的制度框架。

（二）监管成本激增

监管本身需要大量成本。监管机构的设立、人员经费、制定监管规则以及实施监管，无不需要成本。除了这些大家都能看到的摆在桌面上的成本，监管还有其他许多成本。从预算的角度看，资源包括用以获得具有必要技能的员工薪酬，能分析金融机构信息的 IT 系统、出差及培训经费、办公场所（专业化的办公室）。

正如金融稳定理事会（FSB）监管强度与有效性小组提及的，向金融机构收取监管费的经费来源模式比政府预算模式更可取，原因在于它可以确保金融监管机构在整个经济周期内拥有更稳定的经费来源，使监管机构免受财政波动的影响。

尽管高质量、充足的资源保障应当是执行一定强度、有效监管的必要条件，但资源短缺依然是许多国家面临的问题，尽管监管不力已对国民经济造成了负面的影响。一家监管机构所需的资源水平是一个移动的靶子，很难对新的监管方式、新的监管倡议（如“生前遗嘱”）、需要多少资源给出具体的数目。即使在监管资源相对宽裕的地方，随着新领域的不断涌现，专业的监管资源也可能出现全球性的稀缺。例如，需要有更多的监管资源关注系统重要性金融机构所用的模型。监管机构人手不足或人员不称职、频繁轮岗、缺乏培训，都将对金融稳健和金融稳定产生复杂而深刻的影响。

（三）技术风险

乌尔里希·贝克与安东尼·吉登斯的风险理论开启了对技术风险问题的关注。乌尔里希·贝克在20世纪90年代提出“风险社会”概念，认为科技发展在促进会进步的同时，也对生态环境甚至人自身造成威胁。“在风险社会中，风险已经代替物质匮乏，成为社会和政治议题关注的中心。”贝克认为，当前社会是一个充满各种风险的社会，政治、经济、文化、科技、生产、贸易等各个领域都存在诸多风险，而技术风险无疑是其中影响最为深远的风险类型。吉登斯从现代性的视角出发，提出现代社会的风险形式是一种人类制造出来的风险，“‘人造风险’于人类而言是最大的威胁，它起因于人类对科学、技术不加限制地推进”。

风险意味着危险的可能性，也是目的与结果之间的不确定性，是危险的概率指标。技术的风险性首先表现为技术的不确定性。技术的不确定性有多种表现形式，技术使用后果的不确定性是技术不确定性的主要方面。技术风险也主要来源于此。国内学者对技术风险问题的认识已经比较成体系，代表性的观点如下：从技术风险的属性来看，技术风险既具有客观实在性，也具有主观建构性；从技术风险的生成来源来看，技术风险既是技术自身的内在属性，亦是人的行为结果；从风险性后果来看，风险事件逐年增多、破坏性不断增强、不可预测性日趋复杂、风险控制愈加困难等。

技术风险的另一个说法是墨菲法则（Murphy's Law），即如果事情有变坏的可能性，不管这种可能性有多小，它迟早都会发生。人工智能技术也是如此，如果人们担心某种情况发生，那么它就有发生的可能性，因为风险是一种可能性的存在。人工智能技术风险问题既与一般技术风险具有同源性和同构性，但也有很大的区别性。技术在很大程度上都是作为它者的存在，一般性技术在很大程度上都是外在化的风险，如环境风险、生态风险、经济风险等。由于技术与社会因素的相互作用，在风险社会中，风险都会从技术风险自我转换为经济风险、市场风险、健康风险、政治风险等。

（四）监管俘获

监管俘获的发展经历了四个阶段，从低级贿赂到高级的俘获。

（1）最低级方式：拿现金砸晕你。

（2）稍低级方式：送你一双垫着支票的鞋子；请你鉴赏外实中空的雕塑；托人带的“支票”装的茶叶；请你到N星级酒店撮一顿……

（3）中级方式：知道你喜欢洗桑拿，那我就办个桑拿馆！知道你喜欢唱歌跳舞，我就办个歌舞厅……

（4）高级方式：将双方利益一致化，通过各种方式既实现监管层的目标，也实现了自身的目标。

道高一尺，魔高一丈。各国的经验均表明，只要存在政府监管，腐败问题就会随之而来。监管越多，腐败越严重，腐败问题越难解决。腐败与权力相挂钩，监管为腐败提供了肥沃的土壤。政府获得权力后，权力设定的初始目的和使用方式往往会变味儿。例如，授予监管机构监管权，本意在于维护市场秩序，结果却引起被监管机构广泛的“寻租”活动。

这是因为，腐败主要是权力造成的一个问题，而监管为腐败提供了肥沃的土壤。政府获得权力之后，这些权力最初的目的和它的使用方式可能完全不一样。比如说我们授予监管者权力，本是出于非常善良的目的，希望它维持市场秩序。但是监管者有了这种权力之后，由于这种权力带着租金，别人必然会来寻租，就会形成一种钱权交易。监管俘获对监管者和被监管者来讲往往是“帕累托改进”，监管者用手中的权力交换了被监管者拥有的财富，双方境地都将改善，但这样的改进是以牺牲社会福利为代价的。政治市场和经济市场的不同之处在于，官员追求自己的利益，并没有一只“看不见的手”自动调节，使得他对自身的利益与社会利益相权衡，因此监管者往往用自身的权力谋取自己的私利，从而损失社会利益。

监管与腐败之间并不是简单的线性关系，而是几何级数的关系。这主要源于权力的两个性质。第一，权力具有互补性，也就是说一种权力的使用价值依赖于另外一种权力的使用价值。比如说如果你只有生产左鞋的权力，也许并没有人贿赂你，如果你同时拥有生产右鞋的权力，也许贿赂你的人将增多，一双鞋的生产权力相互配合才具有更大的价值。第二，权力越大，监管的成本越高，监管难度越大，监管腐败的积极性越高。

（五）监管自满

监管还有一个严重的弊病是它具有自我膨胀的趋势，越监管，监管越多，最后完全扼杀了市场经济的活力。

为什么越监管，监管越多？一个原因是如果被监管者变成了既得利益者，它会以维护社会利益的名义要求政府不断加强监管，来保护自己。比如大型的金融机构在既定的监管框架下获得垄断利润，那么就会要求监管机构至少要维持现状，尤其是对其他中小竞争者严加监管，一视同仁，当然，这些垄断者不会受到威胁。尽管他们的利益最大化与社会利益最大化不兼容，但他们会编出好多说法，证明市场是多么不完善，监管是多么好，多么重要，糊弄老百姓。所以监管的自我膨胀是很自然的。

米尔顿·弗里德曼曾说过，印度那些大商人经常告诉政府，竞争不好，垄断好，看起来头头是道，实际上是竞争对他不好。再比如，好多地方政府，名为保护“地方利益”，实际上保护的不是地方利益，而是地方官员的利益，或是地方某些既得利益部门的利益。

监管者会从供给一方推动监管的膨胀。乔治·施蒂格勒曾分析过监管俘虏理论（Capture Theory），证明好多监管者和被监管者，到最后本身变成了监管的既得利益者，他们总是会找到更多的借口，建立起更多的规则，利用政府赋予的合法权利来创造出更多的监管。

三、监管陷阱原因

（一）缺乏政策引领，发展起步较晚

中国金融科技的发展全球领先，但目前国内却鲜有专门从事监管科

技的企业。中国最早于 2016 年兴起“监管科技”的概念，进展缓慢，相比于美国、英国、加拿大等国家起步较为落后。

（二）缺乏统一规划，形成数据孤岛

监管科技需要依托于大数据，而政企间、企业间数据不共享，众多大数据平台实则为数据孤岛。即使打破现状，也存在很多问题。虽然数据整体体量较大，但每个孤岛所拥有的数据没有统一的指标定义，维度也不尽相同，因此无法进行高效分析进而转化为指导合规行为的决策和行动的能力，监管科技的市场价值无法实现。与此同时，虽然数据的价值不言而明，但如何寻找在数据共享与信息安全之间的平衡点，打破数据孤岛的同时，建立数据安全保障机制，更是监管科技面临的挑战。这不仅需要完善的法律环境，明确权责边界，更需要良好的数据开发和使用氛围。

（三）缺乏前瞻研究，急需相关法规

监管科技依据法律法规，服务于监管者和被监管机构。但法律法规对于一些名词并未给出明确定义，这使得监管科技的落地无法依托于应用更为广泛、成熟的监督学习算法（机器学习的一种，包括神经网络、支持向量机）。法律法规的不明确为监管科技的逻辑设计及技术实施带来挑战。以第三方跨境支付的监管为例，目前境内第三方支付行为监管较为明确，而对第三方跨境支付的法律法规并不完善，也无法完全套用现有法规，这使得针对第三方跨境支付的合规解决方案无明确完备的法律可依。

（四）缺乏量化模型，依赖解释文本

监管部门通常要求风险模型清晰简单，以便于理解和验证。而大数据、人工智能提供的模型较为复杂，更加关注相关性，而不是因果性。

以此为基础得出的结论较难解释变量之间的影响路径，可能掩盖变量之间的潜在经济逻辑关系。即使得出的结果能够较为完美地拟合过去，很好地预测未来，却面临着解释力度不足的问题。

（五）缺乏概念解释，扰乱市场秩序

曾经“互联网金融”五个字被热炒，在国内形成了席卷之势，市场鱼目混珠，违法经营现象频发，投资者信任度大幅降低，尤其在一系列整治措施和监管办法出台后，从事互联网金融服务的机构纷纷“转型”为金融科技公司，打着金融科技旗号的各种理财平台开始大行其道，“金融科技”这个词在中国有被滥用的趋势。因此监管科技在我国发展的起步阶段，应尽早警惕概念被热炒，避免扰乱市场秩序。

（六）缺乏人才储备，制约未来发展

监管科技是金融、监管、技术的有机融合。从事监管科技开发、运营的人才需要具备复合背景知识，既能够把握金融市场脉搏、熟悉监管政策和方针，还要理解技术逻辑。当前市场上的人才较多是单方面的专业人才，缺乏通晓各个领域的综合人才。综合人才的缺乏使得监管科技的发展就似有短板的木桶，无法符合监管科技行业各方的利益诉求，在一定程度上会制约监管科技的发展。

第二节　陷阱本质

一、内因经济学解释

（一）经济人假设

经济人又称理性经济人、“实利人”或“唯利人”。最早来自亚当·斯密《国富论》中的一段话："我们每天所需要的食物和饮料，不是出自屠户、酿酒家和面包师的恩惠，而是出于他们自利的打算。"我们不说唤起他们利他心的话，而说对他们有好处。他认为人的行为动机根源于经济诱因，人都要争取最大的经济利益，工作就是为了取得经济报酬。为此，需要用金钱与权力、组织机构的操纵和控制，使员工服从与为此效力。通俗而言，经济人总是以自身利益最大化为出发点进行一切经济活动。

经济人假设主要包含三点要素：第一，经济人是对经济生活中一般人的抽象，代表的是大多数人的行为。第二，经济人的本性是利己的，人都希望以尽可能少的付出，获得最大限度的收获，并为此不择手段。第三，经济人在经济活动中的行为都是理性的，一切活动的出发点都是以完全追求物质利益为目的而进行经济活动。挑战理性经济人假设的怪象：

1. 羊群效应

"羊群效应"也叫"从众效应"，是个人的观念或行为由于真实的或想象的群体的影响或压力，而向与多数人相一致的方向变化的现象。表现为对特定的或临时的情境中的优势观念和行为方式的采纳（随潮），对长期性的占优势地位的观念和行为方式的接受（顺应风俗习惯）。人们会追随大众所同意的，将自己的意见默认否定，且不会主观上思考事件的意义。羊群是一种很散乱的组织，平时在一起也是盲目地左冲右撞，但一旦有一只头羊动起来，其他的羊也会不假思索地一哄而上，全然不顾前面可能有狼或者不远处有更好的草。因此，"羊群效应"就是比喻人都有一种从众心理，从众心理很容易导致盲从，而盲从往往会陷入骗局或遭到失败。

2. 松毛虫实验

法国科学家让约翰·法伯曾经做过一个松毛虫实验。他把若干只松毛虫放在一只花盆的边缘，使其首尾相接成一圈，在花盆的不远处，又撒了一些松毛虫喜欢吃的松叶，松毛虫开始一个跟一个绕着花盆一圈又一圈地走。这一走就是七天七夜，饥饿劳累的松毛虫尽数死去。而可悲的是，只要其中任何一只稍微改变路线就能吃到嘴边的松叶。

3. 股市效应

当资产价格突然下跌造成亏损时，为了满足追加保证金的要求或者遵守交易规则的限制，一些投资者不得不将其持有的资产割仓卖出。在投资股票积极性大增的情况下，个人投资者能量迅速积聚，极易形成趋同性的羊群效应，追涨时信心百倍蜂拥至，大盘跳水时，恐慌心理也开始连锁反应，纷纷恐慌出逃，这样跳水时量能放大也属正常。只是在这时容易将股票杀在地板价上。这就是为什么牛市中慢涨慢跌，而杀跌又往往一次到位的根本原因。

4. 郁金香泡沫

郁金香泡沫，又称郁金香效应（经济学术语），源自 17 世纪荷兰的历史事件。作为人类历史上有记载的最早的投机活动，荷兰的“郁金香泡沫”昭示了此后人类社会的一切投机活动，尤其是金融投机活动中的各种要素和环节：对财富的狂热追求、羊群效应、理性的完全丧失、泡沫的最终破灭和千百万人的倾家荡产。

关于“郁金香泡沫”的详细介绍可以参见《金融科技：框架与实践》。既然是泡沫，就总会有破灭的那一天。就在郁金香被炒到最高点后没多久，1637 年 2 月 4 日，忽然有很多人开始抛售郁金香，大量的抛售使得市场陷入极度恐慌。仅仅七天后，郁金香的平均价格已经下跌了

90%，而那些普通品种的郁金香更是贬得一文不值，甚至不如一个洋葱的售价。一夜间，几乎所有参与投机的人连抱头痛哭都来不及，他们背上了还不清的巨大债务。为了避免导致更严重的社会动荡，荷兰政府于1637年4月27日宣布强行终止所有合同，禁止投机式的郁金香交易。人类历史上第一个泡沫——郁金香泡沫破灭了，成千上万的人流离失所，工厂倒闭，商店停业，资金链的突然断裂，让人们第一次真实经历了金融泡沫这个魔鬼的恐怖。而随着这个泡沫一起破灭的，是无数荷兰人的发财梦，以及荷兰这个正在上升的帝国原本光明无限的国运。

从这些怪象中我们发现，非理性的心理和行为（或称动物精神）必须纳入分析框架。1933年约翰·梅纳德·凯恩斯首次将“动物精神”定义为一种非理性的心理和行为。他认为，由于对不确定的未来进行收益估计的知识基础没有意义，人们的投资决策只能“被看作动物精神（Animal Spiri）使然”，它们来自于人们“想要采取行动的冲动”。约翰·梅纳德·凯恩斯认为，动物精神是导致宏观经济波动和经济危机的根本原因。

乔治·阿克洛夫和罗伯特·希勒的研究表明，尽管人类大多数经济行为源自理性的经济动机，但也有许多经济行为受动物精神的支配，即人们总是有非经济方面的动机，在追求经济利益时，并非总是理性的。产生非理性行为的原因主要包括从众心理（羊群行为）、不同群体的理性程度差异以及合成谬误。金德尔伯格将整个金融危机的过程分为疯狂、恐惧和崩溃三个阶段，形象地刻画了投资者心理跌宕起伏的历程。而这一切产生的根源都在于人性贪婪和恐惧的弱点。

（二）信息不对称

金融体系的正常运转和功能的实现是建立在市场有效性和信息完备

假设之上的。实际生活中信息往往无法穷尽，金融交易的一方总是比另一方拥有更多信息。信息不对称不仅会产生逆向选择和道德风险，还会带来挤兑风险和传染效应。这将从根本上带来金融体系的风险。

美国堪萨斯州联储银行行长托马斯·霍因认为，过去20年的金融发展和创新非但没有解决信息不对称问题，反而使其进一步恶化，这是导致2008年金融危机发生的主要原因。第一，技术创新加大监管者与被监管者之间的信息不对称。金融科技以及互联网金融的存在是为了解决金融机构间的交易信息不对称问题，但是这对于仍在沿用传统监管模式的监管机构来说，却是不利的。第二，监管理论作为监管指导原则的滞后性加大了信息不对称。第三，法律作为监管依据滞后于技术创新也加大了信息不对称。金融监管的信息不对称导致市场的需求发展方向和监管的方向背道而驰。

1. 现金贷化身“陷阱贷”

2017年，一家非实体产业公司，半年利润高达10亿元，同比增长695%。你还认为是天方夜谭吗？依托互联网金融平台发展的现金贷业务马上会打你的脸。现金贷有多赚钱？据了解，号称“中国最大的在线小额借款平台”的某店，仅2017年上半年，就实现18.33亿元的营业收入和9.84亿元的净利润，净利润率达53%。紧随其后的某某贷，2017年上半年净利润也高达10.486亿元。这两家赴美上市的互联网金融公司，主要盈利业务都离不开现金贷。现金贷爆发的红利，似乎成了此类公司IPO之路的通行证。

暴利之下，国内现金贷业务迅猛发展，平均每月都有数百甚至上千家现金贷公司冒出来，想要从中分走一杯羹。截至2017年11月，从事现金贷业务的平台有2700多家，其中利用网站从事现金贷业务的平台最多，数量为1300多家。与此同时，现金贷用户量快速增长。数据显示，2017年3月至9月，平均每月新增现金贷申请用户400万人左右。现金贷行业的累计借贷人数，从2017年1月的约1000万人，迅速增至9月的近3000万人。

行业的井喷式发展的背后隐藏着不可言说的乱象。作为一种互联网小额借贷产品，现金贷2016、2017两年规模暴增，成为继P2P之后又一野蛮生长、乱象丛生的互联网金融领域。当时，现金贷业务处于监管盲区，并存在利率畸高、暴力催收、用户信息泄露、多头共债等问题。以现金贷共债风险为例，共债风险指的是多头借款，即向两个及以上平台借贷问题。据不完全统计，现金贷行业用户多头借贷行为已超过50%，多数借贷人在3家以上平台借款。造成上述风险的问题核心是信息不对称。第一，技术创新加大监管者与被监管者之间的信息不对称。金融科技以及互联网金融的存在是为了解决金融机构间的交易信息不对称问题，但是这对于仍在沿用传统监管模式的监管机构来说，却是不利的。第二，监管理论作为监管指导原则的滞后性加大了信息不对称。第三，法律作为监管依据滞后于技术创新也加大了信息不对称。金融监管的信息不对称导致市场的需求发展方向和监管的方向背道而驰。

2. 非理性竞争

“王不如远交而近攻，得寸则王之寸，得尺亦王之尺也。”这是战国时期范雎向秦昭襄王所献计策，秦王采纳后，理性地处理了与各国之间的竞争及合作关系，最终秦灭六国，一统天下。非理性的竞争手段历来都会对行业及企业自身的发展产生不利影响。当一匹野马挣脱理性的缰绳乱冲乱撞时，它不仅伤害自己，还可能对整个区域的安全造成威胁。可如果脱缰的是一头疯狂的大象，其破坏力更是惊人的。巨人时代，企业的体量已今非昔比，其一举一动对行业环境所起的作用也与中小企业不可同日而语。如果此时企业管理者与团队不能拽紧理性的缰绳，那么其非理性行为对整个行业及企业自身造成的损失是难以估量的。

二、外因经济学解释

（一）垄断

"垄断"一词源于《孟子》一书中提及"必求垄断而登之，以左右望而网市利"，意思是站在市集的高地上操纵贸易，把持和独占市场的行为。按照西方经济学的定义，垄断是指资本主义龙头企业，为获取高额利润，通过协议或联合，对一个或几个部门商品的生产、销售和价格进行操纵和控制。垄断排除和限制了竞争，使其他企业难以进入该行业，从而使得整个市场中只有一个或极少数厂商进行要素或商品供给。形成垄断的原因主要有三个：

①自然垄断：生产成本使一个生产者比大量生产者更有效率；

②资源垄断：关键资源由一家企业拥有；

③行政性垄断：政府给予一家企业排他性地生产某种产品或劳务的权利。

金融监管一个重要的作用就是防止垄断。金融创新不应该削弱竞争而是鼓励竞争，我们要认识到数据是核心的经济资源，我们一些交易记录对这些数据记录分析的社会化平台是金融的基础设施，一定要开放和透明。我们一些具有社会系统不可替代性的这种金融措施一定要由国家进行规则制定，要制定一些公益的发展目标，在每一轮的金融创新科技上都会出现垄断，最后由于社会的力量都会来寻求平衡。

（二）博弈

在典型的"监管者—被监管者"体制中，被监管者往往在两种策略中做出选择：遵从或者和规避。规避可能包含了遵守法律的字面含义却违背法律的精神，或者完全不遵从具体要求。金融机构想要规避合规成本并免遭监管处罚，而监管者想要在实现执法成本最小化的同时让监管得到遵从。相应地，监管者可以在“协作性执行”和“强制执行”之间做出选择。采取协作性执行意味着监管者在符合监管精神的基础上采取一种灵活、协作的手段，包括就行动和时间表进行协商。

这种方式赋予了更多的监管裁量权，并且假设金融机构由激励进行合规经营——出于内在化的激励而非外部的强制性要求时，合规最有效；然而，这种策略有时也可能意味着监管俘获。强制性执行也叫“威慑”，是一种零容忍、规则为本的方式。在这种方式下，监管者的合规成本将会被核实，不合规行为要遭受处罚或者承担其他负面后果。

这些模型背后的经济理论表明，这些博弈的结果类似于经典的“囚徒困境”结果。如果监管者和被监管者选择了“遵从/协作性执行”策略，二者的处境都要比选择“规避/强制性执行”策略好。但是，在没有激励的情形下，后一种结果最有可能发生。

除非“博弈”会被重复多轮，否则双方都不会有激励去选择更有建设性的方式。正如被监管者的异质性以及其他因素所展现的那样，信息不对称和异质性等使得这一问题更加严重。不同金融机构有不同的遵守或者规避倾向，这取决于他们预期的规避收益、未来收益或者处罚的贴现率以及被检查出的可能性等因素。

在重复博弈中，这一问题可以得到解决，在这种情形下，监管者在面对不合规行为时表现出“强制性执行”的意愿，从促进被监管者在接下来的博弈中选择遵从。因此，被监管者一旦认识到监管者通常如何处理规避行为，出于持续经营的考虑，他们就会在选择“规避”还是“遵从”中获得激励。

表9－1 金融监管中的博弈

金融机构的反应	监管者反应	
	协作性监管	强制性监管
遵从	资源遵从；监管性自由裁量；原则性结果	调查和强制执行成本；规则性结果
规避	监管目标落空	高代价的调查和法律行动；附加性合规责任和处罚

（三）套利

套利，通常用来描述金融市场“低买高卖”获取经济利益的行为。即套利方在某种实物资产或金融资产（在同一市场或不同市场）拥有两个价格的情况下，以较低的价格买入，再以较高的价格卖出，从中获取交易差价。

“金融监管套利”是一个新名词，含义是金融机构基于金融监管制度差异而进行净监管负担的行为。监管套利的实质是降低监管成本、规避管制从而获取超额收益。实现套利的前提是存在监管差异，即对于不同的监管者，采取的监管标准不一致。金融自由化导致的监管竞争、监管放松和金融创新使得与监管需求之间的矛盾不断积累，产生严重的金融监管套利。金融监管套利的长期存在，可能引发金融系统的负外部性，引起金融危机，全球金融监管套利是导致次贷危机及欧债危机发生的重要“外部条件”之一。金融创新改变了金融机构的外部性边界，次贷危机的发生和“影子银行”系统的全面瓦解正是由于西方对金融监管边界认识不清、对相关机构和创新产品的监管缺失所致。

监管竞争是指在金融全球化的条件下，各国金融跟监管当局为了吸引金融资源，竞相放松金融管制、降低监管标准以稳定原有的监管资源、争取更多的监管资源。金融监管的制度差异容易导致各监管主体之间的监管竞争，从而产生监管放松，为金融机构监管套利创造条件，监管套利是监管竞争的结果。金融监管竞争将带来“监管竞次”和“监管宽容”，进一步推动监管套利的产生和蔓延。2008 年金融危机之前，许多国家奉行“轻触式”金融监管政策，对金融市场监管展现极大的宽容度，甚至于修改相应条款助力金融市场的发展。各国为争夺监管资源，甚至出现“监管竞次”，监管缺位和监管空白使得被监管者放肆进行监管套利，制造出一场金融市场发展虚假繁荣镜像。美国次贷危机的爆发戳破了繁荣泡沫，给了陷入监管迷雾的监管者重重一拳。

监管竞争会促进金融创新，反过来，金融创新又加剧了监管者之间的竞争，为金融该机构提供了更多的监管套利机会。规避管制的金融创新大多属于非竞争性监管套利。一定程度上的监管套利促进了金融创新，但是，如果创新过度，则使得金融脱离实体经济而出现泡沫化、排斥国家对金融的监管，会造成监管缺位，道德风险盛行，最终导致金融风险在金融机构中迅速积累。

金融监管套利是各国监管制度差异、监管竞争、金融创新和金融监管国际合作机制不完善并存状态下的必然产物。监管套利作为一种经济现象，一直存在于金融监管之中。监管套利在推动金融自由化、金融创新、金融制度一体化和提高金融制度效率方面起到了积极作用，但同时也增加了金融市场的波动性和脆弱性，削弱了货币政策与金融监管的有效性，甚至可能引发金融危机。竞争性监管套利可能导致监管制度供给不足产生过度放松而出现监管真空，形成系统性风险；非竞争性监管套利可能导致监管制度过剩而造成管制过度，降低金融效率。

第三节　陷阱突围

一、内力自均衡

（一）技术驱动监管

陷阱突围的动力——技术。说到监管科技，就不得不提技术驱动型监管。所谓技术驱动型监管，是指监管机构在对互联网金融、金融科技等公司进行监管时，不仅应该关注金融机构的技术基础设施，设立相应的技术指标对企业进行指引；同时在进行行为监管时，也应该及时采纳行业内最先进的技术进行监管，以此降低监管成本，提高监管效率。

1. 技术驱动型监管的优势

技术驱动型监管，具有以下四方面的优势。其一，侧重于监管者依靠金融科技手段获取信息；其二，进行实时、动态的监管，从而解决监管信息不对称和缓解法律滞后性弊端；其三，监管机构在对金融科技企业进行监管时，设立相应的技术指标对企业进行指引；其四，及时采纳行业内最先进的技术进行监管，以此降低监管成本，提高监管效率。

这并不是进行简单的预判型监管，而是随着金融企业风险的变化从而进行实时监管，这将改变传统审慎监管的准入式门槛，为金融的持续创新与发展创造条件。另外，监管者可以及时采取可控、可编程、可技术化、数字化的监管手段，让金融数据和监管者实现实时触达，使得监管者掌握行业的实时动态、及时了解资金的流向，如股市配资程度等各个行业的配资状况，从而提前监控预警风险。

与此同时，技术驱动型监管将实现监管的逻辑自恰，降低事前监管，放松准入，促进金融科技发展所带来的金融脱媒，通过技术驱动的监管，改变管制型监管的强制性特征，让被动监管变为主动，促进数据的利用，打破监管机构和金融机构的信息壁垒，使政府能够及时采取措施来应对经济的危机，为宏观审慎监管的决策制定提供便利。

2. 技术驱动型监管的制度设计

技术驱动型监管，就是要搭建数字化监管体系框架：一是实现数据收集与数据触达，即数据的获取以及对数据真伪的辨识，包括对身份信息等数据进行真伪识别；二是数据共享，即数据在监管层（横向、纵向的监管主体）、行业协会以及消费者之间进行内共享；三是数据分析和决策，即更好地进行信用评分，提供个性化的金融服务；四是监督执行，利用数据进行监管，即理解数据如何被收集和处理，推动不同市场之间的合规要求协调统一，促进报告形式的标准化，提高监管者之间的数据共享以及改革数据利用方法。

（二）内在制约机制

何为内在制约机制？“机制”一词最早源于希腊文，原指机器的构造和工作原理。对机制的这一本义可以从以下两方面来解读：一是机器的组成部分及这些部分存在的合理性，二是这些组成部分如何协调工作使机器运行。因此，机制引申意为各要素之间的结构关系及运行方式，更规范的表述为，“在正视事物各个部分的存在的前提下，协调各个部分之间关系以更好地发挥作用的具体运行方式”。内生制约机制指的是系统内部各组成部分相互制约的同时又相互促进，使系统协调运行。最典型的内生制约机制为五行相生相克。

尽管学界和业界尚未对监管科技形成一致性的定义，但其涉及主体大致包括金融监管机构、金融机构和金融科技公司。

三类主体有不同的定位，金融科技公司（包括监管科技公司）利用新技术包括机器学习、人工智能、分布式账本、生物识别技术、数字加密以及云计算，为金融机构和金融监管机构提供技术支撑；金融机构应用新技术来降低合规成本，适应监管；金融监管机构利用这些新技术应对监管压力和挑战，提升监管水平和效率。与金融监管机构相比，金融机构在监管科技的研发和应用方面具有更强的灵活性，制度约束更小、转化成本更低。当金融机构大范围、长时间利用监管科技创新金融产品与服务、优化金融业务流程时，一方面催生了提供专业服务的监管科技公司，另一方面可能使金融监管机构在监管科技研发与应用方面处在被动地位，进一步加剧金融监管滞后于金融创新的现象。

在中国发展监管科技的路径选择上，若以金融监管机构独立开发监管科技，则存在困难。而金融机构独立开发则又存在风险。因此，多方共建金融新生态是可行的路径选择。

首先，金融监管机构独立开发监管科技存在诸多困难。一是体制机制问题。比如科技立项、项目管理与信息化总体规划结合度问题，根据需求变化快速迭代的建设体系和完善的质量保障体系问题等。二是资金保障问题。与金融机构相比，金融监管机构监管科技研发与应用面临资金投入总体不足的问题，直接影响了监管科技研发与应用工作的整体质量以及服务性能，制约了基础设施和系统更新换代的频率，降低了运维和应急处理的服务等级。此外，也存在“有钱花不出”“花钱买不来”或者钱花了买的不是自己想要的等情况。三是人员保障问题。一方面，相比金融机构，金融监管机构监管科技研发与应用队伍整体数量差距巨大，人才结构不尽合理，缺乏掌握分布式、大数据等现代技术的人才，高级技术人才、综合性管理人才数量不足，且流失风险大。另一方面，金融监管机构有待于充分整合内外部专家资源，共同推动监管科技研发与应用取得实质性进展。

其次，金融机构独立开发监管科技存在风险。一是监管套利风险。当金融机构深入应用监管科技，将机器学习和人工智能技术融入日常合规管理中，不仅能满足新的监管要求并规避因不满足合规要求带来的罚款，同时也存在监管套利的风险，即寻找现有金融监管体系的制度和技术漏洞，从而降低金融监管的有效性甚至脱离金融监管。二是可能导致更严重的信息不对称。当金融机构大范围应用监管科技，通过大数据、云计算技术搜集与处理数据和信息、开展风险管理工作时，金融监管机构很难掌握这些技术的核心算法和规则，将加剧金融监管机构与金融机构之间的信息不对称，金融监管机构对金融风险的识别与应对将变得更加迟缓，不利于金融稳定。

（三）激励约束问题

监管者的激励约束制度本身是一个政治经济学的问题。为了解决这个问题，可以设计很多机制，让监管者更有动力去监管，但是用人工智能来进行监管就可以避免这个问题，其优势在于人工智能监管不需要考虑薪酬和奖励。基于人工智能的监管系统可以依据监管规则即时、自动地对被监管者进行监管，避免由激励不足导致的监管不力等问题。

人工智能具有更高水平的全局优化计算能力。比如，高德地图在规避拥堵的路线规划上，比人的经验判断更加精准。基于人工智能的RegTech也可以充分利用人工智能强大的计算能力，发现更多人工监管发现不了的监管漏洞和不合规情况。

基于人工智能的RegTech可以更好地识别与应对系统性金融风险。FinTech的先进技术在金融领域里的运用，很容易形成金融风险与技术风险的叠加，一旦发生风险，将很有可能是系统性的。所谓系统性的金融风险，实际上是指金融风险扩散蔓延，最终对实体经济造成重大的伤害，在这个过程当中有很多的不确定性，所以系统性金融风险的识别和度量，一直都是宏观经济学当中的一个难题，在现实操作当中也是个难题，比如，什么情况下一个金融机构的风险就会导致系统性金融风险？一个多大的金融机构关闭会导致风险？一个金融市场的波动会不会造成系统性金融风险？这其中有很多模糊的地带，而且需要全局性的分析，在这方面人工智能反而有可能更具有优势，人工智能有可能会更好地识别与应对系统性金融风险。

二、外力助规范

监管科技是具有双向特征的框架体系，其内涵是金融监管与科技技术的结合，其发展诱因包含金融机构和监管机构的双向推动，其应用路径和应用范围涵盖了传统金融领域和新金融领域。因此，要加强监管科技建设，就必须彻底打破原先监管机构和金融机构间如“猫鼠游戏”的微妙关系，在各个维度推进合作，从而实现耦合共赢。

（一）监管机构应加强与新科技企业的合作

监管机构要提高 RegTech 水平，就必须在科技方面投入更多人、财、物资源，其中，专业化的科技人才尤为重要，不仅要具备最前沿的金融科技能力，更要具备专业化的金融知识，还要能够加以结合并灵活运用。监管机构可以尝试采用服务外包、技术采购等方式，直接从市场获取相应的监管科技模块及软硬件服务。不过，由于监管工作具有明显的长效性和动态调整等特点，监管机构需要高度重视第三方外包服务的后期迭代和运维问题，与科技企业保持良好的合作关系，确保监管科技系统的有效运转。

（二）监管机构应加强与金融机构的合作

在金融科技公司不断尝试以大数据、云计算、人工智能等新技术改进传统金融模式的同时，传统金融机构也不断寻求通过以上技术优化当前的金融生态环境，双方在科技方面的投入均十分巨大，并具有可持续性。此外，传统金融机构对科技的应用场景并不仅限于业务流程上，其内控部门也在尝试通过科技应用更好地满足监管合规要求，实现从“以客户为中心”向“以合规为目标”的转变。例如，生物识别技术与大数据分析技术能够增强对客户的识别能力、促进提高远程开户成功率，对达到并实现了解你的客户（KYC）监管要求有决定性的作用；人工智能和机器学习能够提升对违规行为排查和风险预警预测的准确率等。

为此，监管机构可以与金融机构合作，共同构建监管科技联盟（平台），将金融机构的内部合规系统对接转化为监管机构的检测系统，或者将金融机构的内部合规框架修正拓扑到监管机构系统中。考虑到商业机密等原因，此类监管数据的传输须以“一对一”或“不可逆”的方式实现。还可以参考“网联模式”，监管机构与金融机构共同组建监管科技公司，以更加积极的方式将科技投入成本外部化，优化金融机构的监管科技生态。

（三）监管机构间应加强与各方数据信息的合作

无论大数据、云计算还是人工智能，其核心基础都是标准化的、准确无误的、及时透明的以及数量巨大的基础数据或信息，必须具备大型数据库才能针对这些数据有效发掘其价值并开发新技术能力。因此，监管机构须打通以下隔阂，加强与各方数据信息的合作：第一，统一量纲，规范整个金融系统的数据信息标准；第二，搭建全国范围的数据集合和挖掘分析系统；第三，打通监管机构及其他部门之间的数据隔阂，实现对有效监管数据的共享；第四，构建与金融机构之间单向和双向的数据交换机制；第五，加强数据披露及与研究机构的合作，吸引更多第三方组织参与监管科技工作。

（四）监管机构应加强与国际组织和国际间的合作

RegTech 要想取得重大突破和成功，就必须得到世界各国政府和监管机构的全力支持。我国的金融科技产业目前已经走到国际前列，必须以更积极的态度更多地参与国际规则的制定。一方面，我国监管机构要积极与国际组织和其他国家的监管机构保持紧密联系和沟通，相互学习经验及教训，并通过签署备忘录实现跨国监管的一致步调与统一标准，防止出现“跨境式”监管套利；另一方面，我国监管机构要紧密关注创新型金融科技公司的发展动态，及时调整具体规则，对新技术吸收、采纳和应用。

第十章　监管科技的规则

> 科学研究基于同一法则，即一切事物的产生取决于自然规律，这也适用于人们的行动。
>
> ——阿尔伯特·爱因斯坦

金融科技正日益成为当今时代各国、各地区金融竞争和金融资源布局的新兴领域。面对金融科技发展所呈现出的这些新特征以及所带来的一系列新机遇和新挑战，我们应与时俱进，坚持系统性思维，及时地建立起多层次的金融科技治理体系——监管科技规则体系，只有这样才能真正的扬长避短、趋利避害，促进金融科技规范、健康、可持续的发展。

同时，为了应对金融科技的影响，监管科技也开始从萌芽期进入发展期，也是进入风险显露期，现在需要建立规则。监管科技仅在技术上单点突进做到极致是不行的，一定要从全局掌控金融创新，把控金融风险。

监管科技在一个未来的数据时代、智能时代，我们认为一定要按照风险维度进行发展，防止监管套利；一定要按照系统重要性的原则进行发展，把握鼓励创新的平衡；一定要防止核心的监管科技垄断抑制了创新；一定要清醒地认识到历史教训，防止金融乱象卷土重来。

基于监管科技的原则，应整体推进包括严格法律约束、强化行政监管、加强行业自律、最好机构内控、深化社会监督等多层次监管科技规则体系，建立对金融科技风险全覆盖的监管长效机制。同时，研究预防监管科技在发展过程中可能会产生的新问题、新情况，及时补齐可能存在的技术短板。

第一节　监管科技的规则

一、监管规则概述

（一）基本原则

金融运行的重中之重就是风险防控，守住不发生系统性金融风险，金融科技的发展创新也必须遵循相应的监管原则。金融产品的开发以及金融科技的应用，也一定要以吃透包括监管科技在内的金融监管原则为前提。任何形式的创新都不能挑战监管的本质，不能背离金融安全与稳定，不能侵犯金融消费者的合法权益，而要与相应的监管原则和监管规则相适应。

在理论层面上，金融监管的功能首先在于维护金融市场“元规则”的稳定性。这些“元规则”包括产权制度（自由交易的权利）和契约（交易形式）等，它们构成了基本的金融交易正常进行以及更高层次制度创新的基础。在这方面，金融监管的重要性在于，尽管某些市场规则的形成和维持是自发的——如交易中的机会主义行为在一定程度上可以通过长期交易关系和声誉机制来加以约束，但大部分的经济制度却并非自我实施（Self－enforce）的，它们需要外在的力量来加以保护。

除此之外，金融监管的另一个重要功能是对市场失灵进行干预和提供公共物品。当递增报酬、垄断、不对称信息和外部性等因素导致金融市场的运作可能显著偏离社会最优状态时，监管当局就有必要介入。这种介入可能是直接的，即监管当局直接动用行政力量对资源的配置进行干预，也可能是间接的，即帮助金融市场建立起可以克服上述干扰因素的新制度。

基于金融监管的基本功能，对于监管科技而言，在一个未来的数字化时代、数据化时代、智能化时代，我们认为一定要把握四个基本原则：

（1）风险特征监管原则。按照风险维度进行监管，防止监管套利。

（2）系统重要性监管原则。按照系统重要性的原则把握鼓励创新的平衡。

（3）鼓励创新监管原则。防止核心的监管科技垄断抑制了创新。

（4）防范金融风险监管原则。清醒地认识到历史教训，防止金融乱象卷土重来。

随着金融科技从业人员队伍的壮大以及科技在金融中的广泛而深入的应用，相应的监管原则和监管规则也要与时俱进，做出相应的调整和发展创新。从监管原则的角度对金融科技的应用加以了解和区分，方可在具体的金融监管中对监管科技的应用做到有的放矢。针对不同类别的金融科技企业，我们需要从不同的角度加以分析，以便对其给整个行业带来的冲击采取更有针对性的原则制定和防范措施。

从国际经验我们可以看出，金融科技创新既要适应监管原则的制定，也在推动着监管原则的不断进步发展。我国金融监管既要包容创新，鼓励用金融科技促进生态重组升级，也应根据金融生态的发展变革，不断优化与完善并动态调整监管原则，逐步在监管与创新之间建立一种相互信任、可持续、可执行的合规监管原则。

监管部门需要补充现有的金融监管原则，使得无论是传统金融机构，还是金融科技公司，如果开展的业务本质是相同的，就要实施同样的监管标准，也就是所谓的监管一致性。此外，监管规则也需要进行相应的改造，以确监管原则和监管规则的一致性，并能适应发展演进之中的金融市场需求。

（二）基本规则

金融科技正日益成为当今时代各国、各地区金融竞争和金融资源布局的新兴领域。面对金融科技发展所呈现出的这些新特征以及所带来的一系列新机遇和新挑战，我们认为应该与时俱进，坚持系统性思维，及时建立起多层次的金融科技治理体系——监管科技规则体系，只有这样才能真正的扬长避短、趋利避害，促进金融科技规范、健康、可持续的发展。

具体而言，应该整体推进包括法律约束、行政监管、行业自律、机构内控、社会监督等多层次监管科技规则体系。

1. 严格法律约束

从全球经验看，按照业务实质和法律关系，将金融科技活动纳入相匹配的法律制度框架，是各国普遍的做法。从我国的情况看，应该充分地利用和严格执行现有的法律法规，并且按照实质重于形式的原则，明确金融科技业务的规则和监管分工，将金融科技全面纳入法制化的发展轨道，在法律不够明确或不适用的领域，应该遵循金融基本规律，结合业务发展实际，对相关的规定进行适应性的调整，减少合法与非法之间的灰色地带。在法律确有空白的领域，应该抓紧法律法规和配套细则的制定和建设，补齐制度的短板。

2. 强化行政监管

金融科技的监管既要体现传统金融监管的继承性和延续性，又要体现信息化时代的适应性和包容性。

一是要实时穿透式的监管，把资金来源、中间环节与最终投向穿透地连接起来，综合全链条信息，判断其业务实质，从而执行相应的监管规则。

二是实施一致性监管，无论是何种类型的机构，只要从事金融业务就必须接受基本一致的市场准入和监管要求。

三是实施协同式监管，加强金融监管部门的协调，完善中央和地方的监管分工，推动审慎监管和行为监管，并行互补。

四是实施持续性监管，完善金融科技统计和风险监测体系，对于金融科技的发展演进和风险变化要看得到、看得清、看得懂，避免一些新机构、新模式从小被忽视而发展成为大而不能倒。

五是实施创新式监管，注重利用数字技术改进金融科技监管的流程和能力，积极探索监管科技等新手段、新模式的实用性和可信性，实现以技术对技术、以技术管技术，真正做到魔高一尺，道高一丈。

3. 加强行业自律

金融理论和实践表明，行业自律具有贴近市场和会员组织的优势，能够分担政府市场之间的沟通成本，建立起具有市场约束力的自律惩戒机制，从而形成对行政监管的有机配合和有力支撑。

改革开放以来，我国金融行业的自律体系也在逐步建立和发展，为维护金融稳定秩序和促进实体经济发展发挥了积极的作用。中国互联网金融协会作为新成立的国家级行业自律组织，和国内的其他金融行业自律组织一道，也做了一些努力和探索，取得了初步的成效。

一是提升了信息化治理水平，建立健全登记披露、统计监测、违规违法活动的举报、信用信息的共享等行业基础设施，为行业提供优质、高效、便捷的基础设施服务，为金融监管部门提供及时、准确、时效性强的监管信息服务。

二是以防控金融风险和消费者保护为切入点，通过标准规则推动监管政策的执行和落地，在监管政策尚未出台的领域注意发挥标准规则先行先试作用，以弥补监管空白，引导市场预期，为制定监管政策提供实践经验。

三是有序地推进行业统计制度建设，逐步建立起覆盖全行业的统计和风险监测体系，充分地掌握行业底数和先底数。

四是以从业机构高管为重点，研究推动从业人员资格评价和专业培训，做好对消费者的教育和风险提示工作。我相信随着国家金融治理体系逐步完善，行业治理组织会更好地发挥作用。

4. 做好机构内控

所谓风起于清平之末，金融发展史上那些影响巨大的金融危机或风险事件往往都是以一个机构、一个部门甚至一个岗位的问题为最初的导火索。因此从业机构是金融治理体系重要的前端关口，机构内控是最基本的治理环节，必须守好把牢这个前端关口和基本环节。

从业机构特别是新兴业态主体应该摒弃粗放式的经营管理理念，切实改进公司治理和内控管理，加快培育合规文化，严格遵照监管规则和自律标准，开展合规审慎经营，绝不能无证经营或超范围经营。

同时应该持续地提升风险防范的意识和能力，做到风险管控安排与产品服务创新同步规划、同步实施，主动建立健全风险管理、合规管理、应急处置等业务管理制度，切实地完善数据保护、运行监控、态势感知、灾难恢复等安全保障措施，使金融科技创新可能带来的各类风险始终处于可管、可控、可承受的范围之内。

5. 深化社会监督

一是应该提高投诉、举报等渠道的便捷性和可获得性，完善有奖举报等正向激励机制，充分调动社会公众参与金融科技治理的积极性，间接打击那些打着金融科技创新旗号、行非法金融活动之实的行为。

二是要发挥律师事务所、会计师事务所、评级机构等中介服务机构作用，鼓励专业机构发挥专业优势、进行专业监督。

三是探索运用在线纠纷调解中心、互联网法院等创新手段，加快建立综合性的消费者保护机制和多元化的纠纷解决机制。

四是以低收入人群、农民等金融服务中的弱势群体为重点，开展金融知识普及和精准教育，提高全社会消费者数字金融素养。

金融与科技深度融合是大势所趋，推动金融科技在服务实体经济、防控金融风险、深化金融改革等方面发挥积极的作用，是社会各方面的共同期盼，也是金融监管部门、从业机构和行业自律组织的共同责任。笔者期盼大家齐心协力，共同构筑好多层次的金融科技治理体系。

二、监管规则类型

前面我们介绍了金融的监管应秉持的基本原则，其中：一是风险特征监管原则，即不拘泥于机构的名称，按金融业务的实质功能和风险特征进行监管；二是系统重要性监管原则，即监管强度应随互联网金融机构系统重要性的提高而提升。金融科技是技术的革命，场景的拓展只是金融科技的一个维度。对金融科技的监管更应注重金融业务的实质功能和风险特征，应根据金融业务开展的具体行为进行监管，即进行穿透式监管，其中功能监管、行为监管是穿透式监管的表现形式。

功能监管是针对金融产品的业务性质来统一监管，而无论从事这些业务经营的机构性质如何。行为监管是针对从事金融活动的主体，无论主体是传统金融企业还是互联网金融企业，只要从事的是需要被监管的业务或行为，都适用于相应的法律法规，都被置于相同的监管框架内。因此，应确保相同的金融产品按照同一原则来监管，不因从事金融活动的主体不同而存在监管差异，为金融科技发展创造公平的竞争环境，避免监管套利和无序竞争。同时，具体到监管类型上，我们需要处理好以下八大问题。

（一）原则与规则

金融监管规则是指采取一定的结构形式具体规定金融主体的法律权利、法律义务以及相应的法律后果的行为规范。金融监管原则是指在一定监管体系中作为监管规则的指导思想，基本或本原的、综合的、稳定的原理和准则。监管原则和法律规则同为监管规范，但它们在内容的明确性、适用范围、适用方式和作用上存在明显的区别。

（二）简单与复杂

“在结果相同的时候，最简单地达成步骤就是最正确的”，这句话出自“奥卡姆剃刀原理”，对于金融监管来说，重要的是监管部门是否认为自己更喜欢简单而讨厌复杂。除了必须故弄玄虚的时候，人们总是会尽量选择简单而不是复杂，这是一个有趣的现象。

什么是复杂？从更浅显的角度来理解，是不是我们不懂的、难以理解的东西都可以算作复杂的范畴之内？从这个角度而言，监管科技一定要“拒绝复杂”，不是为了掩盖自己的“无知”，而是应该要“接受简单”，让所有人都对金融有认知。

（三）虚拟与现实

适度穿梭于虚拟与现实中是良好的监管方式，可以寻求新体验、开创新思维。但任何情况下，都不可过度沉迷，要保持理智、清醒的头脑，比较监管科技虽然是现实的，但是其同时还是虚拟的。

（四）模拟与实战

模拟是对真实事物或者过程的虚拟。在现实金融监管中直接进行监管科技实验，或者是不可能的，或者是得不偿失的，而根据实际问题建立模型，并利用模型进行试验，比较不同后果，选择可行方案，不失为有效的代用方法。

实战，是以真实行动和相应结果的行为。模拟是为实战做准备，同时也只有经过实战，才能检验模拟的效果。因此，对于监管科技的规则，一定是在模拟和实战中不断完善，是一个模拟实战的过程，也是一个实战模拟的过程。

（五）预设与迭代

预设又称为前提、先设或前设，指的是说话者在说出某个话语或句子时所做的假设，即说话者为保证句子或语段的合适性而必须满足的前提，它是由德国哲学家、现代逻辑奠基人弗雷格于1892年提出。

监管预设，是指监管者在采取监管先进行假设，这虽然解决了监管对象选择的问题，但同时也能陷入“监管预设陷阱”，即自以为是。这种自以为是往往是无意识的，导致了监管失败，但当事人并不自知。

回顾金融监管的历史发展，很容易令人产生这样的印象，即金融发展的过程是“加强监管”与“放松监管”两者不断交替而构成的循环：每当金融与经济发展所伴生的风险威胁到金融乃至经济体系的稳定时，政策当局就会采取各种手段对金融活动加以控制；相反，一旦上述金融监管措施阻碍了金融创新，削弱了金融竞争力，构成经济增长的瓶颈，政策当局又会放松监管措施，为金融活动留出更大的空间。

意识到金融监管与金融发展的上述关系之后，如果用更为综合性的视角来反思金融监管体制的变迁，就会发现它更倾向于螺旋式的上升而并非简单重复的“治—乱”循环，其背后也隐藏着诸多的影响因素。如经济与金融环境的变化、金融政策目标的不同、金融知识的积累、监管科技的进步等。举一个简单的例子，在监管当局对金融体系的运行机制认识不足也缺乏适当调控手段的情况下，其面对可能导致经济失序的金融创新的自然反应就是以“一刀切”的方式直接叫停，而在发现这种做法会导致金融发展停滞之后又只能再次无奈地全面放开。如果监管当局具有了更多经验和更为有效的监管科技之后，就能够实施选择性的操作，从而使上述政策性经济周期可以不断地迭代。

（六）静态与动态

静态监管又称常规监管，就是人们根据金融逻辑、金融规则确定的保持相对不变的监管工作程序、规章制度以及形成的传统监管模式。静态监管可以使金融各项监管制度化、规范化，做到有章可依，有规可循。

然而，静态不是绝对的，有静有动，有动有静，静中有动，动中有静。监管机构要能以“变”应“变”，建立动静兼容的适应性的监管程序和规章制度，不固守原有的思维模式和框框，根据客观形势的变化，及时修正原来的规矩，制定并形成新的常规。

动态静态监管是对立统一的。动态监管要求革新、创造、变动；而静态监管则要求稳定，确定保持，两者不可偏废。如果只强调革新、变动，而忽视相对稳定、相对保持的静态监管，则革新的成果，既不容易巩固、普及与推广，又没有条件逐步完善与提高，反过来会影响今后的革新、创造；只强调静态监管，则会让陈规旧矩束缚前进的手脚，禁锢革新、创造的头脑，不能深化教育改革，影响监管科技的发展。

（七）稳定与发展

金融监管与金融创新之间，或者在更高的层面上，金融稳定与金融发展之间，的确存在一定的权衡关系。推动经济增长的金融发展必然会伴随着一定的风险，进而威胁金融稳定，因此，政策当局必须在发展与稳定之间保持适当的平衡。

在金融科技推动下，如何处理好金融发展和稳定的关系依然是摆在金融监管面前的重大课题。对于金融业来说，没有稳定，发展失去前提；没有发展，稳定难以持久。这是关于发展与稳定的辩证法。

金融稳定与发展的辩证关系表明，两者之间是相辅相成的，这种“相辅相成”是基于两者的平衡状态。近现代金融发展史表明，当我们正确认识和处理了两者关系的时候，稳定与发展就处于相对平衡状态，金融业就顺利地向前推进；反之，则会迟滞金融发展的历史进程。

2017 年 11 月，为贯彻党的十九大精神，落实全国金融工作会议要求，党中央、国务院决定批准成立了国务院金融稳定发展委员会，作为国务院统筹协调金融稳定和改革发展重大问题的议事协调机构。其主要职责是：落实党中央、国务院关于金融工作的决策部署；审议金融业改革发展重大规划；统筹金融改革发展与监管，协调货币政策与金融监管相关事项，统筹协调金融监管重大事项，协调金融政策与相关财政政策、产业政策等；分析研判国际国内金融形势，做好国际金融风险应对，研究系统性金融风险防范处置和维护金融稳定重大政策；指导地方金融改革发展与监管，对金融管理部门和地方政府进行业务监督和履职问责等。

（八）科学与艺术

人是一种富有好奇心和探索性的高级动物，其探索对象就是未知世界，探索主体就是人的思维，探索工具就是科学手段和艺术题材。自然世界是一本不断被打开的充满神奇的科学读本，同时也是一幅不断被展示的具有审美魅力的壮丽画卷！对自然世界不断探索的最高目标就是真与美，最终成果就是科学与艺术！人类在对自然世界的真和美探索过程中，也不断发展了两种主要的思维方式：逻辑思维和形象思维，或者说科学思维与艺术思维。所以马克思在青年时期就说过，人类五官感觉的形成是全部世界史的产物。

所谓监管科学，就是正确的时间做正确的事；而所谓监管艺术，就是重复地做简单正确的事，就是洗尽铅华之后的返璞归真，突破制度、技术的条条框框的束缚，超越于制度、技术之上，按照千锤百炼形成本能和规律重复简单正确的操作。

第二节　市场规则

一、市场规则概念

市场规则是指国家通过制定行为规范引导、监督、管理市场主体的经济行为，也同时规范、约束政府监管机关的市场监管行为，从而保护消费主体利益，保障市场秩序。具体表现为完善市场规则，有效地反对垄断，制止不正当竞争，保护消费者权益。

市场规则一般包括市场进入规则（如企业注册要达到一定的资本数量）、市场竞争规则（如防止不正当竞争）、市场交易规则（如交易须公平、公开、公正，严禁欺行霸市等）。市场准入规则规定哪些企业、商品可以进入市场，市场竞争规则维护市场的公平竞争，市场交易规则主要对交易方式和行为作出规定。

针对监管科技而言，监管科技的运用要遵循市场规则，监管科技从进入、运营一直到退出监管市场都要遵循市场规则。科技是把“双刃剑”，同样，监管科技也是把“双刃剑”。监管科技在给监管机构和被监管机构带来科技便利的同时，也会诱发不当竞争、滋生垄断等弊端，甚至是监管科技的应用不当有可能带来系统性金融风险，给整个金融市场和监管体系带来巨大灾难。因此，要在现有监管科技的基础之上，制定出符合监管科技的市场进入规则、市场竞争规则、市场交易规则等配套的市场规则，以此来规范整个监管科技体系，使其在规范的轨道上合理运营。

监管科技市场规则是国家为了保证金融市场有序运行而依据金融市场运行规律所制定的规范监管科技市场主体活动的各种规章制度，包括法律、法规、契约和公约等。监管科技市场规则可以有效地约束和规范监管科技市场主体的市场行为，使其有序化、规范化和制度化，保证监管科技市场机制正常运行并发挥应有的优化资源配置的作用。没有一个好的监管科技市场规则，市场秩序就无从建立，市场难以发挥它在资源配置中的基础作用，监管科技体系也不可能真正建立起来。因此，建立和规范监管科技体系，必须建立健全监管科技市场规则。

二、市场规则体系

市场规则是伴随市场和市场主体行为的发展、变化而逐渐繁衍的；市场规则体系是一个复杂的系统。市场规则体系的构成和发展是社会生产力发展进步的结果，它要反映市场和市场经济运行的内在规律，并为市场实践的健康有序发展服务，因而必然具有以下三个特征：

（一）整体性

市场经济的有序运行是建立在完整的市场体系基础上的。在现代市场经济体制条件下，社会经济资源的配置主要依靠市场来完成。所谓社会经济资源，主要是指生产过程中必不可少的生产要素，如劳动力、生产资料、资金、技术、信息等。资源的多样性决定了复杂多样的生产要素专业市场存在的必要性，而资源配置的过程又将各种要素市场联结起来。所以，现代市场经济一方面要求细分各种要素为各种不相同的专门市场，以利交换；另一方面又要求各种专门市场相互联系，成为完整无缺的统一整体。如只有商品市场，而没有生产要素市场，市场行为主体就无法从市场中获得商品生产所需的原材料、劳动力、信息等。因此，作为社会资源配置方式的市场必须是完整的整体。

那么，监管科技市场规则作为金融市场行为的规范，就必须适时适应和规范不同社会环境下的金融市场和金融市场行为。于是，完整的、系统的监管科技市场和市场行为，就要求有完整的系统的监管科技市场规则与之相适应。缺失监管科技市场规则的监管科技市场行为只能导致混乱、无序，监管科技市场连续有效地博弈是无法维持的。因此，无市场规则的监管科技市场和市场行为是无法想象，组织完整的监管科技市场体系和相应的监管科技市场规则系统就成为构建金融市场的一个基础性和前提性工作。

（二）联系性

市场和交换是相互联系的，市场行为往往涉及不同的市场和领域，各种市场规则之间及其运作绩效之间相互影响和相互制约：一个规则与另外一个规则、一个子系统规则与另外一个子系统规则之间、单个规则和子系统规则与市场规则整体系统之间都是有机组成的，任何一个规则的运行状态都会影响其他规则甚至整个规则系统。比如，市场诚信规则一旦失效，对市场规则论整个市场规则体系都会造成强烈的冲击波。新制度经济学研究发现，“在现实经济中存在的多种制度之间，时常可以看到通过一个制度的存在、运转而导致另一个制度更加巩固的关系”。这种经济体系中“一个制度的存在成为另一个制度存在的理由”的关系，被称为制度的“互补关系”。在市场规则体系中，这种互补关系是大量存在的，如独立产权与自由竞争、公平与诚信等，它们相互影响，相互制约。

市场规则体系的联系性还表现为规则之间存在内在平衡的要求。在现实市场实践中，市场行为本身就是在不同的市场规则之间进行选择之后才发生的，市场规则体系又会因为市场行为的选择和变化而调适。比如，不同的资本市场规则决定不同的投资方向和投资方式，而不同的投资行为反过来又进一步修正不同市场领域的投资规则，就像我国证券市场规则与期货市场规则之间存在较大差异而对资本吸引和分离作用非常突出一样。于是，平衡规则就成为平衡市场的先决条件，市场博弈过程实际上也就成为与市场规则进行制度博弈的过程。

因此，监管科技市场规则作为一个相互联系的系统，就绝不仅仅要构成完整的体系，而且要科学设计和合理安排规则结构，有效地控制和利用系统因素之间的影响力和制约力，保持监管科技市场规则之间的平衡，为监管科技市场行为规范化、理性化铺垫基础，引导监管科技市场实现有序和均衡。

（三）开放性

市场规则的开放性源于市场的开放性。与封闭的自给自足的自然经济不同，市场经济是一种开放型经济。社会分工的深化，商品交换的发展，都必然要求市场扩大，市场扩大表现为市场容量扩大，又表现为市场空间扩大，它要求打破地区的封闭性、割据性，形成全国性的统一市场。并且，社会分工也必然扩大为国际分工，形成世界市场，从而使现代市场体系变成世界性的了。这说明社会分工、交换，乃至市场竞争，都应当是一种开放的动态过程，市场行为规范也应当适应这种开放性。

一方面，不同层次、不同领域的市场规则对外来市场主体和市场客体必须是开放性的，而不是封闭、排斥的。这是因为，开放性的市场就必须有市场行为主体的自由选择，即自由选择一定的具体市场及其市场规则，或者有退出一定的市场及其市场规则的自由。这就客观地决定了开放性是市场规则保持市场的竞争性的基础和前提，否则对外封闭保守的规则必然造成封闭保守的市场，这是违背市场“天性”的，这种缺乏基本制度理性的市场规则迟早要被淘汰。

另一方面，不同层次、不同领域的市场规则应当适时根据市场的发展变化情况，不断地修正自己，尤其在全球化背景下发展市场经济就必须吸收外来制度文明的精华和成果，不断发展和完善国内市场规则的内容和实施方式，才能真正跟上市场的时代步伐，起到引导、约束市场行为的作用。也就是说，市场规则体系在相对稳定的前提下要不断变化和发展，而不是固步自封的。

监管科技市场规则体系的上述三个基本特征是就其总的历史发展趋势和发展方向而言的，并不排除某些具体的监管科技市场规则的封闭性、独立性和特殊性。

三、市场进入规则

市场进入规则是指市场主体进入市场的行为规范和准则，主要包括新建企业审批规则、产品选择规则、生产规模、环境保护、资金来源、产品开发、质量保证和各种服务等规则，使主体行为规范化。它有三个方面的规定要求，分别是关于市场主体资格的规定、市场主体功能的规定、市场交易对象的规定。

（一）市场主体资格的规定

市场主体一般是具有法人资格，并实行自主经营、自负盈亏的企业和其他经营者。至于参与市场交换的消费者、政府机关、社会团体等，虽然也是市场活动的当事人，但不是市场主体，不得插手购销，参与市场经营活动，也不得通过权力或成立各种行政性官办公司，从事经营业务。

（二）市场主体功能的规定

在市场活动中，各市场主体的经营范围和经营项目必须有一定的规范，这是社会分工的要求，是发挥不同市场主体的各自不同的流通功能。可以防止出现市场结构严重失调和市场供求剧烈波动。

（三）市场交易对象的规定

这是国家从优化市场结构、充分利用资源和合理满足社会需求的目的出发。对市场的经营对象以及某些商品的经营方式和经营渠道做出的各类竞争。

就金融监管而言，监管科技的市场进入准则也要涉及监管科技市场主体资格的规定、市场主体功能的规定以及市场交易对象的规定。首先，监管科技市场主体资格的规定。监管科技的运用主体主要是被监管机构和监管机构。其次，监管科技市场主体功能的规定。针对的是被监管机构还是监管机构，其在监管科技市场的定位是不同的，也应该有不同的市场主体功能的规定。最后，关于监管科技市场监管对象的规定。要规定好监管科技市场监管对象的种类、范围等，让监管科技在合理的框架范围内真正发挥应有的作用。

四、市场竞争规则

市场竞争规则，是指国家依法确立的维护各市场主体之间的平等交换、公平竞争的规则。根据市场经济的内在规定和要求，依法确立的市场竞争行为规范。它要求各市场主体都有均等的机会从市场选购生产要素，进出市场，在平等竞争中由市场形成价格，税负公平等。市场竞争规则的基本宗旨和核心内容，是为相互竞争的各市场主体提供公平交易、机会均等、公平竞争的市场环境。

市场竞争规则是市场主体之间地位平等、机会均等竞争关系的制度体现。它主要由禁止不正当竞争行为、禁止限制竞争行为、禁止垄断行为三个部分组成。

（一）禁止不正当竞争行为

不正当竞争行为是指经营者采用欺骗、胁迫、利诱、诋毁以及其他违背公平竞争准则的手段，从事市场交易，损害竞争对手利益的行为。主要有：欺骗性不正当竞争行为，包括假冒他人注册商标的行为、仿冒知名商品的行为、擅自使用他人企业名称或姓名的行为、伪造或冒用商品质量标志的行为、虚假广告宣传行为、欺骗性有奖销售行为与巨奖销售行为、欺骗性价格竞争与暴利行为等。侵犯商业秘密行为，即不正当地获取、披露、使用或允许他人使用权利人商业秘密的行为。诋毁竞争对手商业信誉与商品声誉的行为，即经营者以排挤竞争对手为目的，通过捏造、散布虚伪信息，对竞争对手商业信誉和商品声誉进行恶意诋毁、贬低，以削弱其市场竞争能力的行为。商业贿赂行为，即经营者在市场交易中，以秘密支付财物或其他报偿为手段，以取得有利于自己的交易机会和交易条件的行为。干扰市场正常交易，如强买强卖，利用顾客连环推销，即所谓“滚雪球制”或“老鼠会”等。

（二）禁止限制竞争行为

限制竞争行为是指经营者滥用其拥有的市场优势地位和市场权力，或两个以上经营者通过协议等方式就交易价格、销售、交易条件等方面协调一致，妨碍公平竞争，损害竞争对手利益的行为。主要有：附条件交易行为，即违背购买者意愿采用搭售和附加其他不合理条件的交易行为。强迫性交易行为，即采用胁迫或其他强制手段从事交易，以及妨碍他人从事市场交易的行为。超经济强制行为，即利用行政力量，限制和破坏正常市场竞争的行为。低价销售排挤竞争对手的行为，即以排挤竞争对手为目的，在一定的市场和时期内以低于成本的价格销售商品的行为。限制竞争协议行为，即以协议的方式，共同决定商品的价格、产销量、技术标准、交易客户、交易地区等，从而限制市场竞争，牟取超额利润的行为。串通投标行为，即投标人之间或投标人与招标人之间私下串通，共同损害招标人或其他投标人利益的行为。

（三）禁止垄断行为

垄断行为是指通过独占、兼并、独家交易（只允许经销商销售某一家企业的商品）、股份保有（占有其他企业的股份）、董事兼任等形式，以达到完全、永久地排斥竞争对手，取得独占、控制和支配市场的目的。

具体到监管科技，科技的发展运用给被监管机构和监管机构都带来了不同的机遇和挑战，给金融体系重新洗牌提供了更大、更快的可能，也在一定程度上加剧了竞争。但监管科技的发展必须在市场公平、机会均等下更加阳光地发展，防止和杜绝个别不法机构主体，打着监管科技的幌子，在背地里“暗箱操作”，搞不当竞争、限制行为竞争，甚至是垄断行为竞争。监管科技的市场竞争规则，就是要用制度的形式来规范监管科技市场竞争行为，使监管科技朝着有利于被监管机构、有利于监管机构、有利于金融消费者和有利于良好金融制度形成的轨道发展。

五、市场交易规则

市场交易规则是指各市场主体在市场上进行交易活动所必须遵守的行为准则与规范。市场交易规则包括公开交易原则、公平交易原则、合同自由原则。

（1）公开交易原则，指除涉及商业秘密外，一般交易活动都要在市场上公开进行，明码标价、禁止黑市交易。

（2）公平交易原则，是指出售商品必须实行明码标价，一切交易都必须在自愿、平等、互惠的基础上进行，严禁欺行霸市和强买强卖、囤积居奇、哄抬物价等行为。

（3）合同自由原则，是指在市场交易活动中，交易双方必须签订并保证履行合同，违约必须赔偿经济损失。市场经济是契约经济，契约本身具有法律约束力，也需要法律确认与保障。自然人、法人作为市场主体的法律地位平等，因而合同法律制度就构成市场经济最主要的法律基础。合同法最根本的原则就是合同自由原则。

监管科技在市场交易中的应用，也要遵循市场公开交易原则、公平交易原则、合同自由原则。

第一，就市场公开交易原则而言，监管科技在金融市场上的运用要秉持公开透明的原则。就被监管机构而言，除涉及商业秘密外，在金融市场进行交易的同时，要做到公开透明、明码标价、禁止黑市交易。对于涉及股东和消费者利益的问题，要主动对外界进行公开信息披露。对于监管机构而言，要及时进行监管数据的披露，防止利用被监管者的身份滋生腐败，让监管科技的权力在阳光下运行。

第二，就公平交易原则而言，首先应该是被监管机构和监管机构内部的公平，被监管机构和监管机构在利用监管科技时，要本着自愿、平等、互惠的原则，维护公平交易的市场原则。其次是被监管机构和监管机构之间的公平，监管者不得以监管者的身份而居高临下，不得出现寻租行为，要在机构主体公平的基础上进行监管。

第三，就合同自由原则而言，无论是银行业、证券业、保险业，都是在合同自由的基础上开展的，监管科技的发展并没有也从来不会突破合同自由这一原则。相反，要让科技在监管领域的运用更好地维护合同自由这一原则。

六、市场信息规则

市场信息规则是指国家凭借其政权的力量，按照市场信息运行机制的客观要求，规定供参与市场信息活动的诸方共同遵守的制度或章程。市场信息，涉及信息的提供者、传播者、参与者等，为了使上述市场信息各主体的经济行为和相互间的经济关系合理化、有序化、契约化，并进而实现市场信息秩序的规范化、制度化和法律化，就需要构建市场信息规则。市场信息规则主要具备以下特点：

（一）客观性

在市场信息活动中，市场信息行为主体的具体目的各不相同。市场信息供给方主体的目的是实现信息产品的价值，寻求利润最大化，经济利益是其参与交换活动的第一推动力；市场信息中介方主体的目的则是通过对信息商品的经营，沟通供给方和消费方的商品变换，并从经营信息商品的活动中实现自己的经济利益；市场信息消费方主体的目的是在市场信息中获得使自己利益最大化的途径，希望取得最大的经济效益。

（二）不对称性

市场信息纷繁复杂，变化多端。一般而言，市场中的商品所有者对其拥有的商品具有更多的市场信息，而商品消费者则更多地只能凭借自己的经验去分析判断商品的属性及性价比，同商品需求者相比，具有很大的市场信息的不对称性。

（三）严肃性

市场信息规则是明确的、相对稳定的。它不仅排斥包括政府在内的任何主体的恣意行为。而且国家必须以市场信息规则为准则，对那些拒绝接受和违反市场信息规则的行为给予制止和打击，这说明市场信息规则有严肃性。

（四）系统性

市场信息关系不仅涉及信息机构，还涉及信息产品的生产、交换、消费等多个环节。因此，市场信息规则要遵循系统论的原则。兼顾市场信息各主体的利益，不偏袒任何一方。使各种主体的行为规范能相互协调，以发挥市场信息和市场信息规则的整体效应。

监管科技的实施使市场信息的存储、传播、交流变得更加便利，市场上各种纷繁复杂的金融信息，在监管科技的应用下变得更加系统化、有序化、规范化，为市场信息需求者提供了更加便利的掌握信息的条件。监管科技的存在并没有从根本上改变市场信息规则，市场信息规则的客观性、严肃性、系统性在监管科技的应用下并没有实质性的改变，但监管科技的存在却在一定程度上改善了市场信息不对称的弊端。监管科技的应用，让市场信息变得更加公共化，为实现市场信息共享创造了更大可能。市场信息提供者在监管科技的监视下，会更加小心，监管科技让那些提供市场虚假信息的信息提供者更加忌惮，从而有助于整个金融市场信息的透明化，信息市场也会变得更加干净。

第三节　运营规则

一、内部规则

（一）产品规则

通常而言，产品是指经营者向市场提供的能令人留意、获取、使用或消费的，能满足人们的某种欲望和需要的一切商品。可见，产品是能够给最终用户带来有形和无形好处的复合品，它既包含有形的物品也包含无形的服务，目的在于满足最终用户的需求和愿望。

虽然金融服务本身是无形的，但提供的大多数服务不可能不使用有形的商品。在提供服务过程中所使用的商品可能具有支撑或提供方便的作用。作支撑用的商品是服务者在提供服务时使用的，它们是有形的，而提供方便的商品则是购买者在接受服务过程中所使用，它们也是有形的。也就是说，金融机构虽然提供的是无形的服务，但往往要通过有形的商品作为中介或媒体。因此，广义上的金融产品，不仅是金融机构提供的各种服务，也包括金融机构提供服务所需的中介，以及金融机构提供服务的渠道，甚至为提供服务而开发的各种金融工具等。

就金融产品而言，金融产品的服务属性决定了金融的市场营销方案必然与有形产品的营销有重大的区别。研究金融服务的特性，有助于我们理解金融营销的特殊性。金融产品一般来讲有下述这四个性质：

1. 无形性

金融服务是无形的，既看不见也摸不着，只能凭客户的感觉去体验，他们将根据自己观察到的金融营业场所、工作人员、各种设备以及金融的传播资料等有形的表征，作为服务质量的判断。金融营销管理的目的是化无形的服务为有形的品质证据，消除购买者的不确定性感觉。例如，一家银行将自己定位于“服务快速”的银行，该银行可以通过简洁明快的办公场所、忙碌的银行工作人员和体现效率的传播材料等营销工具来体现。

2. 关联性

一般而言，金融产品与销售它的工作人员是不能分开的。客户个人与金融销售人员的互动关系，是金融产品分销的重要渠道。例如，客户要开设支票账户，只能通过与银行出纳员的直接联系方能实现。金融产品的关联性，决定了人员推销在金融营销传播组合占有突出地位。随着技术进步，一些新的方法例如邮寄、电话营销以及网上销售突破了这种关联性的局限。但是人员推销仍然在金融业务拓展中特别是批发业务市场处于主导地位。

3. 多变性

金融产品的提供取决于由谁提供及在何时何地提供，从而具有极大的可变性。为消除这种可变性，一些声誉卓著的金融机构纷纷引入全面质量管理的方案。以银行为例，银行质量控制有三个步骤：挑选优秀人才并且对他们进行培训；在组织内部将银行业务流程标准化，并为关键流程规定了超越竞争对手的更高质量标准；通过顾客建议和投诉系统，调查顾客满意度情况。

4. 易消失性

金融服务不能储存，一般只能在营业时间内提供。此外，对金融产品的需求因时间而大幅波动。例如，假日周末的前一天、大多数星期一和星期五都是银行服务最忙碌的时间。金融产品提供在时间上的僵硬性和需求上的不规则性，需要金融机构运用各种营销工具加以疏导和平衡。如银行可以广泛宣传网上银行带来的便利，引导客户24小时与银行进行业务往来，而不是集中在营业时间内；银行还可以开发出各种产品服务程序，鼓励客户进行自助式服务，包括存贷款和结算服务。

（二）渠道规则

金融市场有其固有的运营规则，金融市场上资金的运动具有一定的规律性，由于资金余缺调剂的需要，资金总是从多余的地区和部门流向短缺的地区和部门。金融市场的资金运动起因于社会资金的供求关系，最基本的金融工具和货币资金的形成。

1. 银行

银行及其他金融机构作为中间人，既代表了贷者的集中，又代表了借者的集中，对存款者是债务人，对借款者是债权人，因而，银行就在资金需求者和资金供给者之间提供了一条调剂资金余缺的便利化渠道。

随着息差收窄、金融脱媒、信贷资产质量压力有待释放，在此环境下，业务结构、收入结构、渠道成为银行转型的三大清晰可见的路径。对于渠道转型，居多的银行注重内生性转变，一是加速物理网点的智能化改造；二是升级网银、手机银行服务，力求用大数据给客户“画像”，最终让个性化的金融产品从原有的多渠道进入一个畅通的全渠道。

2. 保险

再说到保险行业，保险机构通过提供各种保险产品，为保险产品需求者提供了转移风险或保存财富的渠道。传统的保险行业，其销售渠道主要依赖于保险代理的线下直接营销，通过固定网点、上门推销等渠道来进行，或者是通过电话、电子邮件等电销渠道来进行。而监管科技的出现，使得传统的保险销售渠道由线下搬到了线上，实现了线上与线下的相结合，甚至出现了专业的诸如众安保险在内的纯线上的互联网保险公司。可以说，监管科技的出现，拓展了保险销售的渠道，使得消费者与保险产品的接触渠道突破了时间和空间上的限制，变得触手可及。消费者只要有了保险需求，就可以随时随地到网上需求自己所需的保险产品，再也不用被动地等待保险销售员的主动上门推销。

3. 证券

再拿证券行业的投资渠道来分析，在传统证券机构中，投资策略的制定更多是依靠投资专家的个人感觉、容易掺杂主观偏见及个人情绪。而以人工智能技术为代表的监管科技用先进的数学模型替代人为的主观判断，减少了情绪波动的影响，克服了人性的弱点。同时，以往量化投资策略大多是专属于投资机构的专业领域，随着智能投研平台的普及，利用大数据、云计算验证投资策略越发“亲民”，使量化投资策略更加多样化。如金融界开发的智能投研产品，就提供建立在精准数据与现实逻辑之上的高效回测工具，让策略与用户间能够对接形成闭环。

无论是银行业、保险业还是证券业，也无论是销售渠道还是投资渠道，监管科技都在重新定义整个金融行业。金融的本质就是价值流通，金融的核心是跨时间、跨空间的价值交换，所有涉及价值或者收入在不同时间、不同空间之间进行配置的交易都是金融交易。而监管科技的出现，给这一切都带来了全新的变革。

（三）服务规则

金融服务是指金融机构运用货币交易手段融通有价物品，向金融活动参与者和顾客提供的共同受益、获得满足的活动。按照世界贸易组织附件的内容，金融服务的提供者包括下列类型机构：保险及其相关服务，还包括所有银行和其他金融服务（保险除外）。

广义上的金融服务，是指整个金融业发挥其多种功能以促进经济与社会的发展。具体来说，金融服务是指金融机构通过开展业务活动为客户提供包括融资投资、储蓄、信贷、结算、证券买卖、商业保险和金融信息咨询等多方面的服务。增强金融服务意识，提高金融服务水平，对于加快推进我国的现代金融制度建设，改进金融机构经营管理，增强金融业竞争力，更好地促进经济和社会发展，具有十分重要的意义。

数字时代，传统金融业正在面临着新兴金融业所带来的挑战。过去，传统金融服务在业务架构上主要是由三个部分组成，一是专业金融服务人员，二是标准化的金融产品，三是固定的业务流程和渠道。

互联网的快速发展，使新兴金融服务业的交易形式突破时间和空间的界限，变得更加简单。物联网的发展则驱动着金融服务业实现进一步改革。互联网金融越来越多的交易是以 P2P 的形式实现，为用户提供方便快捷的个性化服务体验。

与此同时，随着新技术的快速开发与迭代，大批金融科技公司应运而生，它们以传统银行的替代者或改革者的身份出现，通过移动应用、代码和云平台，打造出新一代金融服务构架。这些金融科技公司将目光转向普通客户和小微企业，并从中挖掘出比传统大客户更高的利润和价值。在新的模式下，以云计算和大数据为支撑，通过中间层 API 和即时连接，以移动终端和 APP 为媒介为客户提供个性化的金融产品和服务。在这种情况下，银行已不再担任操控者的职位，而是充当金融工具的“装配工”，从各种各样的金融组件中选择适合客户的产品和服务以满足客户的个性化需求。

二、外部规则

（一）金融法治

改革开放40年来，我国金融法治建设不断加强，基本建立了既符合国情又与国际接轨的现代金融法律体系，形成了以《中国人民银行法》《商业银行法》《银行业监督管理法》《证券法》《保险法》等基础金融法律为核心，相关行政法规、部门规章及规范性文件为重要内容的金融法律制度框架，为金融业改革发展奠定了较为扎实的制度基础。

金融服务实体经济，需要通过规范有序的市场来配置资源，完善供给、管理风险。金融市场是典型的规则导向型市场，对法治环境有较高的需求度和依赖性。为了更好地促进金融市场发展，我们要从以下几方面着手构建中国金融法治建设。

（1）贯彻落实中央金融监管体制改革部署。2017年以来，我国金融监管体制进行了重大改革：设立国务院金融稳定发展委员会，强化人民银行宏观审慎管理和系统性风险防范职责，切实落实部门监管职责；将银监会和保监会合并组建为中国银行保险监督管理委员会，负责统一监管银行业和保险业；将拟定银行业、保险业重要法律法规草案和审慎监管基本制度职责划入人民银行。

（2）贯彻落实金融监管体制改革精神，需要在立法层面加快推动修改《中国人民银行法》，落实人民银行统筹监管系统重要金融机构和金融控股公司，统筹监管重要金融基础设施，统筹负责金融业综合统计的“三个统筹”职责，落实拟定金融业重大法律法规草案和制定审慎监管基本制度的职责。同时，结合金融体制改革的方向，统筹修订和完善《商业银行法》《银行业监督管理法》《证券法》《保险法》等金融领域重要法律，突出金融回归服务实体经济本源，全面建立功能监管和行为监管框架，强化综合监管和穿透式监管，遏制监管套利。

（3）加快金融风险防范体系法规建设。尽快修订《非法金融机构和非法金融业务活动取缔办法》，进一步明确地方政府和相关部门责任，解决处置乱办金融引发的相关风险法律依据和手段不足问题。研究建立金融机构风险有序处置机制，明确金融机构经营失败和出现重大风险时的处置主体、处置程序、处置工具、成本分摊等制度安排。加快制定涉及系统重要性金融机构、金融控股公司、重要金融基础设施、国有金融资本管理等的法律法规规章。完善对欺诈发行、内幕交易、市场操纵等的刑事法律规制。

（4）填补金融领域立法空白和短板，促进金融服务实体经济。虽然近些年来我国金融市场获得了快速发展，但与发达国家强大的金融市场相对应的完善金融市场法治规则相比，我国金融法治规则体系的建设还存在诸多空白和短板。为此，我们要在立足市场实际的基础上，完善相关法律法规体系，面对市场出现的新问题，要着力构建新的法治法规对其进行监管。只有这样，才能使监管更好地跟上金融发展的步伐。

（5）保障金融领域进一步扩大对外开放。2018 年 4 月习近平总书记在博鳌亚洲论坛的主旨演讲中宣布，我国将大幅放宽包括金融业在内的市场准入，以实现我国金融业更高水平的开放和进一步提升我国金融业的国际竞争力。为此，要抓紧修改相关法律法规，促进金融领域开放措施按时落地实施。在放宽外资准入和业务范围的同时，要按照相关法律法规对各类所有制金融企业实行一视同仁的审慎监管。

（6）加强执法，改善司法，促进守法。继续加大对金融违法行为处罚的力度，大幅度提高违法成本。要统一金融监管执法标准，创新监督执法体制机制，统筹加强执法力量和保障，有效解决执法偏松偏软问题，增强执法威慑力。根据需要设立金融公诉和审判机构，健全涉众型金融纠纷案件诉讼机制，完善行政和解调解、仲裁等多元化纠纷解决机制。同时，金融管理部门要积极配合司法部门深入开展金融法治宣传教育，推动形成普遍自觉守法局面。

（二）金融监管

金融市场固有的市场失灵和缺陷决定了金融市场必须监管。金融市场失灵主要是指金融市场对资源配置的无效率。主要针对金融市场配置资源所导致的垄断或者寡头垄断，规模不经济及外部性等问题。金融监管试图以一种有效方式来纠正金融市场失灵，但实际上关于金融监管的讨论，更多地集中在监管的效果而不是必要性方面。

金融监管的主要内容主要包括：对金融机构设立的监管；对金融机构资产负债业务的监管；对金融市场的监管，如市场准入、市场融资、市场利率、市场规则等；对会计结算的监管；对外汇外债的监管；对黄金生产、进口、加工、销售活动的监管；对证券业的监管；对保险业的监管；对信托业的监管；对投资黄金、典当、融资租赁等活动的监管。其中，对商业银行的监管是监管的重点。主要内容包括市场准入与机构合并、银行业务范围、风险控制、流动性管理、资本充足率、存款保护以及危机处理等方面。金融监管一般采用以下几种监管模式：

1. 公告监管

公告监管是指政府对金融业的经营不作直接监督，只规定各金融企业必须依照政府规定的格式及内容定期将营业结果呈报政府的主管机关并予以公告，至于金融业的组织形式、金融企业的规范、金融资金的运用，都由金融企业自我管理，政府不对其多加干预。公告监管的内容包括：公告财务报表、最低资本金与保证金规定、偿付能力标准规定。在公告监管下金融企业经营得好坏由其自身及一般大众自行判断，这种将政府和大众结合起来的监管方式，有利于金融机构在较为宽松的市场环境中自由发展。

但是由于信息不对称，作为金融企业和公众很难评判金融企业经营的优劣，对金融企业的不正当经营也无能为力。因此公告监管是金融监管中最宽松的监管方式。

2. 规范监管

规范监管又称准则监管，是指国家对金融业的经营制定一定的准则，要求其遵守的一种监管方式。在规范监管下，政府对金融企业经营的若干重大事项，如金融企业最低资本金、资产负债表的审核、资本金的运用、违反法律的处罚等，都有明确的规范，但对金融企业的业务经营、财务管理、人事等方面不加干预。

这种监管方式强调金融企业经营形式上的合法性，比公告监管方式具有较大的可操作性，但由于未触及金融企业经营的实体，仅一些基本准则，故难以起到严格有效的监管作用。

3. 实体监管

实体监管是指国家订立完善的金融监督管理规则，金融监管机构根据法律赋予的权力，对金融市场，尤其是金融企业进行全方位、全过程有效的监督和管理。实体监管过程分为三个阶段：第一阶段，是金融业设立时的监管，即金融许可证监管；第二阶段，是金融业经营期间的监管，这是实体监管的核心；第三阶段，是金融企业破产和清算的监管。

实体监管是国家在立法的基础上通过行政手段对金融企业进行强有力的管理，比公告监管和规范监管更为严格、具体和有效。

4. 自律监管

以市场化为方向的改革会逐步放松管制，市场主体会有更大的活动空间、更多的自主权，金融创新会进一步提升，然而创新都会有一定的风险，这时就要强调自律。对于快速发展的金融行业，存在监管滞后的问题。在金融业蓬勃兴起到监管细则出台具体落实之间的这段时间，存在监管空白和监管套利。针对金融监管，要处理好政府监管和行业自律管理的关系，充分发挥行业自律作用的要求。无疑，行业自律对促进金融服务实体经济，发展普惠金融，维护市场公平竞争，维护消费者合法权益具有至关重要的作用。

金融行业有其自身的独特性，只有有效的自律监管同行政监管双管齐下，才能处理好鼓励支持与适度监管的关系。在金融发展与分化组合的过程中，充分认识自律监管，才能实现行业自我管理、自我约束、自我监督、自我矫正、自我教育的良性发展。

三、自然规则

“天行有常，不为尧存，不为桀亡。”自然界有其本身固有的自然规则，它是客观存在的，是不以人的意志为转移的。自然规则是自然界自身发展的规律，是不能被改变的，只能被认识和利用。与自然规则相对应的是社会规则，社会规则是人制定的，是可以修改的。

（一）信息

金融信息服务行业是近年来的新兴行业，其服务内容包括金融资讯、金融数据、信息交流、分析工具、理财工具、交易工具、培训教育等。

在网络金融环境下，消费者主要依靠网络获取信息。金融消费者购买的金融产品或服务几乎全部体现为信息的汇集。消费者在银行办理的业务，包括存贷款、信用卡、理财产品的购买等，都是在银行提供信息的前提下进行。消费者在证券市场上的消费，包括股票、债券、权证、金融衍生品等，在无纸化前提下也均依赖于信息的交易。消费者购买保险产品，同样是在保险公司所提供的信息前提下进行。

在互联网信息时代的金融市场环境下，处理金融机构之外，金融市场中还存在大量金融信息服务机构。金融市场中各类信息传播主体的存在，对金融消费者获知权产生一定的影响。

首先，加大了金融消费者信息识别的难度。互联网信息传播方式引起了信息的过量性与便利性，金融机构、金融信息服务机构、消费者之间信息识别难度加大，信息识别带来了更多的无效信息。广大消费者处于一个“网络与不稳定”的环境之中，金融市场环境从信息短缺时代的信息发布困难转向了信息过剩时代的信息识别困难。

其次，影响了金融消费者信息获取的快捷性。市场上信息传递会受到多种因素的影响，其中包含主观因素也包含客观因素，使信息的交流传播受到阻碍，信息难以在权利人需要的第一时间及时传递，发布者与获取者之间的供求关系难以均衡。金融市场更是如此，在存在一般信息传递障碍的同时，金融商品与服务的特殊性、金融市场巨大的获利空间以及金融主体的逐利本性等诸多主观因素更加剧了信息的传递障碍。金融市场的机会稍纵即逝，在效率决定成败的金融市场上，及时迅捷获取信息至关重要。

要消除各种因素对金融消费者的不利影响。首先，金融机构应认真履行为金融消费者提供真实知识或信息，以及主动提供咨询的义务；其次，必须规范我国的金融信息服务市场。我国的金融信息服务机构数量较多，且多为盈利性质，其业务覆盖面广，专业水平参差不齐，一般情况下能对消费者的金融决策产生较大影响。为保障金融消费者权益，应对我国的金融信息服务市场加以规范，建立公开、公平、公正的信息服务环境。

（二）数学

在金融市场中，人们不断地运用手中的财产进行投资保值等活动，通过运用金融工具进行各种的金融交易。然而金融市场的各种交易并不是简单地你卖我买的过程，而是综合各方面的条件和情况的具体应用。而数学在其中就扮演着举足轻重的作用，具体可体现为以下几个方面：

1. 价值体现

在金融市场上有很多的金融工具以及衍生金融工具，例如股票、债券、票据、基金、证券、外汇等。它们在具体的交易中必须有一个平衡的交易点以及类似于等价才能够进行交易。而数学的应用就很好地为交易者找到这个价值的平衡点，将有价值的无形商品数字化，因而人们可以很容易地进行投资交易等一系列的行为。

2. 风险评估

资金的运作有它自己的时间价值和投资风险价值。时间价值是指资金在周转使用中由于时间的因素而形成的差额价值，即资金在生产经济中带来的增值额。投资的风险价值是指投资者由于冒着风险进行投资而获得的超过资金时间价值的额外收益。而风险的评估是通过将抽象的风险数学化而进行更为方便的比较。

3. 投资分析

投资是为了在一定时期内获得与风险成比例的适当收入与本金的升值。与风险评估类似，运用数学的方法进行一系列的宏观经济分析、行业分析、企业价值分析、技术分析、投资组合管理等。

4. 成本费用分析

成本是一个价值的范畴，只要有商品的存在就会有成本存在。产品的生产过程，同时也是生产的消耗过程。产品成本是产品价值构成中C + V 两部分价值的等价物。用货币形式表示，也就是企业在产品生产经营过程中所耗费的资金综合。在市场经济中，产品成本具有重要的作用。然而一系列的成本费用的计算是少不了数学方法的运用。只有利用这些数学工具，成本费用才能得以确定，生产经营管理才能够正常的运行。

以上只是数学在金融活动中最基本的应用，而这样的例子更是不胜枚举。可以说，在整个的金融活动过程中无不应用到数学的方法，正是由于数学与金融的完美结合才会有现在飞速发展的社会经济。

（三）数字

金融进化原则并没有因数字技术而发生改变。金融从业者和监管者都需考虑本质问题。金融有道，这个道不在于消灭风险，而在于从支持实体经济发展的角度判断金融的价值，根据风险本质经营和监管风险，并且根据实践经验在修正中进化。这或许是金融的智慧。

金融的创新发展都具有一定的周期，这种周期性可能伤害到行业甚至整个社会，也增加了行业发展的不确定性。要消除这一影响，就必须了解其中的规律，探索降低周期性波动的方法论。无论金融从业者还是监管者，都必须考虑一些最本质的问题：什么是好的金融创新？什么是好的金融进化之道？

为寻找这个“道”，我们可以从历史中溯源。金融发展史告诉我们三大原则：

1. 正确的金融价值观原则（Value - Based）

评价金融好坏的标准不是有无风险，而是在经营和监管风险的基础上金融能不能有效地服务实体经济。

①以银行为例。六七百年以前，跨国贸易对货币兑换和融资的需求，催生了银行的雏形。早期的放贷显然没有很好的监管机制，《威尼斯商人》中描绘的借贷违约、割肉偿还的现象，用恶意催收来形容并不过分。即便到了20世纪，在美国大萧条期间，有超过1万多家的银行倒闭，1934年3月4日，美国38个州所有的银行被迫停止运营，这被认为是美国金融史上最黑暗的一天。所以银行在发展过程中暴露了大量的风险和不规范行为，相对应的政策不是取消银行，而是更好地经营和监管风险，因为银行有服务实体经济的价值。

②以股票市场为例。1929年10月美国股市崩盘，当月先是银行家联合救市失败，接着纽约股票交易所被迫休市3天。这些措施当然都无法阻止股市下滑。到1933年，美国股市已经下跌90%以上，在这之后推出了《美国证券法》和《证券交易法》，成立证监会。美国2008年金融危机爆发，从3月美联储开始救助投行，7月救助大金融机构，9月禁止做空金融股，基准利率降低到零并且开始量化宽松，到2010年推出《多德—弗兰克法案》。

股票市场的波动性及风险毋庸置疑，但是美国的发展史可谓一部金融立国史，企业创新创业的背后离不开发达的资本市场支持。股票市场并不因为巨大的波动而关闭，而是更好地经营和监管风险，充分发挥其对实体经济的支持作用。

历史的教训是，正确的金融观是管理风险而非杜绝风险。金融的一大特点是其风险和回报的滞后性，只要提供金融服务，这个风险本质就存在。消灭风险就等于消灭金融。那么我们为什么要容忍金融风险呢？因为金融的本质价值在于服务实体经济，随着实体经济的发展，对金融会产生新的需求，就会催生新的金融物种，这是金融生命力的来源。金融是经济发展的命脉，没有任何一个经济发达的国家和地区，金融是不发达的。为了让金融推动经济的进步，需要做的就不是消灭风险，而是经营和管理风险。

这个原则看似简单，但是我们在现实中见过太多对风险的讨论，都是就风险谈风险，而不注重讨论该项金融服务对实体经济的价值。这样的讨论在逻辑上是不完整的，其自然的结果，往往是在风险爆发前过于宽松，而在风险爆发后过于严苛。

2. 风险为本原则（Risk – Based）

经营和管理风险的核心是风险为本。在微观层面，让适当的人承担风险和收益；在宏观层面，防范风险系统性的传导。

不消灭风险不意味着放任风险。数百年来金融史告诉我们，金融风险有三个来源：一是来自融资者：融资者可能利用信息不对称欺诈投资者，监管需要做的是要求真实充分的信息披露，比如对企业上市后的信息披露要求。二是来自金融中介：因为金融风险滞后，金融机构在当下销售金融产品，但其风险却是在一定时间以后，这其中可能存在道德风险和经营风险，因此对金融中介需要一定的准入门槛和相关要求。三是来自投资者：投资者参差不齐的金融知识水平，与自身的贪婪和短视结合，最终往往伤害自己，所以，对不同的金融产品需要建立投资者适当性机制。数百年来演化出的监管逻辑，就是围绕这三个风险源做机制安排。

①以融资方式为例。金融体系里有间接融资和直接融资，间接融资是让银行这样的机构帮助不懂金融的人管理钱财，这对金融机构的风控

能力有非常高的要求，监管通过资本金、杠杆率、流动性、限制期限错配等种种方法来限制金融机构的风险敞口，但是并不需要银行向投资者（储户）披露很多信息。所以管的核心是金融机构担责，同时限制金融机构的风险敞口。

直接融资是让适当的投资者自己承担风险和收益。主要监管方法是要求金融产品对投资者有足够的信息披露，同时对投资者的资质，即所谓投资者适当性，有合适要求。所以直接融资监管的核心不是让金融机构担责，而是设计合适的机制，让投资者获得充分的信息，可以甄别风险，同时承担投资的风险和收益。

②以风险分类为例。支付的主要功能是便捷安全地传递资金，没有滞后风险，不存在融资机构的信息披露或者投资者适当性问题。如果是债权或股权融资，取决于投资者是机构投资者还是公众，基本原则是，风险越大，则信息和风险披露以及投资者适当性的问题就越重要。

所以落实风险为本的原则需要分类（金融风险有多大？是直接融资还是间接融资？）、分级（金融中介的资质是否合格？融资金额有多大？投资者是否有承受能力？）。风险为本不是消灭风险，而是通过合适的机制安排，尽量让合适的金融用户得到合适的金融服务，同时让合适的投资者和机构承担合适的风险和收益。

3. 实践经验原则（Evidence - Based）

判断风险为本原则是否被有效实施的关键依据是实践经验。

平衡风险和社会效益永远是一个挑战。一方面，如果放任风险蔓延，可能酿成危机；另一方面，又很容易以防止风险的名义阻碍金融创新。那么如何判断风险为本的措施是否有效呢？所幸的是，金融的本质并不改变，过往的实践经验成为判断的宝贵依据。

回到金融应该分业还是综合经营的例子。《格拉斯－斯蒂格尔法》规定分离商业银行和投行业务。从逻辑上来说，这样的分离似乎合理，但后面大半个世纪的实践提供了不同的答案。首先，以功能为核心而非以用户为核心的分业经营是低效的运作方式，直接导致美国银行业相对欧洲、日本等未做严格分业规定的国家和地区，整体发展速度明显下降。其次，没有证据表明分业的金融机构更能够抵御危机的冲击。实际上，美国几大百年投行机构在金融危机期间的覆没，一个关键原因就是没有储蓄和央行的支持。所以，看似合理的金融法案，仍然需要根据实践经验而改变，否则会阻碍金融的健康发展。

（四）未来

从支持经济发展角度理解风险的金融价值观原则（Value－Based）、以风险为本的机制安排原则（Risk－Based）和以实践经验为准绳的判断原则（Evidence－Based），构成了降低金融创新周期性的三个有效原则。

金融进化的这三个原则，并没有因为数字技术而发生改变。但这并不意味着现有的金融体系不需要进化。技术正在深刻改变金融的运作方式，金融体系也需要相应的进化。

（1）数字技术带来的第一个大趋势，因为移动互联网和物联网，让金融史无前例地实现普及，并且越来越回归实体经济，融合在从销售、供应链、销售到消费的环节中。技术不但同时驱动经济和金融的改变，而且让它们相伴生长。从新经济需求的角度看技术驱动的新金融的巨大生命力，是这个时代正确的金融价值观。

金融和实体经济的深度融合，带来的不仅仅是普惠，而且是风控能力的提升。金融的本质是一种基于信息的服务。大数据（信息）、人工智能（算法）、云计算（算力）的结合，必然带来风险甄别能力的提升，区块链更建立新的信任机制。金融的本质不变，不代表金融一成不变；在信用卡普及以前，也很少有人能够想象消费信贷的普及。依据风险为本的原则，在合适的机制安排下，应当大力鼓励具备风控能力的数字金融的发展。这是数字时代金融的与时俱进。

（2）数字技术带来的第二个大趋势，是让金融从条块分割（B2C）越来越向以金融用户为核心的综合服务（C2B）发展。人类历史上第一次，金融用户可以有一个金融生活（FinLife）的概念，怎么花钱、省钱、挣钱，需要什么样的金融服务，可以合起来考虑；各种企业，无论大小，都可以有懂自己的首席财务官（CFO）。

本来综合金融服务就是一个大趋势，数字技术的发展更进一步推动了这一趋势。这里描述的综合经营，不只是指企业，更是突破企业边界，金融机构之间、金融科技和金融机构之间的合作生态。依据金融观的价值原则，我们应当理解这个趋势不但来自金融服务的效率，更来自用户的需求。从风险为本的角度，重要的不是以风控的名义刻意条块分割，而是如何有效地监管综合经营的风险。

第四篇

变迁与未来

第十一章　监管科技的变迁

过去、现在和未来的区别只是执着的幻觉。

——阿尔伯特·爱因斯坦

随着科技的快速发展，社会数字化、数据化、智能化程度不断提高，人们的生活和需求偏好发生显著变化，各行各业经历着数字化、数据化、智能化转型。金融，这个古老而富有传统的行业，同样面临着金融科技引发的新机遇和新挑战。面对众多新的闯入者和扑面而来的金融科技浪潮，金融监管机构必须采取应对之策。

互联网、云计算、大数据、人工智能、区块链、网络空间安全等新技术，为金融监管创新提供了不竭动力，推动金融监管的快速演变，一方面催生了监管科技的繁荣，同时也推动了监管科技的变迁。

监管科技作为一个生态体系不断发展，已经初步形成了较为明朗的体系架构，如监管科技的技术、逻辑、陷阱和规则等。监管科技是监管与科技的交叉，监管科技的落脚点是科技，科技在这一生态中发挥着基础作用；同时，监管科技的核心还是监管，金融监管当局面对新形势调整监管思路和方法也需要一个过程。因此，纵观监管科技的变迁，其将经历三个维度、三个阶段、三重境界、三个假说。

监管科技的三个维度、三个阶段、三重境界、三个假说并不代表金融监管体系的最优。在理想的情况下，金融监管体系的规模、结构、运行模式是公共选择的结果。但在更为一般和现实的条件下，金融监管体系是行为人在更为基本的制度约束下相互博弈的产物，并且其结构和功能具有路径依赖的性质。最优的金融监管体系应当以尽可能低的成本来实现其目标，而这一能力则取决于四个基本因素：技术、信息、激励和资源。其中技术条件（监管科技）构成了监管机制的根本约束，信息和激励是决定监管体系组织效率的关键因素，而不同监管部门能够获得的资源数量则对其行政能力做出了最终限制。

第一节　三个维度

一、监管科技：技术角度

监管科技是具有双向特征的框架体系，其内涵是金融监管与科学技术的结合，其发展诱因包含金融机构和监管机构的双向推动，其应用路径和应用范围涵盖了传统金融领域和新金融领域。要加强监管科技建设，就必须彻底打破原先监管机构和金融机构间如“猫鼠游戏”的微妙关系，在各个维度推进合作，从而实现耦合共赢。

（一）大数据技术

大数据监管是以动态、实时、互动的方式，通过金融大数据对金融系统内的行为和其潜在风险进行系统性和前瞻性的监管。

首先，大数据监管会使得以属地、业务、机构等为导向的监管逐渐弱化，监管将更多地针对数据及数据背后所代表的行为。

其次，大数据在有效分析和展现工具的帮助下，不仅能让监管者迅速观察到已经和正在发生的事件，更能让其预测到即将发生的风险和这种风险发生的概率，更有利于监管者动态配置监管资源。

大数据技术，一方面，能够加快分析速度，提高展示效率，节省沟通时间和空间成本；另一方面，利用大数据分析技术，海量的异构数据及文本数据将被挖掘出更多价值，并能够被转化到具体的产品、流程和工作中。

（二）机器学习技术

过去几年，由于监管要求以及服务电子化，金融机构获得了大量的高频率非结构化数据。因此，面对海量的高频率和低质量数据，监管机构和金融机构迫切需要强有力的分析工具。机器学习等基于人工智能和其他自动化分析的技术，为金融机构和监管层利用数据满足合规要求和实施监管提供了巨大的可能性。

例如，在识别欺诈方面，在历史数据基础上，机器学习工具能有效识别可能的欺诈行为，同时也能应用于反洗钱和反恐融资领域；交易监测方面，机器学习提升了对语言和文本的处理能力，一旦有偏离合规要求的交易行为，系统将自动向金融机构发出警报，更有效地帮助金融机构满足合规要求。机器学习技术，一方面，能够有效降低人员的干预成本，减少人为主观因素影响，同时直接减少参与人数；另一方面，机器学习的不断迭代能够极大地简化和优化内部流程。

（三）区块链技术

区块链和其他分布式总账可能在未来允许金融机构之间开发更有效的交易平台、支付系统和信息共享机制。特别是与生物识别技术结合时，数字身份可以提供及时、低成本和可靠的“了解你的客户”（KYC）检查。

另外，区块链通过透明的设计，能提供给监管机构直接、即时和完全透明的监管信息。由于所有交易都记录在分布式总账上，监管机构可以进行全面、安全、精确、不可逆和永久的审计跟踪。区块链技术带来的这种近乎实时的交易数据使得监管者能够更好地分析系统性风险，提高现场检查和非现场检查的效率。

（四）应用程序接口技术

应用程序接口（API）给软件应用程序提供了一个金融数据交互标准，而且还可以执行请求交易。随着金融机构和监管机构开放、分享应用程序接口和公共数据，监管报告和检查、反洗钱可疑活动监测以及支付欺诈监测将会变得更加高效。

API 将各种监管政策、规定和合规性要求进行数字化，具备“可编程”的要求，监管机构为金融机构提供各种监管的 API，方便金融机构能够对其内部流程、数据编程，并通过 API 统一的协议交换数据和生成报告。API 技术，便于整理、搜集、归纳更加准确、详尽的监管信息和动态，能够提高监管信息的可得性和及时性，实现内外部监管数据和信息的及时、准确传输。

（五）新加密技术

新的加密安全技术可以在保护隐私和确保数据安全性和完整性的基础上实现信息共享，同时提高金融机构向监管机构披露信息的效率。

新的信息共享加密技术能允许个人根据访问授权提供相关的加密信息，通过属性、对象和访问类型标记元数据，从而大量减少了金融机构对原始数据的处理工作，更高效实现信息披露。即使在体量大的数据集中，新加密技术也能通过访问控制将数据对象映射到普通数据平台，帮助机构克服数据安全问题，使得数据能与监管机构共享。不仅加快了内外部数据传输速度，提高了传输安全性，同时降低了发生道德风险的可能性，从而变相降低了合规成本。

二、监管科技：业态角度

监管科技是以金融监管科技为主要内容，以专业服务商、被监管者和监管者为主要参与方，能够降低全社会合规成本，提高监管效率的一整套生态系统：

①生态链的上游是监管科技公司，他们主要提供新技术协助企业合规，如大数据、云计算、人工智能等；

②生态链的中游是专业服务提供者，他们将技术工具运用到实际问题，形成方案，提供专业化的咨询服务；

③生态链的下游是客户，主要包括一般企业（被监管机构）和监管机构（各种监管法规的制定者）。被监管机构运用监管科技是为了快速应对新出现的监管规定，实现持续合规，降低合规成本；而监管机构则为了更有效地提升宏微观监管的水平与效率。

目前，美国、加拿大、英国、瑞士、荷兰等国家都高度重视监管科技的发展，都在深入研究相关新兴技术体系，探索如何利用监管科技持续改善监管业务流程，期待借助监管科技手段降低被监管方与自身的监管合规成本。从业务角度来看，为推动我国监管科技的发展，建议采取以下措施：

①强化监管科技顶层设计，推动监管科技规范、有序发展。技术本身是中性的，要达到有效监管的目的，在透彻理解监管需求的同时应深刻理解技术的能力和局限。通过统筹监管需求，加强顶层设计，明确监管科技的发展规划并将其融入到整个监管体系中，才能更好地协调统一不同监管者与被监管者的诉求，引领与指导金融机构参与到监管科技体

系的建设中去。

②培育良好的产业生态圈。可以参考英国和新加坡的沙箱监管模式，将包括监管科技在内的创新性金融科技产品和业务纳入沙箱测试，构建监管科技“加速孵化”机制，在此机制下设定一套相对固定的准入、支撑、运行、压力测试、评价、监控、风险隔离等制度体系，从监管、技术、法律、市场、资本、理论等各个方面共同完善方案，允许金融科技创新在接近真实环境同时风险可控的前提下进行实践。在此过程中，监管部门也可不断积累相关监管经验，提升监管自动化水平。

③探索分级分类监管。金融科技的出现，使金融业呈现出业态混业化、产品复杂化、运行“黑箱”化等特点，同时也导致监管理念和方式的滞后。因此可按照金融机构、准金融机构、金融科技公司不同的经营规模、技术和风险防控能力，在业务准入、产品创新方面进行分级分类监管，在鼓励创新的同时提高监管效率。

三、监管科技：概念角度

2008 年国际金融危机背景下，全球主要经济体的监管政策明显收紧。与此同时，以云计算、大数据、人工智能等新兴技术推动的金融科技日益兴起。合规与创新两种力量的交织作用对金融服务机构和金融监管部门均提出了新的需求和挑战。一方面，对于那些试图运用金融科技满足新增市场需求、创新金融服务模式的机构而言，要探索如何减轻其面临的不断加重的合规负担，避免其因对相关政策理解存有偏差而“误入歧途”；另一方面，对于那些假借创新之名试图规避监管或进行监管套利的机构，要尽快提高甄别和处置此类风险的监管能力，有效遏制各类风险借助网络和移动总段快速传播，维护金融更稳定乃至社会稳定。在此背景下，旨在运用技术手段提升监管合规效率与效果的监管科技应运而生。

对于监管科技的研究，目前仍处于起步阶段。各研究者对监管科技仍没有确切的定义。目前对于监管科技的认识主要有两方面的局限。

一是需求对象的局限性。RegTech 往往被翻译为“合规科技”，这正是认识局限性的代表之一。一些研究者认为，监管科技需求方仅为被监管机构，即监管科技仅包括金融机构所需提升监管能力的技术方案。然而，随着金融业务的日趋复杂和技术手段的不断进步，无论是金融机构还是监管机构，都在不断探索运用新技术改进合规和监管工作效率与效果，这本是一个问题的两个方面，忽略监管科技的根本内涵而去关注被监管机构合规方面的技术应用需求，显然是不恰当的。

二是应用行业的局限性。金融也不是唯一受到监管的行业，仅将监管科技视为金融科技的子集，将监管科技应用行业框定在金融业范围内，无异于坐井观天。实际上，当前全球监管科技产业界相关服务早已覆盖至金融业外的其他诸多行业，例如医疗服务、环境保护等。用金融科技子集指代监管科技，显然是以偏概全。随着监管科技的应用领域的逐步扩大，产业界和研究机构也在思考如何更准确地定义监管科技概念的内涵和外延。

从监管科技的需求对象上来看，首先，监管科技的潜在价值远大于节省金融服务业合规成本，它将有助于建立一种准实时金融风险识别及处置的监管体制，是监管更高效。其次，金融监管机构通过监管科技管理制度技术实施能力，能够实时监测金融机构运营情况并判定其是否符合监管要求。再者，金融监管机构能够依托监管科技，在人力和资金缺乏状况下及时处理繁重的监管工作。监管科技迅速地崛起，是一种应对金融监管改革的合理反应，因此监管科技的需求方应包含被监管机构和监管机构——被监管机构运用监管科技是为了快速应对新出现的监管规定，实现持续合规；而监管机构则为了更有效地提升宏微观监管水平和效率。

从监管科技的应用范围来看，监管科技满足跨行业监管需求。2016年，西班牙对外银行（BBVA）提出，监管科技是指一系列融合创新技术和法规要求的解决方案，这些方案可处理跨行业监管要求，如提升流程自动化程度，挖掘分析报告关联性，提升数据质量，创建数据整体视图等。因此，应拓宽监管科技的概念，容纳监管科技非金融行业的应用范围。根据应用领域的不同，可将监管科技区分为应用于金融监管合规领域的金融监管科技和应用关于其他监管合规领域的非金融监管科技。监管科技从概念上应被定义为：辅助被监管机构提升合规效率和降低合规成本，同时辅助监管机构提升风险监测识别效率和降低监管工作量的技术应用解决方案的统称。

第二节　三个阶段

一、监管科技：风险导向

监管科技 1.0 阶段，将以风险为导向。监管实施的目的在于控制风险事件的发生，以风险导向实施监管意味着从问题的角度出发，寻找解决问题的办法。

风险管理作为一个管理过程，其一般的流程包括：风险识别、风险评估、风险控制以及风险的监控与反馈，是一个动态连续的过程。监管科技 1.0 阶段，数据信息量少，维度低，一方面我们并不能识别出所有可能的风险点，同时也并不能保证风险识别的有效性。例如，“黑天鹅”事件就意味着“预见未来”的失效性。

在人类社会发展的进程中，对我们的历史和社会产生重大影响的，通常都不是我们已知或可以预见的东西。“黑天鹅”的逻辑是：你不知道的事比你知道的事更有意义。股市会突然崩盘；美国地产泡沫会引发谁都没有预料到的次贷危机；一场突如其来的大雪会使大半个中国陷入瘫痪状态，带来上千亿的损失……我们其实每一天都被“黑天鹅”环绕着。审视一下我们的生存环境，数一数自我们出生以来，周围发生的重大事件、技术变革和发明，它们有多少在我们预料之中？看看我们的生活，我们的职业选择、与爱人的邂逅、朋友的背叛、暴富或潦倒、股市大涨或崩盘……这些事有多少是按照计划发生的？

“黑天鹅”的出现预示着，世界上永远存在不可预测的重大和罕见事件，意料之外，一旦出现却有可能改变一切。人类总是过于相信自己的经验，希望自己的判断、决定和计划能如期而至，但是现实总是让我们手足无措。无论是泰坦尼克号的沉没、第二次世界大战还是9·11袭击、美国的次贷危机、互联网浪潮等，都不是人为能够预测出来的。但这些事件的发生，对人类历史发展的进程产生了重大的影响。

“黑天鹅”真的不可被预测吗？无论是政府官员，还是经济学家，乃至普通的数据分析员，都在苦苦思索，希望能够找到破解“黑天鹅”的密码。但从系统上来说，想预测“黑天鹅”，这本身就是一个“Mission Impossible”（不可能完成的任务），然而在监管科技2.0阶段以数字为导向的进步，使我们看见解决该难题的希望。

二、监管科技：数字导向

监管科技2.0阶段，将以数字为导向，为解决“黑天鹅”事件提供了一种途径。数字为导向的监管核心在于数据信息的收集、分析与利用。《数学辞海》中曾对数据给出这样的解释：数据是对客观事物、事件的记录、描述，是可由人工或自动化手段加以处理的数字、文字、图形、图像、声音等符号的集合。数据是指对客观事件进行记录并可以鉴别的符号，是对客观事物的性质、状态以及相互关系等进行记载的物理符号或这些物理符号的组合。由此可见，生活时刻在产生数据，有效的数据掌握使得洞悉未来不再是一个遥不可及的梦。

目前，各行业都慢慢意识到大数据的重要性。大数据旨在利用海量的数据信息发现潜存的事件规律，继而预测事件发生的轨迹，在风险发生之前进行有效防范。与大数据相对应的是小数据。传统意义上的小数据是因为其数据体量的窄小、抽样采集方式的传统而得名，其实质是通过目前主流统计工具在合理时间内采集、存储、处理的数据集。而大数据时代下的小数据，是一类新兴的数据，是指需要新的应用方式才能体现出具有高价值的、个体的、高效率的、个性化的信息资产。

小数据又被称为“量化自我”，即围绕个体的生活习惯、社交行为、财务状况等方面全方位收集数据，形成一个富有个人色彩的数据系统，为个体决策提供依据。传统监管配合监管科技，将同时具备大数据和小数据的能力，能有效地从宏观和微观角度进行审慎监管。

（一）大数据提供整体思路和框架

风险管理是个连续而非一劳永逸的工作，没有哪个企业在管理其风险的过程中一帆风顺。如果企业能够认真对待数据管理和数据管控，那么他们从大数据中获取的收益将会更大。大数据技术能够为企业的风险管控提供一个整体思路和框架，通过运用这个框架，企业无须浪费时间和资源在个体数据上，他们只需轻点几次鼠标，或以更加轻松的方式，就可自动获取整体数据。通过结合大数据，企业可以迅速了解自己全面的风险状况，挖掘潜在风险，如整体资产负债匹配度，交易对手违约情况，债务水平等，捕捉大概率的风险漏洞。此外，大数据分析能够敏感地捕捉到市场风险的异化，为应对风险争取时间。

（二）小数据填补大数据技术漏洞

大数据的潜在能量很大，但大数据并不能挖掘出全部风险的存在。对于一些小概率风险，在大数据分析技术下往往被忽略，因此需要利用小数据技术填补大数据风险管理的漏洞。一方面，我们可以从大数据中得到一般性规律，再用小数据去匹配单项风险。大数据相对于小数据而言，数据量大，需要快速做出反应，注重的是包含所有个体的数据，运用关联规则、社交网络、用户细分（根据行为）、预测与预警等分析方法来展现技术与数据之间的关系。

大数据对于归纳总结，提取特征并进行决策预测方面有着无法媲美的优势。以大数据分析出的规律结果为基础，小数据采集的围绕个体的全方位数据为中心，对个体的风险进行量化描述和完善服务，能够更加精准地筛选出异常风险特征，进行有效的风险管理。

“黑天鹅”代表着不可预测的重大稀有事件，但比黑天鹅更危险的是“灰犀牛”。“灰犀牛”理论由米歇尔·渥克提出，指的是在一系列警示信号和迹象之后出现的大概率事件。“灰犀牛”事件之所以会产生巨大的破坏性，源自人们面对“灰犀牛”时五个阶段的反应：第一阶段是本能的否定；第二阶段是得过且过；第三阶段是尝试去回应；第四阶段是惊恐；第五阶段是崩溃。就好像灰犀牛体形笨重、反应迟缓，你能看见它在远处，却毫不在意，一旦它向你狂奔而来，定会让你猝不及防，直接被扑倒在地。灰犀牛并不特别神秘，却更危险。

“灰犀牛”理论描述的是决策者当前所面临的困境：即使拥有海量

信息，仍然有很大可能做出错误的决策。甚至海量信息本身会给决策带来更多的不确定性。解决“灰犀牛”问题的有效方法是在警示信号和迹象表现的初期就进行智能化的防范，监管系统在其发展的每一阶段都智能化地给出相应的应对措施，多重防线进行风险的防控。

三、监管科技：智能导向

监管科技3.0阶段将以智能化为导向。智能化的核心是主动进行风险预防或干预，而非风险事件发生后被动地进行损失的弥补。智能监管科技在识别到风险的同时给予风险应对措施，最终将达成“无监管”的效果。随着金融科技的发展，风险也在不断地发生异化，金融科技给金融市场带来了巨大的挑战，监管部门作为市场的管理者与组织者也需因时、因势而变，探索智能化的监管科技模式。

首先，监管科技将引入人工智能技术，提升识别违法违规交易的准确率，捕捉违法违规行为新的异化。例如，美国金融业监管局（FINRA）正在开发的智能监管系统，无须预先编程输入已知的知识或答案，就可以更快速、准确地理解哪些情况需要预警，通过自学判断何种交易模式，最终需要执法介入，从而正确标记违规行为；甚至包括此前监管中从未发现的违规方式。再比如，美国证券交易监督委员会（SEC）正引入机器学习的方法预测投资者行为，评估市场风险，发现潜在的欺诈和监管部门的渎职。我国一些机构也正在积极地借鉴境外的监管经验，尝试利用大数据对投资者和上市公司进行画像，便于进行更有效的行为分类监管；刻画金融机构间的网络拓扑结构，以掌握风险、传导路径，并进行压力测试；利用数据挖掘的方法，开发交易监察模型，提高对新型市场操作行为的识别效果。

其次，监管科技通过应用区块链技术，可以有效降低市场主体间的信任成本、协作成本、审查成本和操作风险，提高交易后处理环节的效率，可以有效地改善交易结算系统等市场基础设施。

最后，监管科技利用互联网与物联网平台，可以实现监管的实时性与可追溯性。建立合法合规的金融市场，有效满足市场需求，促进普惠金融发展。例如，以信息技术为核心的互联网金融，面对海量信息流客观上增加了风险管控的难度，在去中心化和金融脱媒的过程中，随着未受严格监管的金融科技创新企业进入金融行业，若仍沿用传统的监管手段极易产生监管套利和监管空白，损害消费者权益。利用大数据等技术进行穿透式信息采集，确保交易信息的实时性和可追溯性，是快速识别潜在风险的关键。对于监管而言，通过建立智能化的交易信息数据库，通过实时性和可追溯性的交易信息，能够识别潜在风险，实现智能化“无监管”模式。

第三节　三重境界

一、监管科技：事后监管

为提升监管科技应用效能，应当建立以金融监管部门为中心、以金融机构为节点、以数据为驱动、具有星形拓扑的技术监管框架。事前将监管政策和合规要求“翻译”成数字化监管协议，并搭建监管平台提供相关服务；事中向被金融机构嵌入监管“探针”自动化采集监管数据，进而实现风险态势的动态感知和智能分析；事后利用合规分析结果进行风险处置干预、合规情况可视化展示、风险信息共享、监管模型优化等。

金融监管滞后于金融创新导致金融监管机构压力日趋增加。科技是一把“双刃剑”，新兴科技在扩大金融服务边界、提高金融交易效率、降低金融交易成本、减少金融交易信息不对称性的同时也更容易引发新的风险问题：

一是科技模糊了金融业务边界，跨行业、跨机构、跨领域的金融产品层出不穷，突破了传统金融的行业边界，风险表象更为复杂化。

二是科技增加了金融风险的隐蔽性，披着“科技”外衣的金融产品加快了金融风险传播速度、扩大了金融风险影响范围，无形之中放大了金融系统性风险发生的概率和危害性。

三是科技增加了传统金融的“脱媒风险”，科技的发展与应用使资金供给具备了绕开现有金融体系的可能性，能够直接“连接”资金需求方，完成资金体外循环，金融交易脱离金融监管的可能性增大。

四是技术风险更加突出，随着科技向金融行业的不断渗透，金融业务发展越来越依赖于先进的技术和交易平台，技术和交易平台选择失误可能给金融机构带来较大风险。

五是科技能够更快速、更全面地掌握金融消费者的身份信息和行为数据，在数据使用和保护不当时，个人信息泄露风险将越发严重。

针对金融创新引发的一系列新的风险问题，传统监管依赖报表和人工分析的手段显得滞后，利用新科技应对金融创新就显得尤为必要。监管科技的发展与应用可以使金融监管机构提升监管效率和监管能力，更从容应对金融机构膨胀、金融业务扩张带来的监管压力，进而更好地防范系统性金融风险、保护金融消费者权益。

二、监管科技：事中监管

事中监管即在事情发生时进行实时的监控。监管科技 1.0 阶段，受限于科技以及信息的数量以及维度，监管一般滞后于创新，大多只能采取人力参与较多的事后监管模式。监管科技 2.0 将迈入“大数据”时代，监管机构完全有能力事中向被监管的金融机构嵌入监管“探针”，自动化采集监管数据，进而实现风险态势的动态感知和智能分析。

大数据能够实时利用常规软件工具进行捕捉、管理和处理，形成有效的数据库。大数据通过海量数据的核查和评定，有效识别风险点，实时进行风险控制和风险监控，精准把控风险发生的规律性，对金融机构潜存风险进行更深入和透彻的数据分析。事中监管系统的实现好比当前可利用可穿戴设备即时传输身体监测数据，实时识别健康风险发生的可能性。

智能穿戴设备将信息的采集、记录、存储、显示、传输、分析、解决方案等功能与我们的日常穿戴相结合，成为我们生活的一部分，具备两个特点：首先它是一种拥有计算、储存或传输功能的硬件终端；其次它创新性地将多媒体、传感器和无线通信等技术嵌入人们的衣着当中或使其更便于携带，并创造出颠覆式的应用和交互体验。基于移动互联、穿戴式设备、大数据等新一代技术正在快速颠覆各行业的生存业态，在迅猛发展的医疗领域，这些新兴技术与新商业模式的结合正在全面颠覆我们以往对医疗的认知结构。例如，可穿戴医疗设备对血糖、血压、血氧等的监测数据不仅可以与智能手机相连，还可借助云存储技术将监测数据通过云端进行存储和分析，并和医院的病例系统和监控中心相连，有异常时及时提供预警以及相应的诊治意见。

三、监管科技：事前监管

（一）预测性风控

基于大数据与机器学习的风控模型可以打通跨行业、跨业务、跨场景的数据，如金融机构数据、征信机构数据、政府部门数据、大型企业数据等。通过模型综合量化评价客户风险，识别特定模式，预测客户申请、交易、回款过程中的欺诈和坏账可能性，形成审批决策，及时预测风险并采取干预措施。在银行业主要应用于贷前准入、贷后跟踪、坏账预测等；证券业主要应用于合规、识别垃圾注册、异常交易监测等；保险业主要应用于反欺诈。预测性风控已成为人工智能技术在金融行业应用最为广泛的场景，众多银行、信用卡中心、P2P 交易平台等都在运用这项技术降低逾期与坏账风险。

（二）算法式监管

金融交易日益频繁，大量金融数据实时产生，交易的复杂度和隐蔽性越来越高，传统监管手段显得力不从心。人工智能可以快速处理大量数据，通过机器学习挖掘数据潜在联系，更新知识库，将成为大数据条件下金融监管的有效手段。越来越多的监管活动将会由人工智能算法完成，算法监管的重要性将会上升。基于人工智能的算法监管可以覆盖整个监管流程。

（1）预警。预警是人工智能金融监管应用的第一个环节。当人工智能发现某金融机构出现风险征兆的时候，就会自动向该机构和监管部门发出预警信号，提醒其采取措施。这个过程类似于持续的压力测试，持续计算金融机构的系统价值、风险场景、风险计价等。现阶段人工智能在预警方面已有初步应用，比如工信部针对互联网金融建设的自动检查预警技术，可以同时跟踪和分析 1000 多个互联网金融网站。

（2）停止业务和处罚。当金融机构越过红线时，人工智能能及时、自动地锁住金融机构的部分业务，如贷款、同业拆借、发行理财产品等，有效防止风险扩散；自动在一定范围内公告某机构的风险状况；自动执行监管当局的处罚决定；自动从公司账户中扣取罚金；自动公布终止机构高管的任职资格等。

（3）观察整改状况。在停止部分业务和处罚措施以后，人工智能会观察该机构整改的进展，及时与相关监管指标对比，计算风险化解的进度和潜在可能性，计算风险改善状况。

（4）解除。当上述机构通过整改达到监管指标以后，或处罚实施到位以后，人工智能便会自动解除处罚，恢复相关业务。以上监管流程都是连贯的过程，由人工智能自动操作和实施。这样能将整个金融监管工作在时间序列上不断地连续下去。

第四节　三个假说

一、监管科技：全监管

随着信息技术在金融业务中的应用日益普及，各类金融信息主要以数字化形式存储，更多地借助技术手段提升信息采集和分析能力，进而提高监管覆盖面和效率，是完善金融监管长效机制的必然选择，甚至有学者大胆设想，依托人工智能等信息技术建立监管科技方案，未来可完全取代监管部门做好金融监管工作。

未来，更多依赖监管科技实施全面的金融监管是必然选择，因为监管的复杂程度、影响因素等迫切需要对金融的全监管。

一是日益繁杂的监管制度要求，使得监管合规成本急剧增长，不运用技术手段实施金融监管已难以为继。金融机构需不断增加运营成本应对各类监管要求；监管机构的有限人力则耗费在整理报告等事务性工作上，缺乏精力研究金融监管重点难点问题。作为监管合规创新模式，监管科技当前已在监管报告自动生成、客户或员工资质审核等多方面大幅降低人员工作量，未来还将在更多应用场景中发挥关键作用。因此，大量运用监管科技手段开展非现场实时监管，将是未来金融监管主要实施方式，而耗费更多人力的现场检查和书面调查方式将逐步成为辅助性和非常规性监管实施方式。

二是受技术迭代频繁、金融应用快速创新以及监管者激励约束等因素影响，金融市场变化始终领先于监管举措，这种监管天然滞后性需更多地借助监管科技手段弥补。例如，运用监管科技解决方案，监管部门可搜集、分析互联网非结构化数据提前预判风险，又可通过嵌入式方式获取业务特征信息和行为数据，实时识别违规和不当行为，还可通过整合多渠道历史信息并比对差异，持续优化监管合规要求，增强识别违规和不当行为的实时性，甚至可实现监管信息跨国家和地区共享，提升协同风险处置能力。基于上述构想，目前已有部分商用方案问世。总之，通过监管科技不断增强预见性、实时性、持续性和协同性风险管控能力，最终可有效提升金融监管的灵活性与自适应性。

三是依托金融科技创新的金融服务模式具有与技术紧密结合的特质，因而只能借助监管科技手段才能更好地管控风险。基于云计算、大数据等金融科技技术基础设施面向公众提供金融服务时，因其具有服务模式高度依赖线上渠道、全时全地在线运营和持续积累多种类用户行为及金融交易数据等特点，在提升金融服务便利性与普惠性同时，也更易引发操作风险、运行风险、信息安全风险和数据泄露风险。特别是承载金融科技服务的底层技术基础设施也有较高趋同性的背景下，技术风险存在高度集中、传导扩散速度快、影响面广等新特征，一旦风险爆发，甚至有可能引发系统性风险。因此，依靠技术手段应对和防控风险，也是对金融科技实施监管的必然选择。

此外，依靠技术手段对金融科技业务模式运行状态进行实时监测和动态分析，引导真正服务于实体经济的模式加速发展，减少机构监管套利行为，快速甄别以创新为名行欺诈之实的不法机构，也是实现行业可持续性发展条件之一。

二、监管科技：非监管

当前，监管科技在消减重复性、机械性监管合规工作方面的解决方案已日益成熟，后续也将在提高监管智能化方面扮演更为重要的角色。但长期看，监管科技无法完全取代人工监管。因为监管科技应用仍无法完全突破以下限制。

一是监管科技很难消除监管本身的分歧与争议，仍然需要高素质监管专家发挥自由裁量权灵活掌控金融监管松紧尺度，平衡安全与创新。借助科技手段，虽有助于减少监管中因故意或疏忽造成自由裁量权滥用情况的发生，但完全依赖程序化监管决策方式，必然将监管自由裁量权的弹性空间压缩殆尽，难以兼顾监管一般性与特殊性。现有研究已表明自由裁量权在监管实践中确有存在必要，甚至有研究认为，保持合理自由裁量权是有效监管持续动态变化金融市场的必要条件。考虑金融监管不是简单地抓捕犯罪分子式执法，除主观故意外，商业决策失误、行业需求变化等诸多客观因素均可能引发金融稳定风险，也需专家发挥自由裁量权灵活确定监管应对方式。在金融科技加速引领业务发展背景下，各国监管部门也在创新监管沙箱等监管机制，在保障风险可控同时，验证新业务运作情况。此机制也可视为保持监管自由裁量权以更好地促进金融科技创新发展的有益尝试。

二是囿于人工智能技术发展规律，监管科技仍无法完全替代人工完成所有监管工作。总体来看，当前各国金融监管模式虽有差异，但仍表现为规则监管与原则监管并存，以兼顾金融监管刚性与灵活性的状态。

但监管科技在两类监管模式下扮演的角色和发挥的作用却有明显差异。有学者研究指出，相对于原则监管，监管科技在规则监管模式下可发挥更大作用。因规则具有精确性特征，较易转化成标准化、数字化的计算程序，可通过规范应用程序接口获取监管信息并实现自动化监管合规指令/控制。反之，原则具有抽象性特征，在人工智能技术发展到强人工智能阶段前，具备泛化推理分析能力的监管科技方案仍较难实现，无法完全自动评估监管原则合规情况。运用监管科技实施预测性和实时性监管时，还需监管专家对自动识别的风险信号作人工判定，商讨后续监管对策并做出最终监管结论，以保持监管裁决的准确性与权威性。

三是在辅助提升监管效率与效果同时，监管科技自身也需高水平监管人员对其实施监管，否则就将陷入逻辑循环。因此，作为备受瞩目的新兴产业，由专门机构紧密跟踪监管科技发展情况，针对技术演变特点建立适宜的监管框架，加强对监管科技的辅导与支持十分必要。监管部门有义务履行对监管科技服务机构的政策辅导、标准制定、技术方案审核和监管效果持续评估等职责，进一步规范技术发展，减少因无序竞争和利益博弈引入的新增技术风险、道德风险（如为规避特定监管要求，人为设置倾向性数据采集后门）和监管模型算法失效风险等问题。

从国际相关政策研究结论看，直接借鉴金融科技监管创新经验，如构建专用于监管科技的监管沙箱、设立创新指导窗口等方式，加强对监管科技的辅导与支持，也是对监管科技实施监管的可行思路。

三、监管科技：无监管

监管科技低级阶段割裂了监管机构与被监管机构的关系，偏颇地认为监管科技仅为一方服务。因此，当谈到监管科技时，潜意识都指向监管科技如何更有效地为被监管机构服务，使其快速、高效地达到相关合规要求。

随着技术的发展，再谈监管科技时，思路相对被拓宽，在更高层面上实现了监管与科技的融合，一方面强调将以信息技术为代表的新技术应用到监管产业链中，实现对监管功能的优化；另一方面，监管要求的不断提升催生科技创新，不断适应监管的需求。最后，我们发现监管科技既不是监管，也不是科技，监管与科技之间形成了一种内生化的促进机制，相互制约，同时又相互促进，达到一种“无监管”的效果。

“无监管”并非字面意义上的不需要监管，是监管机构与被监管机构借助监管科技进行了融合，达成“无监管”效果。这将是一种更高级的监管形态，被监管机构随时随地接受监管，监管机构随时随地根据反馈机制调整监管策略，这一过程将达到监管机构和被监管机构的自我平衡，这一过程将通过一种内在制约机制来完成。这一过程能够达成几个目标：

一是监管资源配置达到帕累托最优状态。催生监管科技的条件之一就在于监管资源的配置不合理，在某些方面监管资源富而有余，某些方面监管资源又短缺匮乏，从而产生监管空白、监管俘获行为。“无监管”状态下，监管资源配置将通过内在机制动态调整，实时达到帕累托最优状态。

二是监管资源处于共享状态。“无监管”状态将依托高科技发展，利用数字化建设，使监管资源处于共享状态，进一步提高了资源的利用率，同时简化监管流程，提高监管效率。

三是监管达到公开透明的效果，进而体现公平性原则。公平性是实施监管最重要的原则之一，监管的公开透明性有利于监管达到公平性的目的。“无监管”状态下，通过内在制约机制，监管将实现公开透明性效果。

因此，我国发展监管科技的路径选择为构建金融新生态。通过监管科技的应用，金融新生态圈将达到内生平衡状态，各参与主体相互制约的同时又相互促进，从而达到“无监管”状态。

第十二章　监管科技的思考

> 哲学、艺术和科学，其目的都是为了让人类的生活趋向高深，使它从单纯的生理存在中升华，并把个人引向自由。
>
> ——阿尔伯特·爱因斯坦

这是一个超越时空的全新时代，这是一个万物互联的变革时代。这个时代与启蒙运动时期、工业革命时期完全不同。在这个时代，我们必须感知现实世界——拥有汽车、学校和战斗机的现实世界，又要看清虚拟力量——拥有人工智能、DNA 数据库、计算机病毒的虚拟世界。在这个时代，各种信息、应用、通信数据及出乎意料的事情充斥并改变着传统金融生态，我们已经无法以固有的监管理念来理解和认识这个蕴藏着巨大潜能和冲击力的金融新时代。

金融科技、科技金融、普惠金融、互联网金融、金融大数据、金融智能、区块链、数字货币……当这些热词在媒体和大众口中频繁出现，即使从事金融监管的“老兵”，也有目不暇接之感。因此，对于监管科技未来的思考，我们需要从更高的维度进行，需要从科学、艺术、哲学层面进行未来思考。

2008 年世界金融危机成为金融科技发展历史上的“分水岭”，金融科技进入一个新的发展时期。金融科技引发的金融创新，迸发出巨大的金融业变迁能量，也带来了新的风险因素。金融科技给金融企业带来的机遇或挑战目前仍然难以估量，同样监管科技是否匹配了金融科技的发展现在也一无所知。这些都需要我们用科学、艺术、哲学的视角来思考监管科技，也许只有这样我们才能看清监管科技的局面在变化、逻辑在更新、未来在演进。

总体来看，相当一部分国家对于金融科技的发展采取支持或者较为宽容的态度，并鼓励和支持通过监管科技来约束金融科技的创新。金融监管机构对于监管科技的思考，对于金融科技的发展至关重要。监管科技背后所代表的监管方式和力度会直接影响金融科技这个新兴行业的走向，甚至关系到金融科技行业的生死存亡。

第一节　科学思考

一、科学与思想

纵览历史长河，可以发现科学和思想的关系，从来都是相辅相成、相生相融的。在人类社会的任何一个阶段，科学技术的发展都离不开思想的引领，而后者的前瞻性也决定了这些发现发明的高度、广度和跨度，而思想也会受到科学发现以及随之变化的生活方式、社会结构的影响，从而能够去伪存真，化繁为简，反过来推动科学技术的再发现和再创造。

从思想引领科学的角度来看，金融科技的一大热点——比特币和区块链技术的诞生便是一个很好的演示，其表面繁复的技术和机制嵌套背后其实是去中心化和分布式存储的思想，当把事情简化到一个简单封闭社会的物物相易、口耳相传、少数服从多数的状态时，可以很自然地由这些思想推断出需要哪种技术设计。

没有思想的科学技术往往只能称之为改良，脱离思想或者具有错误思想的发明则很可能是一个闹剧，比如历史上风靡一时的永动机发明热，在违背“能量守恒”思想的前提下设想出来，自然称之为“悖论”。而思想的高度也决定着科学技术进步的程度。例如，英国学者李约瑟基于对中国科学技术的研究，提出中国古代技术发达而近代科学落后的“李约瑟之谜”，其中的一个重要原因就是只重视经验总结，缺少思想性、理论性的深耕。

从科学影响思想角度来说，20 世纪两大物理学的划时代性成果、也是现代物理学的奠基：相对论和量子力学，前者的参照系变换和后者的微观离散性思维都改变了学科思维，并极大地影响着思想界，甚至路易·维克多·德布罗意通过简单的思想外推就可以获得新的研究灵感，生动地体现了“科学—思想—科学”的互动过程。

二、监管科技的科学思想

监管科技把信息技术等现代科技前沿进展应用到金融领域的监管上，这一技术的提出自然离不开科学思想的引领。随着新的技术越来越多地应用在金融领域上，给监管的效率、方式、难度和结果都带来了巨大的冲击，这一情景下，一个自然的思想就是技术的发展需要通过技术来提高应对水平，好比军备武器竞赛。具体来说：当监管的工作量以数量级的形式增长时，人工的速度和应对能力自然无法赶超，就需要技术性的手段对其中机械和程序化的步骤进行批量简化；当风险和信息不对称的传统甄别衡量手段被新兴技术绕过时，需要构建新的技术监管途径，从其他环节和以其他形式来收集所需要的信息等。

监管科技的科学思想就是这样通过科学技术来拓宽监管的范畴、延伸监管的触手、放大监管的视界，以科学和技术来实现更高效、更精准的监察和审核。这些科学思想和其他很多新兴或传统领域的组织管理也有相似之处，比如文物鉴别和交易领域，利用区块链的共识机制来实现记忆存储和共享，加强传播，防止信息的不透明。这种思想既是利用技术解决以往工作中发现和累积的难点、痛点，也是与时俱进，“魔高一尺道高一丈”的技术跟进。

三、科学思想下的监管科技

在上述科学思想下，监管科技衍生出许多种形式和技术平台，例如，美国 Droit 公司，为企业提供场外衍生金融产品交易流程的解决方案，其系统 API 从监管的角度向交易员提供执行或终止决策，确保交易遵守目前相关法律规定。Droit 公司的价值主张是为客户提供文件的企业基础建设，促进衍生金融产品在各个资产类别、监管机构、中央对手方清算（CCP）和执行平台上达到合规性，实现交易优化配置。再比如，美国 Prevalent 公司，是一家第三方风险管理公司，为用户提供自动化评估和持续性威胁防控服务，通过风险评估和持续供货商监控解决方案，帮助企业降低黑客威胁所造成的损失，在全球网络安全行业 500 强中排名达到前 250 名以内。这些科技的催生，都来自于科学思想指导下的技术进步，以拓宽监管范围、创新监管渠道。

科学思想下的监管科技也可以反过来影响监管科技的科学思想本身，比如在监管过程中，发现了新的痛点和新的技术挑战，就可能重构监管思维，改变思想本身，转换思维模式，构建和创造新的技术监管手段。另外，监管漏洞也可能仍然存在，这些都可能极大地影响监管层的思想决策过程，比如当发现审查和信息收集难以甄别潜在的风险和背后的逆向选择问题时，就可以转变视角，把监管放置于交易的中间环节，以新的技术手段解决征信问题。

《数字乌托邦》一书中，作者尼古拉斯·卡尔对技术进行了深刻反思和总结，书中的观点犹如一针清醒剂，帮助生活在技术穹顶之下的我们拨开迷雾，看透当下新时代、新科技、新金融的本质，认清科技使人类生存智慧退化的事实。为此，我们需要放慢追求监管科技的脚步，重新审视监管科技与监管思想的关系，审视科学思想对我们的影响，调动大脑来思考：①我们是否有稳固的监管思想内核，特别是监管科技思想内核？②我们是否有坚信的监管理念、价值观、方法论，而且在反复实践？③我们是否能把新的监管知识整合到传统监管知识体系，特别是监管科技对我们的影响？

第二节　艺术思考

一、艺术与思想

正如前文所言，艺术和思想是难以分割的。好的艺术背后都有着强烈的真挚或深刻的思想支持，正如文森特·梵高的画作体现着梵高对生命和孤独的思考；而巴勃罗·毕加索的作品则充满对主观观察视角的重新认识，当然其中也不乏对时代的反思，后期的萨尔瓦多·达利等也是如此。文学艺术更是不胜枚举，好的思想能使文章百读不厌，比如唐宋八大家的说理文章和先秦时代诸子百家的散文语录，都有着跨时代的指导意义。艺术本身又能成为思想的镜子，可以在艺术作品中发现不同的、潜在的还没有被发掘的思想。正如威廉·莎士比亚对于《哈姆雷特》的评价那样，“一千个读者就有一千个哈姆雷特”；再比如《红楼梦》，更是可以“横看成岭侧成峰”，读出或深或浅、上至国家社会架构、下到生活琐细、人情冷暖的丰富内容。这时，思想已经超越了艺术作品、艺术家的创作意图和艺术本身。

艺术与思想的关系可能和科学技术与思想的关系不完全一致。思想往往受到科学技术的极大影响，但艺术很难像科学这样对思想产生如此革命性的冲击。当然，这并不代表艺术不能影响思想，而更多的时候，它是作为一种传播形式来实现这种反馈作用的。例如，鲁迅先生的杂文，用来医治人心、唤醒国民，从思想上救国图存。

二、监管科技的艺术思想

监管科技也蕴含着丰富的艺术思想。目前，监管科技还很难消除监管本身的分歧与争议，并且囿于人工智能技术的发展水平，监管科技仍然缺乏从信息转化、识别和处理的阶段上升到具备泛化推理分析能力的水平，监管科技自身也需要高水平监管人员的管控，监管科技目前还无法取代人工。因此，人工监管仍将在监管科技的间隙和上方拥有巨大的空间，这就是艺术思想的所在。如何将人类的复杂分析和判断、学习能力和科技本身结合并相互配合，仍将是一种艺术。

监管科技的艺术思想，使得技术不会完全脱离于人的把握和掌控，并且人的智慧能够和谐融洽地与监管科技融合形成一个封闭性的系统，这将极大地改善和提升监管的效率和适应性。在很多复杂的领域和场合，这种艺术性的结合尤为重要，而无法把握这种关系将极大地降低这种技术的应用水平，反过来从使用生命的角度来说弱化和妨碍这一技术的发展。随着金融科技的推广和应用，这种情形将变得越来越多见，因此，监管科技的艺术思想和科学思想一样，都是其指导思想中不可或缺的重要组成，同时也保证这一变革的长久活力。

三、艺术思想下的监管科技

大数据、人工智能等技术，在某些方面到目前为止可以说还是个艺术性的工作，还达不到工程性的标准。所谓的艺术性的工作，就像是你写一本小说，我也写一本小说，但你的小说可能会很畅销，我的却一本也卖不出去，因为没有一个工程性的方法，指导你如何写小说就可以畅销。大数据和人工智能也一样，大家都看好它的前景，但如何具体取得实际效果，还需要有一个工程方法意义上的突破，指导大家按照一个有效的方法去做，就可以看到想要得到的结果。这个层面如果不能突破，就只能停留在畅想层面上了。

当然，艺术思想下的监管科技也有很多实例，美国对监管科技持高管制态度；英国把监管科技判定为单独行业，金融监管机构鼓励金融科技公司在监管科技领域创新；加拿大成立了专门的金融科技实验室，深入研究监管科技的创新研发，特别注重监管科技在治理、风险及合规性问题所对应的解决方案及产品；澳大利亚成立了金融科技专责小组，负责促进监管科技为题的跨界交流和独立的创新中心，并与监管科技创业公司合力组建行业协会，共同讨论商榷行业发展策略；印度专门针对监管科技与宏观审慎监管金融详尽研究；中国成立了金融科技委员会，旨在加强金融科技工作的研究规划和统筹协调。这些创造性的辅助、鼓励和管理措施，都充满着监管科技和人的智慧的艺术性结合。

对于监管科技，我们要辩证地待监管科学与艺术的关系，让两者相互借鉴、取长补短；用科学技术展现艺术之柔美，用艺术装点科学技术之高深；而非完全割裂、只重一方，才能创造长远留存且精彩纷呈的监管理论与实践。

第三节　哲学思考

一、哲学与思想

哲学与思想有着千丝万缕的联系，但二者并不完全一致。很明显，用西方亚里士多德的哲学体系解释中国古代思想就会出现很多解释不了，或者理解有谬误的地方。哲学，是对人生、世界等的思考，既是关于世界观的学问，也是关于方法论的学问，是世界观与方法论的统一。西方的哲学多半跟自然科学有紧密联系，中国的古代思想则与人类社会关系密切。而“思想”二字更加包容，不仅可以容纳精华、进步的思想，也可以容纳一些我们忽略的东西。马克思说过，哲学是一个时代的精华。而思想不一定是时代的精华，普通人的某些思想观念也可以被思想史容纳。

应该说，哲学史是思想史的一部分。思想史比哲学史的内涵更为丰富。曾经在很长一段时间内，国内对于思想史的研究，更注重哲学史，甚至某种程度上，哲学史就是思想史。20 世纪 80 年代以后，国内学术界经历了文化热，思想史热，形形色色的关于思想史的著作出版，大大扩充了人们对于思想史的认识，思想史也就从哲学史的桎梏下解放出来。

二、监管科技的哲学思想

2008 年，美国次贷危机是全球金融监管哲学思想的第一个转折点。金融危机爆发以后，金融监管不力一直被认为是重要的原因之一。奥巴马政府在 2009 年 6 月 17 日正式提出了一项全面的金融监管改革方案，旨在重建美国金融监管的新基础，这被认为是具有里程碑式的重要意义，它标志着美国金融监管的理念和指导思想，或者说金融监管的哲学发生了重要转向。

“转向”发生前的金融监管哲学核心在于“事前承诺方法”，并非对达成金融监管的最终目标不重视，而是希望以某种“激励相容”的方式达到目标。现实是由于信息不对称造成“委托—代理”问题，“激励相容”的境界很难实现，制度设计很难真正周全。监管成本虽然大幅度降低，但达到监管目标的“有效性”却不易保证。

在这种情况下，“转向”强调加强监管机构的作用就十分自然，而这正是新金融监管方案要达到的境界。不过，发生“转向”后的新的金融监管改革方案也并非如初看上去的那样只强调了监管机构的硬性介入。在危机之中，它迫切要解决的问题是加强监管，堵塞监管制度中存在的漏洞，避免危机再次发生，所以对如何促进竞争和效率未多提及，但这并不意味着对后者的否定。正好相反，改革方案的明确目标是通过加强市场纪律来促进市场的有效运作，并对此提出了很多具体的建议。

三、哲学思想下的监管科技

监管科技就是一种新的金融监管工具，这归功于科技的进步，但是说到底监管是为了更好地促进金融体系的发展，更好地改善民生，造福人民。从事物发展规律看，理清监管科技的本质属性，不仅有助于金融监管更合理更有针对性，而且对金融业长远和向纵深发展也意义重大。

监管科技本质属性的精准定位，必须将两点论和重点论统一起来，既把握事物的主要矛盾，又同时兼顾非主要矛盾。事实上，监管科技并非是“监管+科技”的简易结合，更非脱离现有监管体系的全新事物，而是监管理念融合创新到更优状态的过程，是一种监管创新。也就是说，监管科技的核心是监管，而监管的真正目的是规范金融体系，造福民生。

近年来，我国互联网金融行业规模实现了迅猛扩张，同时该领域违法犯罪事件却大量滋生，尤其是P2P平台频繁跑路现象，对投资者权益造成巨大损失，也引起了社会的广泛担忧。针对互联网金融行业存在的分歧与焦点问题，我们要基于唯物辩证法的基本原理，深入剖析以P2P为代表的互联网金融的本质属性、融资成本、小微企业服务、风险监管等方面的内在逻辑，从而理性辨析互联网金融的本质内涵、负面问题以及正面效应，科学制定互联网金融的监管政策。面对蓬勃发展的金融科技行业，未来的金融监管应从“产品逻辑＋机构逻辑＋分业监管”，加快向“监管科技”过渡转型。

哲学是有严密逻辑系统的宇宙观，它研究宇宙的性质、宇宙内万事万物演化的总规律、人在宇宙中的位置等一些基本问题。《道德经》是中国古代哲学思想的先河。“道、法、术、器”，这是《道德经》强调的四个字。这里的“道”，是规律、理念、信念，是最终的真理，是囊括这个世界，甚至更广阔时空的自然法则。“法”则是规则、制度，即寻道的指引、路径。“法”也有善恶之分，顺应道的“法”就是善法，相反，违背道的“法”就是恶法。“术”是指技术层面上的操作方法，是建立在道、法之上的表象方式。“器”是指有型的物质或是有形的工具。四者的逻辑关系是：做事要秉道为本，因道生法，以道御术，善器成事。

无论从哪一个角度讲，监管科技的发展都不可能一蹴而就，而是一个系统工程。金融创新、金融创新等所有“道”的维持和发扬光大，无一不需金融监管在“法”上、在规则和指引上做出不懈的努力，在“术”和“器”上不断地做出改善，更需要监管科技的研究能够与时俱进，并能实现相机并有。

第四节　未来思考

一、未来与思想

40 亿年来，地球生物进化的准则始终没有改变，那就是物竞天择。不管你是一个蘑菇、一只长颈鹿，还是一个智人，我们所有的生命进化都由物竞天择来决定。但是，在接下来的一两百年，物竞天择的法则有可能被颠覆，我们不愿意再等几十万年，让自然来做这个选择。未来，智能可能会取代物竞天择，转化成进化的基础原则，我们会用各类云计算来决定我们的“智能设计”，而这些“智能设计”又将会控制我们未来的生命体，这些生命体有可能突破现有有机世界的限制，可能会超越我们想象的极限。

人工智能为人类带来更智能的硬件、更智能的医疗、更智能的无人码头，甚至是更智能的金融分析师。不可否认，科技正重新定义我们的未来，无人机、智能穿戴、智能家居、智能医疗、应用与安全和虚拟现实等前沿科技正在重新书写着人类生活的未来。

同时，科技改变着人类的逻辑思维能力和创新能力，思想定义未来，只有与未来发展趋势相贴合的思想所带来的科技创新，才能够真正在未来立足甚至定义未来。

2007 年之前，如果被问喜欢什么手机，人们毫无疑问会想到摩托罗拉、诺基亚。直到 2007 年苹果手机的出现，重新定义了手机行业，改变了手机行业的规则。从 20 世纪开始，福特的 T 型汽车定义了汽车行业的标准，直到从没有做过汽车的特斯拉横空出世。特斯拉对其他行业的改变（包括无人驾驶对汽车的改变）不是改变汽车本身，而是重构了汽车生态系统和价值链。这一改变和原来传统汽车所有的竞争优势都不相关，对于特斯拉来说，它思考的并不是福特怎么做车，也不是如何做出一个超越福特的性能，而是用一个全新的创新思维改变汽车行业的游戏规则。

同样，对于监管科技而言，我们要做的正是突破思想的边界，深挖确定性并开拓可能性，真正地重新定义监管科技的未来。我们要确立这样一种思维模式：拒绝做金融科技的追随者，而要另辟蹊径，做金融监管的重构者，哲学、艺术和科学的让金融监管趋向高深。

二、监管科技的未来思想

计算机诞生以来，随着计算机技术与互联网技术的发展，人类所生活的现实世界就开始了向数字化世界演变的进程。如果说这是一种在通往数字化世界道路上的状态，那么虚拟现实等技术的发展则向我们打开了通往数字化世界大门，我们已经可以看到这个虚拟现实世界里的缤纷多彩，虽然不是那么地真实。现在监管科技诞生了，其发展之路由人类塑造，我们应该确立起面向未来的逻辑思维方式，认清监管科技的本质，为其构建发展之蓝图。

监管科技从本质来说是制度创新和技术创新的融合和双向赋能。赋能主要是讲科技赋能，科技确实在赋能于我们的实体产业，在赋能于我们的社会生活，并已经起到了明显的作用。但是我国金融监管改革中间出现一个非常大的短板，就是制度供给不足，制度创新没有跟上我们的技术创新，所以监管科技急需的不仅仅是技术创新，也要在这个领域中来探索制度创新，让我们的制度创新和技术创新相结合。

例如，在区块链领域，已经提出了一些非常好的理念，比如“代码即法律”，代码是不是能够成为法律，也许还需要一些程序，需要一些机制，但是它有非常好的内在底层的思想，把制度创新和技术创新结合在一起，使它通过技术来落实制度，这种思路具有宝贵的价值。区块链通过这个代码和我们的制度相结合，让法律变成代码，或者让代码变成法律的双向赋能，从而使我们的监管不再游离于技术之外，而是融合在技术之中。通过这种方式来赋能区块链在经济社会中的应用，从而实现更广泛的普及。

三、未来思想下的监管科技

在可以预想到的将来，监管科技将被金融机构广泛应用于改进合规功能、降低合规成本以及智能合规测试等多个方面。同时，为避免信息不对称，监管机构采用监管科技也将是大势所趋。当金融机构更大范围、更大程度地采用监管科技时，如果监管机构不采用同样的技术，将面临严重的信息不对称问题。当金融机构通过机器学习、大数据分析和人工智能等技术来处理和分析金融大数据产生的信息与风险时，监管机构如果对此知之甚少，将不能有效监管。随着监管机构与金融机构之间的信息不对称问题加剧，监管机构对金融风险的识别与应对将变得更加迟缓，不利于金融的稳定。

因此，从监管角度看，金融监管部门通过运用大数据、云计算、人工智能等技术能够很好地感知金融风险态势，提升监管数据收集、整合及共享的实时性。可见，金融监管走向智能监管也是大势所趋的。监管科技从蓝图走向实施，至少还有三条必经之路。

一是数据的标准化之路。数据是监管科技的基础，数据标准化是监管科技的前提。但是目前，金融不同行业，不同部门，不同分支机构对数据的收集和统计存在较大差异，并没有通用的数据概念、分类体系和统计口径，可比较性、可计算性和可评价性都很低。这种状况的存在，影响了不同业务之间的联通和数据流动。因此，提升监管工作的数字化、电子化、自动化、标准化程度是现阶段的主要工作。实际上，只有完成这“四化”和统一的中央监管信息平台的搭建，监管科技建设工程才算是有了根基。

二是新技术的转化之路。当前金融监管对新技术的主要需求集中在市场运行状态实时监测，市场风险监测，异常交易行为识别，以及事前审核、事中监测、事后稽查处罚等各类监管工作模式的优化方面。要满足这些需求，数据和技术缺一不可。

数据标准化解决了数据收集和数据质量的问题，但监管科技真正发挥威力，还需要依靠大数据、云计算和人工智能等新兴技术。目前这类技术的研发力量主要在市场机构，特别是头部的科技公司；运用场景也主要是在与互联网相关的各项业务上，在金融监管领域的运用还相当有限。如何将这些新技术引入金融监管并且能够保持与时俱进的更新，避免监管科技发展与金融科技发展的脱节，是监管科技建设需要明确的问题。在这方面，单独依靠监管机构或者全部推向市场都不具有可行性，二者的合作才是最佳的路径。

三是市场的适应之路。即使从全球范围来看，监管科技也尚处于初级发展阶段，还不够成熟稳定，实际应用效果也还没有经过一个完整经济周期（或者说一次金融危机）的检验。基于大数据和新技术的监管科技，会不会诱发新的法律和伦理难题，引发新的金融风险，智能监管会不会影响就业，监管科技的算法是否存在歧视，是否需要披露，以及披露到什么程度，这些问题都可能随着监管科技的深入推进而涌现。

而就短期来说，监管科技的行程也可能会遭遇到一些不大不小的颠簸。比如，虽然监管科技以降低人工成本、提高监管效能为目标，但在推行的初期，难免需要市场主体投入一定的人力物力去了解和适应新的监管方式，短期还可能会增加总体的成本，包括制度摩擦的成本。再比如，当前依靠人来完成的金融监管虽然存在这样或那样的问题，但大多数时候正是“人”的因素让金融监管在刚性和弹性之间保持了某种适度的平衡，如果完全依靠技术手段，这种平衡监管科技还能够完成吗？对于所有的这些，作为整体的金融市场都需要一个适应的过程。

监管科技会取代“人”的监管吗？答案是否定的。监管科技使得人类以更少的人力资本投入获得更高精度的监管成效与合规成果，极大地解放了生产力，但决不可以泯灭人为监管的重要性，事实上，即使在监管科技高度发达的未来，人为监管仍占据着不可撼动的地位。一方面，人类作为监管规则的制定者与监管结果的审核者，永远是监管科技的最后审判者，其地位无可替代；另一方面，人工智能作为监管科技的核心技术之一，其取而代之的是岗位本身，而非人类。况且在监管科技刚刚起步的现阶段，这种担忧为时尚早。

总而言之，金融监管领域的技术革命才刚刚开始。随着监管科技市场的发展，金融监管部门、金融机构、金融科技（监管科技）公司、消费者都将会受益匪浅。关于监管科技的未来，正如阿尔伯特·爱因斯坦说的那样，“我从不去想未来，因为它来得已经够快的了”。

参考文献

一、参考的相关书籍

[1] 陈辉. 金融科技:框架与实践[M]. 北京:中国经济出版社,2018.

[2] 陈辉. 相互保险:开启保险新方式[M]. 北京:中国经济出版社,2017.

[3] 陈辉. 相互保险:定义保险新方式[M]. 北京:中国经济出版社,2018.

[4] 陈辉. 相互保险:创新保险新方式[M]. 北京:中国经济出版社,2018.

[5] 陈辉. 相互保险:开创保险新未来[M]. 北京:中国经济出版社,2019.

[6] 陈辉. 小数据之美:精准捕捉未来的商业小趋势[M]. 北京:中信出版集团,2019.

[7] 陈辉. 股票连接保险的定价、准备金评估和风险对冲研究,中国财政经济出版社,2011.

[8] 张宁. 金融保险:深度学习[M]. 北京:财经科学出版社,2018.

[9] 奚玉莉,杨芮,陈辉,等. 互联网保险新模式[M]. 北京:中信出版

集团,2016.

［10］寇业富,陈辉. 中国保险公司竞争力评价研究报告(2018)［R］. 北京:中国财政经济出版社,2018.

［11］寇业富,陈辉. 中国保险市场发展分析蓝皮书(2018)［Z］. 北京:中国财政经济出版社,2018.

［12］张宁,陈辉,赵亮. 中国金融科技创新发展指数报告(2018)［R］. 北京:财经科学出版社,2019.

［13］李耀东,李钧. 互联网金融:框架与实践［M］. 北京:电子工业出版社,2014.

［14］李钧,李耀东. 风口:不确定时代的需求、矛盾与拐点［M］. 北京:电子工业出版社,2017.

［15］李彦宏. 智能革命［M］. 北京:中信出版社,2017.

［16］李开复,王咏刚. 人工智能［M］. 北京:文化发展出版社,2017.

［17］麻省理工科技评论. 科技之巅［M］. 北京:人民邮电出版社,2016.

［18］麻省理工科技评论. 科技之巅 2［M］. 北京:人民邮电出版社,2017.

［19］［美］保罗·西罗尼. 金融科技创新［M］. 北京:中信出版社,2017.

［20］［英］克里斯·斯金纳. 金融科技时代的来临［M］. 北京:中信出版社,2016.

二、参考的相关文献报告

［1］CBInsights. 全球监管科技发展趋势报告［R］. 2017.

［2］亿欧智库. 监管科技五大应用场景——2018 年监管科技发展研

究报告[R].2018.

[3] 德勤.监管科技的宇宙正在崛起[Z].(The RegTech Universe On The Rise),2017.

[4] 南湖互联网金融评论.监管科技:金融数据处理的新思路[Z].2017.

[5] 南湖互联网金融评论.RegTech的概念及应用技术分析[Z].2017.

[6] 汤森路透.了解你的客户(KYC)合规:金融机构挑战加剧[Z].2017.

[7] 中国电子技术标准化研究院.人工智能标准化白皮书2018[Z].2018.

[8] 亿欧智库.2017中国智能金融产业报告[R].2017.

[9] 中国人民银行.全球视野下的中国普惠金融:实践、经验与挑战[Z].2018.

[10] 腾讯研究院.腾讯智慧金融白皮书2018[Z].2018.

[11] 京东金融研究院.数字金融反欺诈白皮书[Z].2018.

[12] 艾瑞咨询.2017年中国互联网金融行业发展报告[R].2017.

[13] 世界经济论坛.超越金融科技:全方位评估金融服务的颠覆因素(Beyond Fintech: A Pragmatic Assessment of Disruptive Potential in Financial Services)[Z].2017.

[14] 宜信研究院.沙盒监管研究报告——模式、实践与启示[Z].2018.

[15] 宜信研究院.监管科技(RegTech)研究报告——概念、实践与启示[Z].2018.

[16] 美国国家经济委员会.美国金融科技框架(A Framework for FinTech)[Z].2017.

[17] 中国证监会.中国证监会监管科技总体建设方案[Z].2018.

[18] 京东金融研究院.SupTech:监管科技在监管端的运用[Z].2018.

[19] 京东金融研究院.CompTech:监管科技在合规端的应用[Z].2018.

[20] Infoholic Research LLP.2023 年全球监管科技市场:驱动力、约束、机会、趋势和预测[Global Regulatory Technology (RegTech) Market: Drivers, Restraints, Opportunities, Trends, and Forecast up to 2023][Z].2018.

三、参考的其他相关资料

[1] 中国人民银行网站,www.pbc.gov.cn

[2] 中国银行保险监督管理委员会网站,www.cbrc.gov.cn

[3]央财国际研究院网站,www.yangcai.org

[4]零壹财经研究网站,www.01caijing.com

[5]百度百科网站,http://baike.baidu.com

[6]维基百科网站,http://zh.wikipedia.org

[7]国际研究数据库,www.lexis.com

[8]国际法律数据库,www.westlaw.com

[9]国际保险监督官协会,www.iaisweb.org

[10]百度、谷歌等网站以及微信公众号发表的一些文献,不再详述。